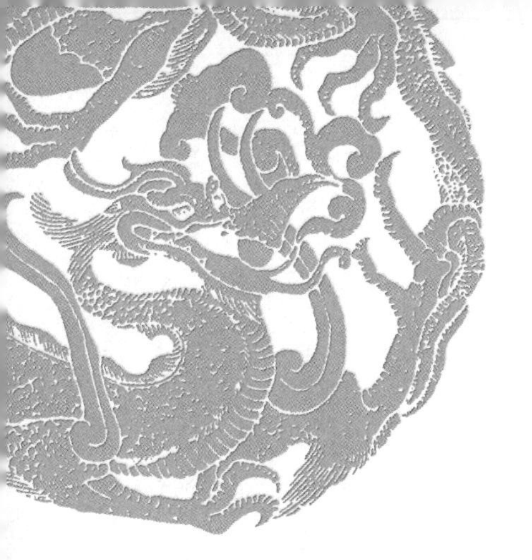

中国文化史

柳诒徵 著

下

吉林人民出版社

第十八章　河流漕运及水利

吾国各地河流，自《禹贡》以来多有迁徙，而黄河之溃决迁徙为最剧。自周、汉以迄元、明，黄河决溢之事，无虑百数。

《全河备考》（叶方恒）："周定王五年，河徙砱砾，始失故道。汉文帝时，决酸枣，东溃金堤（在河南延津、荥阳诸县至大名、清丰一带，延亘千里）。武帝时溢平原（属德州），徙顿丘（今清丰县），又决濮阳（瓠子口开州界），注巨野（即大野，属济宁州），通淮泗，盖河始与淮通，尚未入淮也。元帝时，决馆陶（属临清，汉灵鸣犊口，今高唐州）。成帝时，决东郡金堤，决平原，溢渤海、清河、高唐州一带。唐玄宗时，决博州（今东昌），溢魏州（今大名）、冀州。五代时，决郓州（今郓城县）、博之杨刘（今东平之东阿县杨刘镇）、滑之鱼池。宋太祖时，决东平之竹村，开封之阳武，大名之灵河、澶渊。太宗时，决温县、荥泽、顿丘，泛于澶、濮、曹、济诸州，东南流至彭城界（即今徐州），入于淮，自此为河入淮之始。真宗时，决郓及武定州，寻溢滑、澶、濮、曹、郓诸州邑，浮于徐、济而东入淮。仁宗时，决开州、馆陶。神宗时，决冀州、枣强、大名州邑，一合南清河以入淮，一合北清河以入海。南渡后，河上流诸郡为金所据，独受河患。其亡也，始自开封北卫州决而入涡河，南直寿、亳、蒙城、怀远之间。元初，决卫辉之新乡、开封之阳武、杞县之蒲口、荥泽之塔海庄（归德、封丘诸界）。其时专议疏塞而已。自至元二十六年，开会通河以通运道，而河遂与运相终始。”

要其大者，周定王五年一徙，王莽始建国三年再徙，宋仁宗庆历八年三徙，金章宗明昌五年四徙，元世祖至元二十六年五徙。自宋以前其患疏，自宋以降其患数。

《禹贡锥指》（胡渭）：“周定王五年，河徙。初，大禹导河，自积石、孟津、过洛、汭，及至大伾，乃酾二渠。北过降水，至于大陆，又北播为九河，同为逆河入于海。帝尧八十载，告厥成功。至是凡一千六百七十六年，河始决宿胥口，东徙漯川，径长寿津，与漯别行；东北至成平，复合于禹故河。此黄河大徙之始。”“自定王五年己未，下逮王莽始建国三年辛未，而北渎遂空，凡六百七十二岁。自王莽始建国三年辛未，河徙由千乘入海，后五十九岁，为后汉明帝永平十三年庚午，王景治河功成。下逮宋仁宗景祐元年甲戌，有横陇之决。又十四岁，为庆历八年戊子，复决于商胡，而汉、唐之河遂废，凡九百七十七岁。”“自仁宗庆历八年戊子，逮金章宗明昌五年甲寅，实宋光宗之绍熙五年，而河决阳武，出胙城南，南北分流入海，凡一百四十六岁”。“自金明昌甲寅之徙，河水大半入淮，而北清河之流犹未绝也。下逮元世祖至元二十六年己丑，会通河成，于是始以一淮受全河之水，凡九十五岁。”

降及明代，全河注于一淮。

《禹贡锥指》：“元末河复北徙，自东明曹濮下及济宁，而运道坏。明洪武初，命徐达自曹州东引河自鱼台入泗，以通运。永乐九年，又命宋礼自黄疏河经濮州东北入会通河，是北流犹未绝也。迨迁都之后，仰给于会通者重，始畏河之北，北即塞之。弘治中，两决金龙口，直冲张秋，议者为漕计，遂筑断黄陵冈支渠，而北流于是永绝，始以清口一线，受万里长河之水。”

而河、淮间之工程，几为全国之一大事，治河之法，惟以堰闸为务。

《禹贡锥指》：“黄淮既合，则惟以堰闸为务。堰者高家堰，闸者淮南诸湖闸口也。堰闸以时修固，则淮不南分，助河冲刷黄沙，使海口无壅。”

东南之人，受其害者数百年。至清咸丰五年，河决铜瓦厢，由大清河入海，东南始无河患。

宋都大梁，恃汴河为运道，以黄河、惠民河、广济河辅之。

《宋史·食货志》：“宋都大梁，有四河以通漕运：曰汴河，曰黄河，曰惠民河，曰广济河，而汴河所漕为多。”

靖康以后，南北分立，河、淮之间，墟为战场，故无取其交通也。元、明都燕，以北方控制东南，聚南方之金帛粟米，供给北方之政府，而漕运乃为国之大事。至元二十六年，开会通河，

《元史纪事本末》（陈邦瞻）："至元二十六年，开会通河。从寿张县尹韩仲晖等言，开河以通运道，起须城县安山渠西南，由寿张西北至东昌，又西北至临清，引汶水以达御河，长二百五十余里，中建闸三十有一，以时蓄泄。河成，渠官张礼孙等言：'开魏博之渠，通江、淮之运，古所未闻。'诏赐名会通河。"

二十九年，开通惠河。而江淮之粟，直达燕都。

《元史纪事本末》："至元二十九年，开通惠河。以郭守敬领都水监事……导昌平县白浮村神山泉过双塔榆河，引一亩、玉泉诸水入京城，汇于积水潭，逾年毕工……自是免都民陆挽之劳，公私便之。"

明代复修会通河，运道益便。

《大学衍义补》（丘濬）："会通河初开，岸狭水浅，不能负重。每岁之运，不过数十万石。洪武二十四年，河决原武，漫过安山湖，而会通河遂淤，往来者悉由陆以至德州下河。永乐初，运粮由江入淮，由淮入黄河，运至阳武，发山西、河南二处丁夫由陆运至卫辉下御河，水运至北京。厥后济宁州同知潘叔正因州夫递运之难，请开会通旧河。朝廷命工部尚书宋礼发丁夫十余万

疏凿，以复故道，又命刑部侍郎金纯自汴城北金龙口开黄河故道，分水下达鱼台县塌场口，以益漕河。十年，宋尚书请从会通河通运。十三年，始罢海运，而专事河运。明年，平江伯陈瑄又请复淮安、庄闸一带沙河，自淮以北，沿河立浅铺，筑牵路，树柳木，穿井泉，自是漕法通便。”

盖自隋炀开通济、永济二渠，虽已使南北之舟可以直达，然其运道迂远，自修武至馆陶，皆偏于西方，而临清、东昌以南之路未通也。自元、明开此一途，而南北之运河始联络而成一线。论者徒谓隋炀开掘运河，盖未详其始末也。

漕运之道，即通商之路。运河开通，商业自因之发达。观元代商贾多造大船以运货物，即可推见其概。

《元史纪事本末》：“仁宗延祐二年二月，省臣言：江南行省起运诸物，由会通河以达于都，多逾期不至。诘其故，皆言始开河时，止许行百五十料船，近来权势之人，并富商大贾贪嗜货利，造三四百料或五百料船于此河行驾，以致阻滞往来舟楫。今宜于沽头、临清二处，各置小石闸一，禁约二百料以上之船不许入河，违者罪之。”

由明迄清，运漕之卒，又多带货物，以供给南北人之需要。

《明史·食货志》：“自英宗后，漕政日弛，军以耗米易私物，道售稽程。比至，反买仓米补纳，多不足数。”

《田漕弊议》（清姚文）："从前运道深通，督漕诸臣，只求重运如期到通，一切并不苛察。各丁于开运时，多带南物，至通售卖，复易北货，沿途销售，即水手人等携带梨枣、蔬菜之类，亦为归邦时糊口之用。""又如以前商力充裕，军船回空，过淮时，往往私带盐斤。众意以每年不过一次，不甚穷搜。"

盖商业兴而关征重，商民所运之货，必有因捐税而增加价值者。而漕卒则夹带私货，无捐税之累，其价廉而利厚，执政者亦姑息而不问，故始则以为私弊者，继则公然承认之矣。

《明史·食货志》："宣德四年设钞关，税商船，于是有漷县、济宁、徐州、淮安、扬州、上新河、浒墅、九江、金沙洲、临清、北新诸钞关，量舟大小修广而差其额，谓之船料，不税其货。惟临清、北新则兼收货税，各差御史及户部主事监收。自南京至通州，经淮安、济宁、徐州、临清，每船百料，纳钞百贯。"

吾国东南滨海，故自陆路交通外，多有海上往来者。

《日知录》（顾炎武）："海道用师，古人盖屡行之矣。吴徐承率舟师自海入齐，此苏州下海至山东之路；越王勾践命范蠡、舌庸率师沿海溯淮以绝吴路，此浙东下海至淮上之路；唐太宗遣强伟于剑南伐木造舟舰，自巫峡抵江扬趋莱州，此广陵下海至山东之路；汉武帝遣楼船将军杨仆从齐浮渤海击朝鲜，魏明帝遣汝南太守田豫督青州诸军自海道讨公孙渊，秦苻坚遣石越率骑一万，自东莱出右径袭和龙，唐太宗伐高丽，命张亮率舟师自东莱渡海趋平壤，薛万彻率甲士三万自东莱渡海入鸭绿水，此山东下海至辽东之路；汉武帝遣中大夫严助发会稽兵浮海救东瓯，横海将军韩说自句章浮海击东越，此浙江下海至福建之路；刘裕遣孙处、沈田子自海道袭番禺，此京口下海至广东之路；隋伐陈，吴州刺史萧瓛遣燕荣以舟师自东海至吴，此又淮北下海至苏州也；公孙度越海攻东莱诸县，侯希逸自平卢浮海据青州，此又辽东下海而至山东也；宋李宝自江阴率舟师败金兵于胶西之石臼岛，此又江南下海而至山东也。”

战时借海道以运兵，平时亦资海舟以转饷。

《日知录》：“唐时海运之事，不详于史。盖柳城陷没之后，至开元之初，新立治所，乃转东南之粟以饷之耳。及其树艺已成，则不复资于转运，非若元时以此为恒制也。”“《旧唐书·懿宗纪》，咸通三年，南蛮陷交趾，征诸道兵赴岭南。时湘、漓溯运，功役艰难，军屯广州乏食，润州人陈磻石诣阙上书，言江西、湖南溯流运粮，不济军师，士卒食尽则散，此宜深虑，臣有奇计，以馈南军。天子召见，磻石因奏臣弟听思曾任雷州刺史，家人随海船至福建，往来大船一只，可致千石，自福建装船，不一月至广州。得船数十艘，便可致三万石至广府，又引刘裕海路破卢循故事。执政是之，以磻石为盐铁巡官，往扬子院专督海运，于是康承训之军皆不阙供。”

然其事不恒，至元始以海运为常事。

《元史纪事本末》："（至元）十九年十二月，始海运。初，朝廷粮运仰给江南者，或自浙西涉江入淮，由黄河逆流至中滦，陆运至淇门，入御河，以至京师。又或自利津河，或由胶莱河入海，劳费无成。初，宋季有海盗朱清者，尝为富家佣，杀人亡命入海岛，与其徒张瑄乘舟抄掠海上，备知海道曲折，寻就招为防海义民。伯颜平宋时，遣清等载宋库藏等物，从海道入京师，授金符千户。二人遂言海运可通。乃命总管罗璧暨瑄等造平底船六十艘，运粮四万六千余石，由海道入京。然创行海洋，沿山求岙，风信失时，逾年始至。朝廷未知其利，仍旧通运，立京畿、江淮都漕运二司，各置分司，以督纲运。二十年，复事海运。……二十四年，始立行泉府司，专掌海运。……（成宗大德）八年，增海运米为百四十五万石。"

其岁运粮数，详载《元史》及《大元海运记》。其漕运水程，亦具见《海运记》中：

至元十九年，创开海运，每岁粮船于平江路、刘家港等处聚粽，经由扬州路通州海门县、黄连沙头万里长滩开洋，沿山捉屿，使于淮安路盐城县历西海州、海宁府东海县、密州、胶州界，放云山洋，投东北，取成山路，多有浅沙。行月余才抵成山，罗璧、朱清、张瑄讲究水程，自上海等处开洋，至扬村马头下御处，经过地名山川经直多少迂回，计一万三千三百五十里。

此在今日视之，固至平常之事，然元时则诧为盛举，固前此历代之所无也。明初犹行海运，至会通河通利始罢，

《大学衍义补》（丘濬）："洪武三十年，海运粮七十万石，给辽东军饷。永乐初，海运七十万石至北京。至十三年，会通河通利，始罢海运。"

隆庆中复试行之。

《野获编》（沈德符）："隆庆五年，山东巡抚梁梦龙等上海运议曰：'今漕河多故，言者争献开胶河之说，此非臣等所敢任。第考海道南自淮安至胶州，北自天津至海仓，各有商贩往来，中间自胶州海仓一带，亦有岛人商贾出入其间。臣等因遣官自淮安运米二千石，自胶州运麦一千五百石，各入海，出天津，以试海道，无不利。此其淮安至天津以道计三千三百里，风便两旬可达，况舟皆由近洋，洋中岛屿联络，遇风可依，非如横海而渡，风波难测。'事下部复，海运法废已久，难以尽复。乞敕漕司量拨漕粮十二万自淮入海，工部即发节省银万五千两，雇募海舟，淮扬局税亦许暂支万五千两，充备召水手。诏从之。"

然明清运道，专主于河，虽知海运之利，终惮行之。至清道光中，始复用海运（详见魏源《道光丙戌海运记》）。初用帆船，至通商后，乃改轮运焉。

三代之时，田有沟洫，无所谓水利。战国以降，沟洫之制度，则视地方官吏治水之善否，以为农业兴废之征。观胡渭论关

中土质，即知昔之膏腴复为瘠土之故。

《禹贡锥指》（胡渭）：“或问：‘《汉书》云：自郑渠成，溉舄卤之地四万余顷，关中始为沃野，无凶年。’然则前此未有渠时，渭北之地皆舄卤也，雍田何以称上上乎！曰此地之为舄卤，以沟洫废也。沟洫之制废，则水泉泻去，其地为咸卤，五谷不殖，秦人患之，此郑国之策所以行也。然渠成之后，舄卤仍不少，兒宽所谓郑国旁高卬之田，严熊所谓重泉以东故恶地，是也。故又有辅渠、白渠、龙首渠之役，及后汉都雒，诸渠渐废。杜佑云，秦、汉时郑渠溉田四万顷，白渠溉田四千五百余顷。唐永徽中，所溉惟万许顷。洎大历初，又减至六千顷。则两渠之利，至唐而益微矣。宋人以郑渠久废，不可复兴，惟修三白渠。其所溉者，泾阳、富平等六县田三千八百余顷而已。熙宁中，于仲山旁更穿丰利渠，溉田二万五千余顷。元至正初，以新渠堰坏，乃复治旧渠口，溉田四万五千余顷，其数不减于汉，然未几亦废。”

大抵宋以前，西北各地，农田水利尚多修举，故富力不偏于南方。

《日知录》：“欧阳永叔作《唐书·地理志》，凡一渠之开，一堰之立，无不记之其县之下，实兼河渠一志，亦可谓详而有体矣。盖唐时为令者，犹得以用一方之财，兴期月之役。而《志》之所书，大抵在天宝以前者，居什之七。”“至于河朔用兵之后，则以催科为急，而农工水道，有不暇讲求者欤！”

自宋以降，西北水利不修；而南方圩田大兴，于是南北之饶瘠迥殊。

《宋史·食货志》：“大抵南渡后，水田之利，富于中原，故水利大兴。”

《文献通考》（马端临）：“江东水乡，堤河两涯，田其中，谓之圩。农家云圩者围也，内以围田，外以围水。盖河高而田在水下，沿田通斗门，每门疏港以溉田，故有丰年而无水患。”

论者虽谓围湖为田，易致水旱，

《文献通考》：“圩田、湖田多起于政和以来，其在浙间者，隶应奉局；其在江东者，蔡京、秦桧相继得之。大概今之田，昔之湖，徒知湖中之水可涸以垦田，而不知湖外之田将胥而为水也。”

然其利究过于害，此研究宋、元以来经济变迁者所当知也。

自宋熙宁中遣使察农田水利，议兴修塘堰圩堤。

《文献通考》：“神宗熙宁元年，遣使察农田水利，程颢等八人充使。王明言保州塘泺以西，可筑堤植木，凡十九里。堤内可引水处即种稻，水不及处，并为方田。又因出土作沟，以限戎马。从之。中书言诸州县古迹陂塘，异时皆蓄水溉田，民利数倍，近岁多所湮废。

诏诸路监司访寻州县可兴复水利，如能设法劝诱兴修塘堰圩堤，功利有实，当议旌宠。”

元亦置都水庸田使司。掌种植稻田之事。

《元史·百官志》：“都水庸田使司，至元二年置。”“至正十二年，因海运不通，诏河南洼下水泊之地，置屯田八处，于汴梁添立都水庸田使司，正三品，掌种植稻田之事。”

明初复广遣国子生集吏民修治水利。

《日知录》：“洪武末，遣国子生人才分诣天下郡县，集吏民乘农隙修治水利。二十八年，奏开天下郡县塘堰凡四万九百八十七处，河四千一百六十二处，陂渠堤岸五千四十八处。”

似历代政府皆注意于水利，各地之水利，宜皆随时修举而无所歧异矣。然观明周用《理河事宜疏》，则山东、河南之困于水旱，殊非他省之比。

《理河事宜疏》：“臣窃见河南府州县，密迩黄河地方，历年亲被冲决之患。民间地决裂破坏，不成陇亩，耕者不得种，种者不得收，徒费工力，无裨饥饿，加以额办税粮，催科如故，中士之民，困于河患，实不聊生。至于运河以东，山东济南、东昌、兖州三府州县地方，虽有汶、沂、洸、泗等河，然与民间田地支节脉络，不相贯通。每年泰山、徂徕诸山水发之时，漫为巨浸，溃决城郭，漂没庐舍，耕种失业，亦与河南河患相同。或不幸而值旱暵，又并无自来修缮陂塘渠堰蓄水以待雨泽，遂致齐、鲁之间，一望赤地。于时蝗蝻四起，草谷俱尽，东南西北，横亘千里。天灾流行，往往有之。”

盖黄河之患，至宋而剧；绵历元、明，不时溃决。民无久计，官无经图，故其现象若此也。其后徐贞明著《潞水客谈》，亦曰西北之地，旱则赤地千里，潦则洪流万顷，惟雨旸时若，庶乐岁无饥。则明季西北诸省水利亦均不修，不独河南、山东为然矣。

《明史·徐贞明传》：“贞明为给事中，上水利议，谓：‘神京雄据上游，兵食宜取之畿甸，今皆仰给东南，岂西北古称富强地，不足以实廪而练卒乎？夫赋税所括，括民脂膏，而军船夫役之费，常以数石致一石，东南之力竭矣。又河流多变，运道多梗，窃有隐忧，闻陕西、河南故渠废堰，在在有之。山东诸泉，引之率可成田，而畿辅诸郡，或支河所经，或涧泉自出，皆足以资灌溉。北人未习水利，惟苦水害，不知水害未除，正由水利未兴也。……元虞集欲于京东滨海地筑塘捍水以成稻田，若仿集意，招徕南人，俾之耕艺。北起辽海，南滨青齐，皆良田也。’”“贞明被谪至潞河，著《潞水客谈》，以毕其说。其略曰：西北之地旱则赤地千里，潦则洪流万顷，惟雨旸时若，庶乐岁无饥，此可常恃哉？惟水利兴而后旱潦有备。”“谭纶见而美之曰：‘我历塞上久，知其必可行也。’”

贞明小试其说，而未竟其功。

《明史·徐贞明传》：“户部尚书毕锵等力赞之，因采贞明疏议为六事：请郡县有司以垦田勤惰为殿最，听贞明举劾；地宜稻者，以渐劝率，宜黍宜粟者如故，不遽责其成；召募南人，给衣食农具，俾以一教十，能垦田百亩以上者，即为世业，子弟得寄籍入学；其卓有明效者，仿古孝弟力田科，量授乡遂都鄙之长；垦荒无力者，贷以谷，秋成还官，旱潦则免；郡县民壮，役止三月，使疏河芟草，而垦田则募专工。帝悉从之。……贞明领垦田使，已垦至三万九千余亩。……御史王之栋，畿辅人也。言水田必不可行，帝乃谕令停役。……贞明识敏才练，慨然有经世志。京东水田实百世利，事初兴，即为浮议所挠，论者惜之。”

清雍正中，设营田水利府，经营京畿水田，亦仅成数千顷而罢（详《清通考·田赋考》），迄今河、淮以北之水利，仍不及江南之修备焉。

第十九章　明儒之学

宋儒学派最多，元承其绪，光焰渐衰。许衡、刘因、吴澄诸儒之学，不能出南宋朱、陆之范围。故论学术者，以元儒附于宋儒学案，明其仅为宋之余波而已。有明一代，或谓理学极盛，

> 《明儒学案·发凡》（黄宗羲）："尝谓有明文章事功，皆不及前代，独于理学，前代之所不及也。牛毛茧丝，无不辨晰，真能发先儒之所未发。程、朱之辟释氏，其说虽繁，总是只在迹上，其弥近理而乱真者，总是指他不出。明儒于毫厘之际，使无遁影。"

或谓儒术式微。

> 《明史·儒林传序》："有明诸儒，衍伊、雒之绪言，探性命之奥旨，锱铢或爽，遂启岐趋，袭谬承讹，指归弥远。至专门经训，授受源流，则二百七十余年，未闻以此名家者。经学非汉、唐之精专，性理袭宋、元之糟粕，论者谓科举盛而儒术微，殆其然乎！"

平心论之，明儒风气，亦自成为一派。固与汉、唐不同，亦与宋、元有别，盖合唐、宋以来禅学、理学而别开一种心性之学，

分茅设蕝，与国相终，此论史者所宜注意者也。

明人之崇心性之学，始于帝王之提倡及科举之统一。盖自宋儒尊崇《四书》，代有阐释，然于学术尚未能统一也。自元仁宗皇庆中定制，专以宋儒《四书》注及《经》注试士，

《元史·选举志》："仁宗皇庆三年，考试程序，蒙古、色目人第一场经问五条，《大学》、《论语》、《孟子》、《中庸》内设问，用朱氏章句集注，其义理精明、文辞典雅者为中选。汉人、南人第一场明经、经疑二问，《大学》、《论语》、《孟子》、《中庸》内出题，并用朱氏章句集注，复以己意结之，限三百字以上。经义一道，各治一经。《诗》以朱氏为主；《尚书》以蔡氏为主；《周易》以程氏、朱氏为主，已上三经兼用古注疏。《春秋》许用三《传》及胡氏《传》，《礼记》用古注疏，限五百字以上，不拘格律。"

宋儒之说，始夺汉、唐诸儒之席而代之。明以制义试士，亦专主宋儒之书。

《明史·选举志》："科目者，沿唐宋之旧，而稍变其试士之法，专取四子书及《易》、《书》、《诗》、《春秋》、《礼记》五经命题试士，盖太祖与刘基所定。其文略仿宋经义，然代古人语气为之，体用排偶，谓之八股，通谓之制义。""科举定式，初场试《四书》义三道，经义四道。《四书》主朱子《集注》，《易》主程《传》、朱子《本义》，《书》主蔡氏《传》及古注疏，《诗》主朱子《集传》，《春秋》主《左氏》、《公羊》、《穀梁》三

传及胡安国、张洽《传》,《礼记》主古注疏。永乐间,颁《五经四书大全》,废注疏不用。其后《春秋》亦不用张洽《传》,《礼记》止用陈澔《集说》。"

而永乐所定之"三《大全》"尤为造成一代学术思想之根柢。

《四库全书总目》:"《周易大全》二十四卷,明胡广等奉敕撰。考《明成祖实录》,永乐十二年十一月甲寅,命行在翰林院学士胡广、侍讲杨荣、金幼孜修《五经四书大全》。十三年九月,告成。成祖亲制序,弁之卷首,命礼部刊赐天下,赐胡广等钞币有差,仍赐宴于礼部。同时预纂修者,自广、荣、幼孜外,尚有翰林编修叶时中等三十九人,此其《五经》之首也。朱彝尊《经义考》谓广等就前儒成编,杂为抄录,而去其姓名。""二百余年以此取士,一代之令甲在焉。录存其书,见有明儒者之经学,其初之不敢放轶者,由于此;其后之不免固陋者,亦由于此。郑晓《今言》曰:洪武开科,《五经》皆主古注疏,及宋儒《易》程、朱,《书》蔡,《诗》朱,《春秋》、《左》、《公羊》、《穀梁》程、胡、张,《礼记》陈,后乃尽弃注疏,不知始于何时。或曰始于颁《五经大全》时,以为诸家说优者采入故耳。""《四书大全》三十六卷,明永乐十三年,翰林学士胡广等奉敕撰。成祖御制序文,颁行天下。二百余年尊为取士之制者也……初与《五经大全》并颁,然当时程序以《四书》义为重,故《五经》率皆庋阁,所研究者惟《四书》,所辨订者亦惟《四书》。后来《四书》讲章浩如烟海,皆是编为之滥觞。盖由汉至宋之经术,于是始尽变矣。特录存之，以著有明一代士大夫学问根柢具在于斯，亦足以资考镜焉。”“《性理大全》七十卷，明胡广等奉敕撰。是书与《五经四书大全》同以永乐十三年九月告成奏进，故成祖御制序文，称二百二十九卷，统七部而计之也。”“广等所采宋儒之说凡一百二十家，其中自为卷帙者，为周子《太极图说》一卷、《通书》二卷，张子《西铭》一卷、《正蒙》二卷，邵子《皇极经世书》七卷，朱子《易学启蒙》四卷、《家礼》四卷，蔡元定《律吕新书》二卷，蔡沈《洪范皇极内篇》二卷，共二十六卷。自二十七卷以下，摭拾群言，分为十三目：曰理气，曰鬼神，曰性理，曰道统，曰圣贤，曰诸儒，曰学，曰诸子，曰历代，曰君道，曰治道，曰诗，曰文。”

以帝王之尊崇，及科举之需要，故凡向风慕化者，无不濡染浸渍于身心性命之说。而其蔚然成为儒宗者，则由科举之学，进而表示人格，创造学说，而超出于八股之生活者也。

然而以帝王科举之力，造成一世之风气，固亦绝大之关系，而人心之演进，常无一成不变之局，故其趋势绝不为最初提倡者所囿。明儒之学之墨守程、朱之传者，固出于科举及“三《大全》”之影响，而其后学派一变，有显与朱子背驰者，则非科举及“三《大全》”所预必也。

《明史·儒林传序》：“原夫明初诸儒，皆朱子门人之支流余裔，师承有自，矩矱秩然。曹端、胡居仁笃践履，谨绳墨，守儒先之正传，无敢改错。学术之分，则自陈献章、王守仁始。宗献章者曰江门之学，孤行独诣，其传不远；宗守仁者曰姚江之学，别立宗旨，显与朱子背驰，门徒遍天下，流传逾百年，其教大行，其弊滋甚。嘉、隆以后，笃信程、朱不迁异说者，无复几人矣。”

明儒之谨守程、朱学派者，以吴与弼、薛瑄为最。

《明儒学案》：“吴与弼字子传，号康斋，抚州之崇仁人，从洗马杨溥学。读《伊洛渊源录》，慨然有志于道。……身体力验，只在走趋语默之间，出作入息，刻刻不忘，久之自成片段，所谓敬义夹持，诚明两进者也。一切玄远之言，绝口不道，学者依之、真有途辙可循。”“薛瑄字德温，号敬轩，山西河津人。……讲习濂、洛诸书，叹曰：‘此问学正路也。’前辈论一代理学之儒，惟先生无间言。……阅先生《读书录》，多兢兢检点言行间，所谓学贵践履，意盖如此。”

黄宗羲特标之为《崇仁河东学案》，而于其他谨守笃信之儒，则汇立为《诸儒学案》，明其不足独成一派也。与弼传娄谅，谅传王守仁，而开阳明学派。陈献章亦受业于与弼，而别开白沙学派。湛若水受业于献章，而别开甘泉学派。三派之学，皆与吴氏不同，而以阳明之派为最广。

《明儒学案》：“娄谅字克贞，别号一斋，广信上饶人，少有志于圣学，闻康斋在临川，乃往从之。……凡康斋不以语门人者，于先生无所不尽。”“王守仁字伯安，学者称为阳明先生，余姚人也。十八岁过广信，谒娄一斋，慨然以圣人可学而至。登弘治己未进士第，授

> 刑部主事，改兵部。刘瑾矫旨逮南京科道官，先生抗疏救之，下诏狱，廷杖四十，谪贵州龙场驿丞。瑾诛，知庐陵县，历吏部主事、员外郎、郎中，升南京太仆寺少卿、鸿胪寺卿，以左佥都御史巡抚南赣，平漳南、横水、桶冈、大帽俐头诸寇。闻宸濠反，遂还吉安，起兵讨之。遇于樵舍，三战俘濠，升南京兵部尚书，封新建伯。嘉靖丁亥征思田，以归师袭八寨断藤峡，破之，卒年五十七。”“陈献章字公甫，新会之白沙里人。……至崇仁受学于康斋先生，归即绝意科举，筑春阳台，静坐其中，屡荐不起。”“湛若水字元明，号甘泉，广东增城人，从学于白沙。”

语其派别，则有浙中之王学，

> 《明儒学案》：“姚江之教，自近而远。其最初学者，不过郡邑之士耳。龙场而后，四方弟子始益进焉，郡邑之以学鸣者，亦仅仅绪山、龙溪，此外则椎轮积水耳。然一时之盛，吾越尚讲诵，习礼乐，弦歌之音不绝。”

有江右之王学，

> 《明儒学案》：“姚江之学，惟江右为得其传，东廓、念庵、两峰、双江，其选也。再传而为塘南思默，皆能推原阳明未尽之旨。是时越中流弊错出，挟师说以杜学者之口，而江右独能破之。阳明之道，赖以不坠。盖阳明一生精神，俱在江右，亦其感应之理宜也。”

有南中之王学，

《明儒学案》："南中之名王氏学者，阳明在时，王心斋、黄五岳、朱得之、戚南玄、周道通、冯南江，其著也。阳明没后，绪山、龙溪所在讲学，于是泾县有水西会，宁国有同善会，江阴有君山会，贵池有光岳会，太平有九龙会，广德有复初会，江北有南谯精舍，新安有程氏世庙会，泰州复有心斋讲堂，几乎比户可封矣。"

有楚中之王学，

《明儒学案》："楚学之盛，惟耿天台一派，自泰州流入。"

有北方之王学，

《明儒学案》："北方之为王学者独少。……张后觉字志仁，号弘山，山东茌平人。早岁受业颜中溪、徐波石，深思力践，洞朗无碍。犹以取友未广，南结会于香山，西结会于丁块，北结会于大云，东结会于王遇，齐、鲁间遂多学者。"

有粤、闽之王学，

《明儒学案》："岭海之士，学于文成者，自方西樵始，及文成开府赣州，从学者甚众。文成言潮在南海之涯，一郡耳；一郡之中，有薛氏之兄弟子侄，既足盛矣。而又有杨氏之昆季，其余聪明特达、毅然任道之器以数十。”

其别出者，又有李材、王艮诸派，

《明儒学案》：“李材字孟诚，别号见罗，丰城人，初学致良知之学，已稍变其说。”“王艮字汝止，号心斋，泰州之安丰场人。……闻阳明讲学江西，以古服进见，阳明出迎于门外，始入。先生据上坐，辨难久之，稍心折，移其坐于侧。论毕，乃叹曰：‘简易直截，艮不及也。’下拜自称弟子。……阳明卒于师，先生迎哭至桐庐，经纪其家而后反。开门授徒，远近皆至，同门会讲者，必请先生主席。”

最后之东林、蕺山，亦皆出于王学，而求济其末流之弊。

《明儒学案》：“有东林、蕺山二学案。东林者，顾宪成、高攀龙等讲学之书院；蕺山者，刘宗周讲学之书院也。”

故明儒之学，一王阳明之学而已。

宋、元诸儒，多务阐明经子，不专提倡数字以为讲学宗旨。明儒则一家有一家之宗旨，各标数字以为的。白沙之宗旨曰“静中养出端倪”，

《明史·陈献章传》：“献章之学，以静为主。其教

学者，但令端坐澄心，于静中养出端倪。”

甘泉之宗旨曰“随处体验天理”，

《明史·湛若水传》：“若水初与守仁同讲学，后各立宗旨。守仁以致良知为宗，若水以随处体验天理为宗。守仁言若水之学为求之于外，若水亦谓守仁格知之说不可信者四。又曰阳明与吾之心不同，阳明所谓心，指方寸而言；吾之所谓心者，体万物而不遗者也，故以吾之说为非。一时学者，遂分王、湛之学。”

阳明之宗旨曰“致良知”，

《明儒学案》：“阳明先生之学，始泛滥于词章，继而遍读考亭之书，循序格物，顾物理吾心终判为二，无所得入，于是出入于佛老者久之。及至居夷处困，动心忍性，因念圣人处此，更有何道，忽悟格物致知之旨。圣人之道，吾性自足，不假外求，其学凡三变而始得其门。自此以后，尽去枝叶，一意本原，以默坐澄心为学的。……江右以后，专提‘致良知’三字，默不假坐，心不待明，不习不虑，出之自有天则。”

又曰“知行合一”。

《明儒学案》：“先生以圣人之学，心学也，心即理也，故于致知格物之训，不得不言致吾心良知之天理于事事物物，则事事物物皆得其理。夫以知识为知，则轻浮而不实，故必以力行为功。夫良知感应神速，无有等待，本心之明，即知不欺。本心之明，即行也，不得不言知行合一。此其立言之大旨，不出于是。”

其后邹守益主“戒惧慎独”，

《明史·邹守益传》：“穆孔晖自名王氏学，浸淫入于释氏，而守益于戒惧慎独，盖兢兢焉。”

《明儒学案》：“东廓以独知为良知，以戒惧慎独为致良知之功，此是师门本旨。”

罗洪先主“静无欲”，

《明儒学案》：“王门惟心斋氏盛传其说，从不学不虑之旨，转而标之曰自然，曰学乐，末流衍蔓，浸为小人之无忌惮。罗先生复起，有忧之，特拈‘收摄保聚’四字为致良知符诀。故其学专求之未发一机，以主静无欲为宗旨。”

李材主“止修”，

《明儒学案》：“文成而后，李先生又自出手眼，谆谆以‘止修’二字，压倒良知。”

王畿、周汝登主“无善无恶”，

《明儒学案》：“王畿《天泉证道记》谓师门教法，

每提四句：无善无恶心之体，有善有恶意之动，知善知恶是良知，为善去恶是格物。”

《明史·许孚远传》：“官南京，与尚宝司卿周汝登并主讲席。汝登以无善无恶为宗，孚远作‘九谛’以难之。”

高攀龙主“静坐”，

《明史》：“高攀龙与顾宪成同讲学东林书院，以静为主。”(《明儒学案》载高攀龙说静坐之语甚多。)

刘宗周主“慎独”。

《明儒学案》：“蕺山先生以慎独为宗，儒者人人言慎独，惟先生始得其真。”

纷然如禅宗之传授衣钵、标举宗风者然。谓为由宋、元以来，讲求理学，渐从由书册直指人心，可；谓为堕入禅学，遁于虚无，亦可。要之明儒之学，与宋、元之学，固大不同也。

阳明之学之最有益于世道者，即在主张知行合一之一语。自宋以来，书册日多，著述日富，讲求讨论，虽进于前，而人之立身行事，反与书册所言分而为二。充其弊必有学术日昌、人心日坏之象。阳明着眼此点，故劝人即知即行，使知不但徒腾口说无益，即冥心妙悟而不验之实事亦无益。此正当时科举中人口孔、孟而心跖、蹻之对证妙药，抑亦吾国从古以来圣哲真传。盖吾国自古相传之法，惟注重于实行，苟不实行，即读书万卷，著作等身，亦不过贩卖炫鬻之徒，于己于人，毫无实益，即不得谓之学问。使后之学者，咸准阳明之说而行，无知愚贤不肖，行事一本良心，则举世可以无一坏人，而政治风俗，亦无一不可以臻于尽善尽美之域。无如人心痼蔽，惟喜求知而惮实行，谈玄说妙者，务出新说以相胜，安于卑近者，转执其流弊以相訾謷，甚至在为人行己之外，别求一种学问以为能，研究此等文字者，方足为学，而其他皆空谈，是岂阳明所及料哉！

《传习录》："古人所以既说一个知，又说一个行者，只为世间有一种人，懵懵懂懂的任意去做，全不解思惟省察，也只是个冥行妄作。所以必说个知，方才行得是。又有一种人茫茫荡荡悬空去思索，全不肯着实躬行，也只是个揣摸影响。所以必说一个行，方才知得真。此是古人不得已补偏救弊的说话，若见得这个意时，即一言为足。今人却就将知行分作两件去做，以为必先知了，然后能行，我如今且去讲习讨论做知的功夫，待知得真了，方去做行的功夫，故遂终身不行，亦遂终身不知。此不是小病痛，其来已非一日矣。某今说个知行合一，正是对病的药，又不是某凿空杜撰。知行本体，原是如此，今若知得宗旨时，即说两个亦不妨，亦只是一个；若不会宗旨，便说一个，亦济得甚事，只是闲说话。"

第二十章 明之文物

历代史书，所志艺文、经籍，大抵兼举前代及当时所有之书籍，惟《明史》不志前代之书，第述有明一代之著作。

《明史·艺文志》："四部之目，昉自荀勖，晋、宋以来因之。前史兼录古今载籍，以为皆其时柱下之所有也。明万历中，修撰焦竑修国史，辑《经籍志》，号称详博，然延阁广内之藏，竑亦无从遍览，则前代陈编，何凭记录？""今第就二百七十年各家著述，稍为厘次，勒成一志。凡卷数莫考、疑信未定者，宁阙而不详云。"

其数为十万零五千九百七十四卷。观其一朝之人著作之富，则其当时之文化，可以推想。史称北京文渊阁贮书近百万卷，

《明史·艺文志》："明太祖定元都，大将军收图籍致之南京，复诏求四方遗书，设秘书监丞，寻改翰林典籍以掌之。永乐四年，帝御便殿阅书史，问文渊藏书。解缙对以尚多阙略，帝曰：'士庶家稍有余资，尚欲积书，况朝廷乎！'遂命礼部尚书郑赐遣使访购，惟其所欲与之，勿较值。北京既建，诏修撰陈循取文渊阁书一部至百部，各择其一，得百柜，运致北京。宣宗尝临视文渊

阁，亲披阅经史，与少傅杨士奇等讨论。……是时秘阁贮书约二万余部，近百万卷，刻本十三，抄本十七。”

盖宋、辽、金、元之书，悉萃其中，故卷数之富，为历代馆阁所未有也。秘阁之外，行人司藏书亦富，

《识小录》（王夫之）：“翰林名读中秘书而实无一书之可读，惟行人司每一员出使，则先索书目以行，购书目中所无者，多至数册，少亦必一册，纳之司署，专设司吏一人，收贮简晒，故行人司藏书最富。”

盖古者太史采风陈诗之遗也。其他贵族缙绅儒流士庶藏书之家，尤指不胜屈。若朱睦㮮、

《明史诸王传》：“镇国中尉睦㮮字灌甫，镇平王诸孙，被服儒素，覃精经学。”《万卷堂书目跋》（睦㮮）：“余宅西游息之所，建堂五楹，以所储书环列其中。仿唐人法，分经、史、子、集，用各色牙签识别。经类凡十一：《易》、《诗》、《书》、《春秋》、《礼》、《乐》、《孝经》、《论语》、《孟子》、经解、小学，凡六百八十部，六千一百二十卷；史类凡十二：正史、编年、杂史、制书、传记、职官、仪注、刑法、谱牒、目录、地志、杂志，凡九百三十部，一万八千卷；子类凡十：儒、道、释、农、兵、医、卜、艺、小说、五行家，凡一千二百部，六千零七十卷；集类凡三：楚词、别集、总集，凡一千五百部，一万二千五百六十卷。编为四部。”

叶盛、

《乾隆苏州府志》(习雋):“昆山叶文庄公盛宅，在东城桥西。公生平嗜书，手自雠录，至数万卷。”

《静志居诗话》(朱彝尊):“文庄储藏之目为卷止二万余，然奇秘者多，亚于册府。”

杨循吉、

《澹生堂藏书训》(祁承㸁):“杨仪部君谦，性最嗜书，家本素封，以购书故，晚岁赤贫，所藏十余万卷。”

何良俊、

《列朝诗传》:“何良俊字元朗，少而笃学。……每喟然叹曰：吾有清森阁在东海上，藏书四万卷。”

王世贞、

《少室山房笔丛》(胡应麟):“王长公，小酉馆在弇州园凉风堂后，凡三万卷，二典不与，构藏经阁贮焉。”

胡应麟、

《澹生堂藏书训》:“婺州胡元瑞以一孝廉，集书至四万二千三百八十四卷。”

黄虞稷、

《黄氏千顷斋藏书记》(钱谦益):“虞稷之先人,少好读书,老而弥笃,自为举子,以迨学官,修脯所入,衣食所余,未尝不以市书也。藏书千顷斋中,约六万余卷。余小子裒聚而附益之,又不下数千卷。”

徐𤊹、

《红雨楼家藏书目序》(徐𤊹):“合先君子、先伯兄所储,可盈五万三千余卷。”

毛晋、

《同治苏州府志》:“毛晋世居迎春门外七星桥,少为诸生,性嗜卷轴。湖州书舶云集于门,邑中为之谚曰:‘三百六十行生意,不如鬻书于毛氏。’前后积至八万四千册,构汲古阁、目耕楼以庋之。”

谢兆申等,

《笔精》(徐𤊹):“邵武谢兆申好书,尽罄家资而买坟籍,藏蓄几盈五六万卷。”

皆收藏至二三万卷以上。其范氏之天一阁,

《茶余客话》(阮葵生):“范钦号东明,喜购旧本,两浙藏书以天一阁为第一。”

钱氏之绛云楼,

《绛云楼书目题词》(曹溶):“虞山宗伯所积,几埒内府,视叶文庄、吴文定及西亭王孙或过之。……晚岁居红豆山庄,出所藏书,重加缮治,区分类聚,栖绛云楼上,大椟七十有三。”

尤为目录家所艳称。士大夫咸以嗜书殖学为务,故能上绍唐、宋,而下开有清之文治焉。

官书之风,以明为盛。

《书隐丛说》(袁恬):“官书之风,至明极盛。内而南北两京,外而道学两署,无不盛行雕造。官司至任,数卷新书与土仪并充馈品,称为书帕本。”“孙毓修曰:明时官司衙署刊本,周弘祖《古今书刻》略载之。明祖分封诸王,各赐宋板书帖,诸王亦能于养尊处优之余,校刊古籍,模印精审,至今见称。如沈、唐、潞、晋、徽、益诸藩,皆有传刻。”

南北两监,藏板至夥,历代正史,一再雕印。

《南雍志》(黄佐):“梓刻本末《金陵新志》所载集庆路儒学史书梓数,正与今同。则本监所藏诸梓,多自旧国子学而来。自后四方多以书板送入。洪武、永乐时，两经修补，板既丛乱，旋补旋亡。成化初，祭酒王㒜会计亡数，已逾二万篇。弘治初，始作库供储藏。嘉靖七年，锦衣卫闲住千户沈麟奏准校刊史书，礼部议以祭酒张邦奇、司业江汝璧学博才裕，使将原板刊补。其广东原刻《宋史》差取付监,《辽》、《金》二史原无板者，购求善本翻刻，以成全史。”“后邦奇、汝璧迁去，祭酒林文俊、司业张星继之，方克进呈。”

《善本书室藏书志》(丁丙)：“北监二十一史，奉敕重修者，祭酒吴士元、司业黄锦也。自万历二十四年开雕，阅十有一载，至三十四年竣事，皆从南监本缮写刊刻。”

书坊之多，以燕京、江、浙为盛。

《经籍会通》(胡应麟)：“今海内书凡聚之地有四：燕市也，金陵也，阊阖也，临安也。闽、楚、滇、黔则余间得其梓，秦、晋、川、洛则余时友其人，辇下所雕者，每一当浙中三，纸贵故也。越中刻本亦希，而其地适当东南之会，文献之衷，三吴七闽，典籍萃焉。吴会、金陵，擅名文献，刻本至多，巨册类书，咸会萃焉。自本方所梓外，他省至者绝寡。燕中书肆，多在大明门之右，及礼部门之外，及拱宸门之西。武林书肆，多在镇海楼之外，及涌金门之内，及弼教坊、清和坊，皆四达衢也。金陵书肆，多在三山街及太学前。姑苏书肆，多在阊门内外及吴县前，书多精整，率其地梓。……凡刻之地有三：吴也，越也，闽也。蜀宋本称最善，近世甚希。燕、粤、秦、楚今皆有刻，类自可观，而不若三方之盛。其精，吴为最，其多，闽为最，越皆次之；其直重，吴为最，其直轻，闽为最，越皆次之。”

工匠刻书，价值亦廉。

《茶香室续钞》（俞樾）：“明刘若愚《酌中志》云：刻字匠徐承惠供，本犯与刻字工银每字一百，时价四分。因本犯要承惠僻静处刻，勿令人见，每百字加银五厘，约工银三钱四分。今算妖书八百余字，与工银费相同。按此知明时刻书价值至廉，今日奚翅倍之也。”

然如《永乐大典》之巨书，当国家财力全盛之时，亦未能付诸雕板，是亦至可惜之事也。

明代儒臣奉敕编辑之书至夥，而卷册最富者，无过于《永乐大典》。

《明史·艺文志·类书类》：“《永乐大典》二万二千九百卷。原注：永乐初，解缙等奉敕编《文献大成》既竣，帝以为未备，复敕姚广孝等重修，四历寒暑而成，更定是名。成祖制序，复以卷帙太繁，不及刊布。嘉靖中，复加缮写。”

其书以韵为纲，而以古书字句排列于下，以便检寻。而体例不一，至有举全部大书悉纳于一韵之一字中者，与前此类书割裂原文以事相次者有别。故元以前佚文秘典所不传者，转赖其全部全篇收入，得以复见于世。

《四库全书总目》："《明实录》载成祖谕解缙等：尝观《韵府》、《回溪》二书，事虽有统，而采摘不广，纪载太略。尔等其如朕意，凡书契以来经、史、子、集百家之书，至于天文、地志、阴阳、医卜、僧道、技艺之言，备辑为一书，无厌浩繁云云。故此书以《洪武正韵》为纲，全如《韵府》之体。其每字之下，详列各种书体，亦用颜真卿《韵海镜原》之例。惟其书割裂庞杂，漫无条理，或以一字一句分韵，或析取一篇以篇名分韵，或全录一书，以书名分韵，与卷首凡例多不相应，殊乖编纂之体。……然元以前佚文秘典世所不传者，转赖其全部全篇收入，得以排纂校订，复见于世。"

当明之世，南北二京，仅有写本三部。

《四库全书总目》："《永乐大典》：二万二千八百七十七卷，目录六十卷。……明永乐元年七月奉敕撰，二年十一月奏进，赐名《文献大成》。总其事者，为翰林院学士兼右春坊大学士解缙，与其事者，凡一百四十七人。既而以所纂尚多未备，复命太子少保姚广孝、刑部侍郎刘季篪，与缙同监修。与其事者，凡二千一百六十九人，于永乐五年十一月奏进，改赐名曰《永乐大典》。并命复写一部，锓诸梓，以永乐七年十月讫工。后以工费浩繁而罢。定都北京以后，移贮文楼。嘉靖四十一年，选礼部儒士程道南等一百人，重录正副二本，命高拱、张居正校理。至隆庆初告成，仍归原本于南京。其正本贮文渊阁，副本别贮皇史宬。明祚既倾，南京原本与皇史宬副本并毁。今贮翰林院库者，即文渊阁正本，仅残阙二千四百二十二卷。顾炎武《日知录》以为全部皆佚，盖传闻不确之说。书及目录共二万二千九百三十七卷，与原序原表并合。《明实录》作二万二千二百一十一卷，《明史·艺文志》作二万二千九百卷，亦字画之误也。”

议者虽请镌印，颁发国学，讫未实行。

《野获编》（沈德符）：“甲午春，南祭酒陆可教有刻书一疏，谓文皇帝所修《永乐大典》，人间未见，宜分颁巡方御史各任一种校刊汇成，分贮两雍，以成一代盛事。上即允行，至今未闻颁发也。按此书至二万余卷，即大内止写本一部。至世宗重录，以备不虞，亦至穆宗朝始告竣。效劳诸臣，俱叙功优升，若付梨枣，更岂易言。”

至清仅存残本一部，修《四库全书》时，曾就其中辑录古书数百种。

《四库全书总目》：“今裒辑成编者，凡经部六十六种。史部四十一种，子部一百三种，集部一百七十五种，共四千九百四十六卷。”

然其可采者尚多，翰林之嗜古者，往往从而抄辑。至光绪庚子之乱，毁于兵燹，今只存六十四册。

《京师图书馆善本书目》：“《永乐大典》六十册，

明解缙等撰，嘉靖重录正本，存二支、九真、十八阳、十九庚、二十尤、六姥、四霁、五御、一屋、二质等韵。”“此书尚有四册，留教育部。”

尚有零册散入外国，颇为外人珍视，美之图书馆曾以珂罗版影印一册焉。

京师图书馆藏有美国图书馆长勃特兰博士所赠珂罗版印《永乐大典》一册，自一万九千七百八十五卷至一万九千七百八十六卷，仅一服字韵中，绘衣服图甚多。

明代取士，专重科举，试以制义，至清犹沿其法，此世所诟病也。

《明史·选举志》：“科目者，沿唐、宋之旧，而稍变其试士之法，专取四子书及《易》、《诗》、《书》、《春秋》、《礼记》五经命题试士。……三年大比，以诸生试之直省，曰乡试。中式者曰举人。次年以举人试之京师，曰会试。中式者，天子亲策于廷，曰廷试，亦曰殿试。分一、二、三甲以为名第之次。一甲止三人：曰状元、榜眼、探花，赐进士及第；二甲若干人，赐进士出身；三甲若干人，赐同进士出身。状元、榜眼、探花之名，制所定也，而士大夫又通以乡试第一为解元，会试第一为会元，二、三甲第一为传胪云。子、午、卯、酉年乡试，辰、戌、丑、未年会试。乡试以八月，会试以二月，皆初九日为第一场，又三日为第二场，又三日为第三场。初设科举时，初场试经义二道，《四书》义一道；二场，论一道；三场，策一道。中式后十日复以骑、射、书、算、律五事试之。后颁科举定式，初场试《四书》义三道，经义四道。二场试论一道，判五道，诏、诰、表、内科一道。三场试经、史、时务策五道。廷试，以三月朔。乡试，直隶于京府，各省于布政司。会试，于礼部。主考，乡、会试俱二人，同考，乡试四人，会试八人。提调一人，在内京官，在外布政司官。会试，礼部官监试二人，在内御史，在外按察司官。会试，御史供给收掌试卷；弥封、誊录、对读、受卷及巡绰监门，搜检怀挟，俱有定员，各执其事。举子，则国子生及府、州、县学生员之学成者，儒士之未仕者，官之未入流者，皆由有司申举性资敦厚、文行可称者应之。其学校训导专教生徒，及罢闲官吏，倡优之家，与居父母丧者，俱不许入试。试卷之首，书三代姓名，及其籍贯、年甲、所习本经、所司印记，试日入场，讲问、代冒者有禁。晚未纳卷，给烛三支。文字中回避御名、庙号及不许自序门地。弥缝编号，作三合字。考试者用墨，谓之墨卷。誊录用硃，谓之硃卷。试士之所，谓之贡院。诸生席舍，谓之号房。人一军守之，谓之号军。试官入院，辄封钥内外门户。在外提调、监试等谓之外帘官；在内主考、同考谓之内帘官。廷试用翰林及朝臣文学之优者为读卷官。共阅对策，拟定名次，候临轩。或如所拟，或有所更定，传制唱第。状元授修撰，榜眼、探花授编修，二、三甲考选庶吉士者，皆为翰林官。其他或授给事、御史、主事、中书、行人、评事、太常、国子博士，或授府推官、知州、知县等官。举人、贡生不第，入监而选者，或授小京职，或授府佐及州县正官，或授教职。此明一代取士之大略也。”

然明初立法，实非专尚时文。

《日知录》(顾炎武)：“《太祖实录》：洪武三年八月，京师及各行省开乡试，初场《四书》疑问本经义及《四书》义各一道，第二场论一道，第三场策一道。中式者后十日复以五事试之，曰骑、射、书、算、律。骑，观其驰驱便捷；射，观其中之多寡；书，通于六义；算，通于九法；律，观其决断。……此真所谓求实用之士者矣。至十七年，命礼部颁行科举成式。……文辞增而实事废。盖与初诏求贤之法稍有不同，而行之二百余年，非所以善述祖宗之意也。”

其后展转流变，士益不务实学，至有“八股盛而六经微，十八房兴而廿一史废”之叹。

《日知录》：“十八房之刻，自万历壬辰《钩玄录》始。旁有批点，自王房仲选程墨始。至乙卯以后，而坊刻有四种：曰程墨，则三场主司及士子之文；曰房稿，则十八房进士之作；曰行卷，则举人之作；曰社稿，则诸生会课之作。至一科房稿之刻，有数百部，皆出于苏杭。而中原北方之贾人，市买以去，天下之人，惟知此物可以取科名，享富贵，此之谓学问，此之谓士人，而他书一切不观。昔丘文庄当天顺、成化之盛，去宋元未远，已谓士子有登名前列，不知史册名目、朝代先后、字书偏旁者，举天下而惟十八房之读，读之三五年，而一幸登第，则无知之童子，俨然与公卿相揖让。而文武之道，弃如弁髦。嗟乎！八股盛而六经微，十八房兴而廿一史废。昔闵子马以原伯鲁之不说学而卜周之衰。余少时见有一二好学者，欲通旁经而涉古书，则父师相交谯呵，以为必不得颛业于帖括，而将为坎坷不利之人，岂非所谓大人患失而惑者欤！”

盖人心嗜利苟得，有可以简陋而得虚荣者，则相率从之，而目务实用者为迂远。虽有善法，不时时为之改良，其归宿亦犹是耳。

明初最重学校，以学校为科举之本；而出身学校者，可不必由科举。

《明史·选举志》：“科举必由学校，而学校起家可不由科举。”

观明初国学之制及国子生之盛，殆远轶于唐、宋。

《明史·选举志》：“国子学之设，自明初乙巳始。洪武元年，令品官子弟及民俊秀通文义者并充学生。……”“天下既定，诏择府、州、县学诸生入国子学。……”“初，改应天府学为国子学，后改建于鸡鸣山下。既而改学为监，设祭酒、司业及监丞、博士、助教、学正、学录、典籍、掌馔、典簿等官。分六堂以馆诸生：曰率性、修道、诚心、正义、崇志、广业。学旁以宿诸生，谓之号房。厚给廪饩，岁时赐布帛文绮袭衣巾靴。正旦、元宵诸令节俱赏节钱。孝慈皇后积粮监中，置红仓二十余舍，养诸生之妻子。历事生未娶者赐钱婚聘，及女衣二袭，米月二石。诸生在京师岁久，父母存，或父母亡而大父母、伯叔父母存，皆遣归省，人赐衣一袭，钞五锭，为道里费，其优恤之如此。而其教之之法，每旦，祭酒、司业坐堂上，属官自监丞以下，首领则典簿，以次序立。诸生揖毕，质问经史，拱立听命。惟朔望给假，余日升堂会馔，乃会讲、复讲、背书、轮课以为常。所习自四子本经外，兼及刘向《说苑》及律令、书、数、《御制大诰》。每月试经、书义各一道，诏、诰、表、策论、判、内科二道。每日习书二百余字，以二王、智永、欧、虞、颜、柳诸帖为法。每班选一人充斋长，督诸生工课。衣冠、步履、饮食，必严饬中节，夜必宿监，有故而出，必告本班教官，令斋长帅之以白祭酒。监丞置集愆簿。有不遵者书之，再三犯者决责，四犯者至发遣安置。其学规条目，屡次更定，宽严得其中。堂宇、宿舍、饮馔、澡浴俱有禁例。司教之官，必选耆宿。"

各地土官，及日本、琉球、暹罗诸国，皆有官生入监读书。

《明史·选举志》："直省诸士子云集辇下。云南、四川皆有土官生，日本、琉球、暹罗诸国亦皆有官生入监读书，辄加厚赐，并给其从人。永、宣间，先后络绎。至成化、正德时，琉球生犹有至者。"《续文献通考·学校考》："洪武三年，高丽遣其国金涛等四人来学，次年涛成进士归。自是日本、琉球、暹罗诸国皆有官生入监读书，朝廷辄加厚赐，并给其从人。云南、四川等土官时遣子弟民生入监者甚众，给赐与日本诸国同，监前别造房百间居之。”

《长安客话》（蒋一葵）曰：“国初高丽遣金涛等入太学，其后各国及土官亦皆遣子入监。监前别造房居之，名王子书房。今太学前有交趾号舍，盖成祖设北监以来，所以处交趾官生者。”

其学生最盛之时，几及万人。

《南雍志·储养考》（黄佐）：“永乐十八年，监生九千五百五十二人。”“十九年，九千八百八十四人。”“二十年，九千九百七十二人。”“二十一年，九千八百六十一人。”“二十二年，九千五百三十三人。”

而整理田赋，清查黄册，兴修水利等事，皆命监生为之。

《南雍志》：“洪武二十年春二月戊子，鱼鳞图册成。先是上命户部核实天下土田，而苏松富民畏避徭役，以土产诡寄亲邻佃仆，相习成风，奸弊百出。于是富者愈富，贫者愈贫。上闻之，遣国子生武淳等往，随粮多寡，定为几区。每区设粮长四人，使集里甲耆民，躬履田亩，以量度之。量其方圆，次其字号，悉书主名及丈尺四至，编类为册。绘状若鱼鳞然，故名。至是浙江布政使司及直隶、苏州等府县册成进呈，上喜，赐淳等钞锭有差。”“二十四年八月乙卯朔，初令监生往后湖清查黄册。”“户部所贮天下黄册，俱送后湖收架，委监察御史二员、户科给事中一员、监生一千二百名，以旧册比对清查。如有户口田粮埋没差错等项，造册径奏。其官员监生合用饮馔器皿等项并膳夫，俱于国子监取用。如不敷，于都税司并上元、江宁县等衙门支拨。其后奏准本监惟供给监生，凡官员监生吏卒人匠等，每五日一次，过湖晒晾。”“二十七年八月乙亥，遣监生及人材分诣天下郡县，督吏民修治水利，给道里费而行。”

或缮写书籍，或学习翻译，

《南雍志》：“永乐二年十月丁巳，翰林院进所纂录韵书，赐名《文献大成》。上以其未备，遂命重修，以祭酒胡俨兼翰林院侍讲及学士王景等为总裁，开馆于文渊阁，礼部简能书监生缮写。”“五年三月癸酉，命礼部选监生胡敬、蒋礼等三十八人隶翰林院习译书。人月给米一石，遇开科令就试，仍译所作文字，合格准出身。置馆于长安右门之外处之，以四夷字学，分为四斋，命都指挥李贤以锦衣卫军守门，务令成业。”

或以特事遣使，或以巡狩从行。

《南雍志》：“永乐元年四月，颁敕二万道，令监生马宗诚等赍之，赐道里费。”“二年正月丁未，遣监生刘源等三十三人分行郡县，访求高皇帝御制诗文。”“七年二月壬午，巡狩北京，车驾发京师，择吏部历事监生四十人，译写四夷文字监生十三人以从。”

而分部历事，

> 《南雍志》："洪武二十九年六月壬寅，初令监生年长者分拨诸司，历练政事……建文二年十月，定监生历事考核法。历事各衙门者，一年为满，从本衙门考核，分上中下三等引奏。上等不拘选用，中等、下等仍历一年再考。上等者依上等用；中等者不拘品级，随材任用；下等者回监读书。"

随时任官，尤为重视。

> 《续通考》："洪武二十六年十月，擢监生六十四人为布政使等官。先是天下初定，北方丧乱之余，人鲜知学，尝遣国子生林伯云等三百六十六人分教各郡，既而推及他省。择其壮岁能文者，为教谕等官，至是乃尽擢刘政、龙锌等六十四人为行省布政、按察两使及参政、参议、副使、佥事等官，李扩等自文华、武英擢御史。扩寻改给事中兼齐相府录事。盖台谏之选，亦出于太学，其常调者乃为府、州、县六品以下官。时虽复行科举，而监生与荐举人才参用者居多。故其时布列中外者，太学生最盛。"

盖明之国学，第为储才之地，并无毕业之期。以师儒督其学，以世务练其才，随时选任，不拘资限，斯实从古以来惟一重用学校人才之时代。世徒以明祖定八股试士之制，遂谓其欲使天下英雄腐心于无用之空文，岂知当时事实，并不如是。第其后偏重科举，而学校又有纳粟之例，流品日杂，学生始不为天下所重耳。

《续通考》："宣宗以后，进士日益重，荐举浸废，举贡日益轻，迨开纳粟之例，流品渐淆，且庶民亦得援生员之例入监，谓之民生，亦谓之俊秀，而监生益轻。"

明代国学，有南北两监，

《续通考》："成祖永乐元年二月，设北京国子监。……在城东北隅，即元国学遗址。明初为北京府学，至是改焉。十八年迁都，乃以京师国子监为南京国子监，而太学生有南北之分矣。"

此外府、州、县、卫无不有学，教养之法甚备。

《明史·选举志》："郡县之学，与太学相维，创立自唐始。宋置诸路州学官，元颇因之，其法皆未具。迨明，天下府、州、县、卫所，皆建儒学，教官四千二百余员，弟子无算，教养之法备矣。洪武二年，太祖初建国学，谕中书省臣曰：'学校之教，至元其弊极矣。上下之间，波颓风靡，学校虽设，名存实亡。兵变以来，人习战争，惟知干戈，莫识俎豆。朕惟治国以教化为先，教化以学校为本。京师虽有太学，而天下学校未兴。宜令郡县皆立学校，延师儒，授生徒，讲论圣道，使人日渐月化，以复先王之旧。'于是大建学校，府设教授，州设学正，县设教谕，各一，俱设训导，府四、州三、县二。生员之数，府学四十人，州、县以次减十。师生月廪食米，人六斗，有司给以鱼肉。学官月俸有差。生员专治一经，以礼、乐、射、御、书、数设科分教。务求实才，顽不率者黜之。”

学有额田，

《续通考》：“洪武十五年四月，赐学粮，增师生廪膳。”“初制，师生月廪食米，人六斗，有司给以鱼肉，学官月俸有差。至是命凡府、州、县田租入官者，悉归于学，俾供祭祀及师生廪膳。仍定为三等，府学一千石，州学八百石，县学六百石，应天府学一千六百石。各设吏一人以司出纳，学生月给廪膳米一石。”

教有规定，

《续通考》：“洪武二十五年，定礼、射、书、数之法。（一）颁行经、史、律、诰、礼仪等书，生员皆须熟读精通，以备科贡考试。（一）朔望习射。于学校外置射位，初三十步，加至九十步，每耦二人，各挟四矢，以次相继。长官莅射。射毕，中的饮三爵，中鹄饮二爵。（一）习书，依名人法帖，日五百字。（一）数学，务精通《九章》之法。”

《颜氏学记》（戴望）：“祁州学碑刻洪武八年颁学校格式，六艺以律易御，礼、律、书为一科，训导二员教之。乐、射、算为一科，训导二员教之。守令每月考试，三月学不进，训导罚俸半月。监察御史、按察司巡历考试，府生员十二名，州八名，县六名。学不进者，守令、教授、训导罚俸有差，甚多则教官革职，守令笞四十。三代后无此学政，亦无此严法，谁实坏之？……王源曰：三代以后，开创帝王可与言三代治道者，明太祖一人而已。”

学生名额，复迭有增加。

《明史·选举志》：“生员虽定数于国初，未几即命增广，不拘额数。宣德中，定增广之额：京府学六十人，在外府学四十人，州、县以次减十。成化中，定卫学之例：四卫以上军生八十人，三卫以上军生六十人，二卫、一卫军生四十人，有司儒学军生二十人；士官子弟，许入附近儒学，无定额。增广既多，于是初设食廪者谓之廪膳生员，增广者谓之增广生员。及其既久，人才愈多，又于额外增取，附于诸生之末，谓之附学生员。……士子未入学者，通谓之童生。”

惜其后学生仅务考试，而埋首于时文，明初善制，以渐而废。提学者亦只分诸生等第，不复问六艺之科目耳。

《明史·选举志》：“提学官在任三岁，两试诸生。先以六等试诸生优劣，谓之岁考。一等前列者，视廪膳生有缺，依次充补，其次补增广生。一、二等皆给赏，三等如常，四等挞责，五等则廪、增递降一等，附生降为青衣，六等黜革。继取一、二等为科举生员，俾应乡试，谓之科考。其充补廪、增给赏，悉如岁试。其等第仍分为六，而大抵多置三等。三等不得应乡试，挞黜者仅百一，亦可绝无也。”

府、州、县学之外，又有社学。

> 《续通考》：“洪武八年正月，诏天下立社学。……诏曰：‘今京师及郡县皆有学，而乡社之民未睹教化，有司其更置社学，延师儒以教民间子弟，导民善俗，称朕意焉。’于是乡社皆置学，令民间子弟兼读御制大诰及本朝律令。”“二十年，令社学子弟读诰律者赴京，礼部较其所诵多寡，次第给赏。”“英宗正统元年，诏有俊秀向学者，许补儒学生员。”“弘治十七年，令各府、州、县访保明师，民间幼童年十五以下者，送社读书，讲习冠、婚、丧、祭之法。”

官吏之留心民事者，恒以兴举社学为务。

> 《王文成全书·兴举社学牌》：“看得赣州社学乡馆教读，贤否尚多淆杂，是以诗礼之教久已施行，而淳厚之俗未见兴起。为此牌仰岭北道督同府县官吏，即将各馆教读，通行访择，务使学术明正、行止端方者，乃与兹选。官府仍籍记姓名，量行支给薪米，以资勤苦；优其礼待，以示崇劝。其各童生之家，亦各通饬行戒，务在隆师重道，教训子弟。毋得因仍旧染，习为偷薄，自取愆咎。”

社会教读，且与有地方风化之责。

《王文成全书·颁行社学教条》:“先该本院据岭北道选送教读刘伯颂等，颇已得人。但多系客寓，日给为难，今欲望以开导训诲，亦须量资勤苦，已经案仰该道通加礼貌优待，给以薪米纸笔之资。各官仍要不时劝励敦勉，令各教读务遵本院原定教条，尽心训导，视童蒙如己子，以启迪为家事；不但训饬其子弟，亦复化喻其父兄；不但勤劳于诗礼章句之间，尤在致力于德行心术之本。务使礼让日新，风俗日美，庶不负有司作兴之意，与士民趋向之心。”

观王文成《训蒙大意》，亦可见当时教读督责幼儿之法，及儒者研究教育之学说焉。

《王文成年谱·训蒙大意》(钱德洪)示教读刘伯颂等曰:“今教童子者，当以孝弟、忠信、礼义、廉耻为专务，其培植涵养之方，则宜诱之歌《诗》，以发其志意；导之习《礼》，以肃其威仪；讽之读《书》，以开其知觉。今人往往以歌《诗》、习《礼》为不切时务，此皆末俗庸鄙之见，乌足以知古人立教之意哉！大抵童子之情，乐嬉戏而惮拘检，如草木之始萌芽，舒畅之则条达，摧挠之则衰痿。故凡诱之歌《诗》者，非但发其志意而已，亦所以泄其跳号呼啸于咏歌，宣其幽抑结滞于音节也。导之习《礼》者，非但肃其威仪而已，亦所以周旋揖让而动荡其血脉，拜起屈伸而固束其筋骸也。讽之读《书》者，非但开其知觉而已，亦所以沈潜反复而存其心，抑扬讽颂以宣其志也。若责其检束而不知导之以礼，求其聪明而不知养之以善，彼视学舍如囹狱而不肯入，视师长如寇仇而不欲见矣，求其为善也得乎？”

宋、元之间，书院最盛，至明而浸衰。盖国学网罗人才，士之散处书院者，皆聚之于两雍，虽有书院，其风不盛。

《续通考》：“初太祖因元之旧，洪武元年立洙泗、尼山二书院，各设山长一人。宪宗成化十二年，命江西贵溪县重建象山书院。孝宗弘治元年，以吏部郎中周本言，修江南常熟县学道书院。武宗正德元年，江西按察司副使邵宝奏修德化县濂溪书院，其时各省皆有书院，弗禁也。”

其后国学之制渐隳，科举之弊孔炽，士大夫复倡讲学之法，而书院又因之以兴。王阳明讲学之所，若龙岗书院，

《王文成年谱》：“正德三年在龙场……夷人日来亲狎，以所居湫湿，乃伐木构龙岗书院以居之。”

若贵阳书院，

《王文成年谱》：“正德四年在贵阳……提学副使席书聘主贵阳书院。”

若濂溪书院，

《王文成年谱》：“正德十三年在赣……九月修濂溪

书院……四方学者辐辏，始寓射圃，至不能容，乃修濂溪书院居之。”

若稽山书院，

《王文成年谱》：“嘉靖三年，在越……辟稽山书院，聚八邑彦士，身率讲习以督之。于是萧璆、杨汝荣、杨绍芳等来自湖广，杨仕鸣、薛宗礼、黄梦星等来自广东，王艮、孟源、周衔等来自直隶，何秦、黄弘纲等来自南赣，刘邦来、刘文敏等来自安福，魏良政、魏良器等来自新建，曾忭来自泰和。宫刹卑隘，至不能容，盖环坐而听者三百余人。”

若敷文书院，

《王文成年谱》：“嘉靖七年，巡抚两广……兴南宁学校……委原任监察御史降揭阳县主簿季本主教敷文书院。”

既皆随处经营，隐然以复古学校为己任。而同时如邹守益之筑复古书院，

《王文成年谱》：“邹守益谪判广德州，筑复古书院以集生徒，刻《谕俗礼要》以风民俗。”

湛若水之建白沙书院，

《明史·湛若水传》：“若水生平所至，必建书院以祀献章。”

又与阳明相应和。比阳明殁而建书院以祀之者尤夥，

《王文成年谱》：“嘉靖四年十月，立阳明书院于越城。……门人为之也。在越城西郭门内光相桥之东。后十二年丁酉，巡按御史门人周汝贞建祠于楼前，匾曰‘阳明先生祠’。”“嘉靖九年，门人薛侃建精舍于天真山，祀先生。”“十三年，邹守益建复古书院于安福，祀先生。”“十六年，佥事沈谧建书院于文湖，祀先生。”“十九年，周桐、应典等建书院于寿岩，祀先生。”“二十一年，范引年建混元书院于青田，祀先生。”“二十三年，徐珊建虎溪精舍于辰州，祀先生。”“二十七年，万安同志建云兴书院，祀先生。”“陈大伦建明经书院于韶，祀先生。”“二十九年，史际建嘉义书院于溧阳，祀先生。”“三十三年，刘起宗建水西书院，祀先生。”“三十五年，赵镗修复初书院，祀先生。沈宠建仰止祠于崇正书院，祀先生。”“四十二年，耿定、罗汝芳建志学书院于宣城，祀先生。”

学校性质几变而为宗教性质，世宗因言者请毁书院而严禁之，殆以此故。

《续通考》：“世宗嘉靖十七年四月，吏部尚书许讚请毁书院，从之。……十六年二月，御史游居敬疏斥南京吏部尚书湛若水倡其邪学，广收无赖，私创书院，乞

戒谕以正人心。帝慰留若水，而令所司毁其书院。至是讚复言抚按司府多建书院，聚生徒，供亿科扰，亟宜撤毁，诏从其言。”

然一方面撤毁，而一方面依旧建设，是其时社会势力，固不下于政府也。万历间，张居正当国，再申严禁，亦未尽革。迄居正败，其事复兴。

《野获编》（沈德符）：“书院之设，昉于宋之泰山、徂徕及白鹿洞，本朝旧无额设明例。自武宗朝，王新建以良知之学，行江浙、两广间，而罗念庵、唐荆川诸公继之，于是东南景附，书院顿盛。虽世宗力禁，而终不能止。嘉靖末年，徐华亭以首揆为主盟，一时趋鹜者，人人自托吾道。凡抚台莅镇，必立书院，以鸠集生徒，冀当路见知。其后间有他故，驻节其中，于时三吴间竟呼书院为中丞行台矣。今上初政，江陵公痛恨讲学，立意剪抑。适常州知州施观民以造书院科敛见纠，遂遍行天下拆毁，其威令之行，峻于世庙。江陵败，而建白者力攻，亦以此为权相大罪之一，请尽行修复，当事者以祖制所无折之，其议不果行。近年理学再盛，争以皋比相高，书院聿兴，不减往日。李见罗在郧阳，遂拆参将衙门改造，几为武夫所杀，于是人稍有戒心矣。至于林下诸君子相与切磋讲明，各立塾舍名书院者，又不入此例也。”

明末书院之著者，曰首善，曰东林。以讲学者忤魏阉，遂并天下书院毁之。

《续通考》:“神宗万历十年,阁臣张居正以言官之请,概行京省查革,然不能尽撤。后复稍稍建,其最著者,京师曰首善书院,江南曰东林书院。”

《燕都游览志》:“首善书院在宣武门内左方,天启初,都御史邹元标、副都御史冯从吾为都人士讲学之所。大学士叶向高撰碑志,礼部尚书董其昌书。党祸起,魏忠贤矫旨毁天下书院,掁碎碑,嗣即其地开局修历。”

《春明梦余录》(孙承泽):“东林,无锡书院名也。宋儒杨时建,后废为僧寺。万历中,吏部考功郎顾宪成罢归,即其地建龟山祠,同志者为构精舍居焉。乃与行人高攀龙等开讲其中,及攀龙起为总宪,疏发御史崔呈秀之赃,呈秀遂父事魏忠贤,日嗾忠贤曰:‘东林欲杀我父子。’既而杨涟、左光斗交章劾忠贤,益信呈秀之言不虚也。于是遂首毁京师书院,而天下之书院俱毁矣。”

魏阉败,儒者复立书院讲学。刘宗周之证人书院,其尤著者也。

《明史·刘宗周传》:“宗周始受业于许孚远,已入东林书院,与高攀龙辈讲习。冯从吾首善书院之会,宗周亦与焉。越中自王守仁后,一传为王畿,再传为周汝登、陶望龄,三传为陶奭龄,皆杂于禅。奭龄讲学白马山,为因果说,去守仁益远。宗周忧之,筑证人书院,集同志讲肄。且死,谓门人曰:学之要,诚而已,主敬其功也。”

明儒讲学之所，自书院之外，复有寺观祠宇之集会，月有定期，以相砥砺。

《王文成年谱》："嘉靖四年，先生归姚江，定会于龙泉寺之中天阁，每月以朔、望、初八、廿三为期。书壁以勉诸生曰：虽有天下易生之物，一日暴之，十日寒之，未有能生者也。承诸君之不鄙，每予来归，咸集于此，问学为事，甚盛意也。然不能旬日之留，而旬日之间，又不过三四会，一别之后，辄复离群索居，不相见者，动经年岁，然则岂惟十日之寒而已乎？若是而求萌櫱之畅茂条达，不可得矣。故予切望诸君勿以予之去留为聚散，或五六日，或八九日，虽有俗事相妨，亦须破冗一会于此，务在诱掖奖励，砥砺切磋，使道德仁义之习，日亲日近。则势利纷华之染，亦日远日疏，所谓相观为善，百工居肆，以成其事者也。相会之时，尤须虚心逊志，相亲相敬。大抵朋友之交，以相下为益，或议论未合，要在从容涵育，相感以成。不得动气求胜，长傲遂非；务在默而成之，不言而信。"

阳明门人，集会尤盛。

《王文成年谱》："嘉靖十一年正月，门人方献夫合同志会于京师。……欧阳德、方献夫等四十余人始定日会之期，聚于庆寿山房。""十二年，门人欧阳德合同志会于南畿。……远方志士四集，类萃群趋。或讲于城南诸刹，或讲于国子鸡鸣，倡和相稽，疑辩相绎。"

徐阶灵济宫之会，听者至数千人。

《明史·罗汝芳传》："汝芳为太湖知县，召诸生论学，公事多决于讲座。迁刑部主事，历宁国知府。民兄弟争产，汝芳对之泣，民亦泣，讼乃已。创开元会，罪囚亦令听讲。入觐，劝徐阶聚四方计吏讲学，阶遂大会于灵济宫，听者数千人。"

《明儒学案·徐阶传》（黄宗羲）："先生受业聂双江，故得名王氏学。及在政府，为讲会于灵济官，使南野、双江、松溪分主之，学徒云集至千人。其时癸丑甲寅，为自来未有之盛。丙辰以后，诸公或殁或去，讲坛为之一空。戊午何吉阳自南京来，复推先生为主盟，仍为灵济之会，然不能及前矣。"

当时讲学之巨子，所至集会开讲，至老不衰。

《明史·钱德洪传》："德洪既废，遂周游四方，讲良知学。时士大夫率务讲学为名高，而德洪、王畿以守仁高第弟子，尤为人所宗。"《陈时芳传》："年八十余，犹徒步赴五峰讲会。"《王畿传》："畿既废，益务讲学，足迹遍东南，吴、楚、闽、越皆有讲舍。年八十余，不肯已，善谈说，能动人。所至听者云集，每讲杂以禅机，亦不自讳也。"

随时举示，亦无定法。

《明儒学案·耿定理传》："京师大会，举中义相质，在会各呈所见，先生默不语。忽从座中崛起拱立曰：'请诸君观中。'因叹曰：'舍当下言中，沾沾于书本上觅中，终身罔矣。'在会中因有省者。其机锋迅利如此。"

樵夫、陶匠、农工、商贾，无人不可听讲，无人不可讲学。

《明儒学案》："樵夫朱恕，泰州草堰场人，听王心斋讲，浸浸有味，每樵必造阶下听之。饥则向都养乞浆，解裹饭以食，听毕则浩歌负薪而去。""陶匠韩乐吾，兴化人，以陶瓦为业。慕朱樵而从之学，久之，觉有所得，遂以化俗为任，随机指点。农工商贾从之游者千余，秋成农隙，则聚徒谈学。一村既毕，又之一村，前歌后答，弦诵之声，洋洋然也。"

斯实前世之所未有也。

明人之集会讲学，盖本于文士之以诗文结社。自元季以来，东南士夫盛联诗社，

《明史·张简传》："当元季，浙东西士大夫以文墨相尚，每岁必联诗社，聘一二文章巨公主之。四方名士毕至，宴赏穷日夜。诗胜者辄有厚赠。"

至明而其风不衰。

《明史·林鸿传》："闽中善诗者称十才子，鸿为之冠，闽人言诗者悉本于鸿。……无锡浦源，慕鸿名，

逾岭访之。造其门，鸿弟子周元、王元请诵所作，曰：‘吾家诗也。’鸿延之入社。”《谢榛传》：“李攀龙、王世贞辈结诗社，榛为长，攀龙次之。”《李攀龙传》：“攀龙之始官刑曹也，与濮州李先芳、临清谢榛、孝丰吴维岳辈倡诗社。王世贞初释褐，先芳引入社，遂与攀龙定交，明年先芳出为外吏。又二年，宗臣、梁有誉入，是为五子。未几，徐中行、吴国伦亦至，乃改称七子。诸人多少年，才高气锐，互相标榜，视当世无人。七才子之名播天下。”《王世贞传》：“世贞好为诗古文，官京师，入王宗沐、李先芳、吴维岳等诗社。”《袁宏道传》：“宏道年十六，为诸生，即结社城南，为之长。”

达官为之倡，而山人名士附之。

《野获编》（沈德符）：“山人之名本重，如李邺侯仅得此称。不意数十年来，出游无籍辈，以诗卷遍贽达官，亦谓之山人。始于嘉靖初年，盛于今上之近岁，吴中人遂有作山人歌曲者，而情状著矣。”

《明史·王穉登传》：“嘉隆、万历间，布衣、山人以诗名者十数，俞见文、王叔承、沈明臣辈，尤为世所称。然声华烜赫，穉登为最。”

始则标榜风雅，交通声气，继则联结党朋，干预政事，至其季世之复社，且以嗣东林则帜。故文人之社与儒者之会，实有相互之关系焉。

《明史·张溥传》：“溥集郡中名士相与复古学，名其文社曰复社。……四方啖名者争走其门，尽名为复社。溥亦倾身结纳，交游日广，声气通朝右。所品题甲乙，颇能为荣辱，诸奔走附丽者辄自矜曰：吾以嗣东林也。执政大僚由此恶之。里人陆文声者，输赀为监生，求入社，不许。文声诣阙言，风俗之弊，皆原于士子，溥、采为盟主，倡复社乱天下。”

明代诗文字画，均有名家，然无特创之体。其特创者，惟八股文，以王鏊、唐顺之、归有光、胡友信为最。

《明史·归有光传》：“有光制举义，湛湛经术，卓然成大家。后德清胡友信与齐名，世并称归、胡。”“明代举子业最擅名者，前则王鏊、唐顺之，后则震川、思泉。思泉，友信别号也。”

顺之、有光皆能为古文，然其古文亦有八股文气息。八股文既盛行，于是有汇选评点之本，而学者之治古书，往往亦用此法，故明代批评经史子集之书最多，是亦一时之风气也。

《经史百家简编序》（曾国藩）：“自六籍燔于秦火，汉世掇拾残遗，征诸儒能通其读者，支分节解，于是有章句之学。刘向父子勘书秘阁，刊正脱误，稽合同异，于是有校雠之学。梁世刘勰、钟嵘之徒，品藻诗文，褒贬前哲，其后或以丹黄识别高下，于是有评点之学。三者皆文人所有事也。前明以《四书》经义取士，我朝因之，科场有句股点句之例，盖犹古者章句之遗意。试官评定甲乙，用朱墨旌别其旁，名曰圈点，后人不察，辄仿其法，以涂抹古书，大圈密点，狼藉行间。故章句者，古人治经之盛业也，而今专以施之时文。圈点者，科场时文之陋习也，而今反以施之古书。末流之迁变，何可胜道。”

时文之外，小说、戏曲颇有创制。今世所传《三国演义》、《水浒传》、《西游记》、《金瓶梅》等，皆明人所著。

《交翠轩笔记》称《三国演义》为明人作，《郎潜纪闻》称《三国志》为罗贯中所作。《水浒传》相传为元施耐庵著，而《七修类稿》谓系罗贯中作，《茶香室续钞》亦称《水浒传》为洪武越人罗贯中作。《冷庐杂识》称《西游记》为嘉靖中淮安吴承恩作。《金瓶梅》则相传为王世贞作，以毒唐顺之者也。

今人以小说为纯文学，则明代小说之盛，当轶于古文之价值矣。元代传奇以质朴胜，即最有名之《西厢》、《琵琶》诸记，亦多质过于文。至明之汤显祖、阮大铖等所编传奇，则综各种文体，皆入于词曲中，尤可见文艺之进化。至魏良辅等以昆曲著，则又因传奇之盛兴，而自制新调也。

《琵琶行》（吴伟业）：“百余年来操南风，《竹枝》《水调》讴吴侬。里人度曲魏良辅，高士填词梁伯龙。”注引陈僖《客窗偶笔》：“昆有魏良辅者，造曲律，世所谓昆腔者自良辅始。”

《静志居诗话》（朱彝尊）：“梁辰鱼字伯龙，昆山人，雅善词曲，所撰《江东白苎》，妙绝时人。时邑人魏良辅能喉啭音声，始变弋阳、海盐故调为昆腔，伯龙填《浣纱记》付之。”

明太祖以僧为帝，其立国极重释教，明之诸儒讲心学者，又多出入于释氏。然禅门如沩仰、云门、法眼三宗，俱已失传，惟临济、曹洞蝉联不绝，

《答汪魏美问济洞两宗争端书》（黄宗羲）：“今沩仰、云门、法眼三宗俱绝，存者惟曹洞、临济耳。”

而隋、唐诸宗更无论矣。明僧之著者，仅万历间紫柏、雪浪、莲池、憨山诸僧，

《列朝诗集·闰集》（钱谦益）有憨山大师德清、紫柏大师真可、莲池大师袾宏、雪浪法师洪恩等传。

大抵以禅宗参净土，未能特创一宗也。明之佛教，较之历代，当以刻经之多，为其时之特色。考佛藏虽自北宋以来，已有官私诸本，

《大藏经雕印考》（常盘大定）：“藏经种类：（一）宋朝官板蜀本；（二）宋朝私板福州本；（三）南宋私板思溪本；（四）元代私版普宁寺本；（五）元代官本。”

而明代所刻最多，官刻者既有南北两藏及石藏，

《续释氏稽古略》（幻轮）：“永乐十八年，旨刻大

藏经，板二副，南京一藏，六行十七字；北京一藏，五行十五字。”“旨石刻一藏，安置大石洞。圣旨：向后木的坏了，有石的正。”

又有武林、径山二本。

《大藏经雕印考》：“南北二藏刊刻之后，浙之武林，仰承德风，更造方册，历岁既久，其刻遂湮。……《缘山目录》称法珍尼为欲刻宏通简便的方册本，决意自断其臂，激发四方。由是海内感动，或破产鬻子以应之。至三十余年始告成功，此则方册之创制也。”“《缘山目录》称万历十四年，有密藏禅师者，追悼珍尼藏板之归于乌有，欲继兴方册藏板，化缘时熟，经五六十年，藏板方成……《缩藏目录序》称，比时缁素，如响之应，紫柏、憨山等等硕德羽翼之，陆光祖、袁了凡、冯开之等赞成之，始刻于五台山。未几藏师没，幻余禅师代之，亦迁化。其初与藏师共事者四十人，至万历二十九年存没各半，其半之继续刊刻者，不知告终于何年。其辛苦勤劳，可谓至矣。尔来海内缁素，得以翻阅大藏，皆密藏师之赐也。”

径山改梵夹为方册，于嘉兴楞严寺发售，无论僧俗，皆可按价购买，其功尤盛于从前之刻藏。

《大藏经雕印考》：“宋、元诸藏，与明本所异者，实在根本目的。宋、元之刻藏，以藏经为法宝，欲藏之于名山大刹而崇拜之，明本则以普及于天下为事。”

明末诸儒，多通内典，即缘佛藏流通之影响也。

世讥明人之学多空疏，实亦不可概论。明之研究诗文心学者，固亦多博洽之士，他如李时珍之著《本草纲目》，

《明史·方技传》："李时珍字东璧，蕲州人，好读医书。医家《本草》，自神农所传，止三百六十五种，梁陶弘景所增亦如之。唐苏恭增一百一十四种，宋刘翰又增一百二十种，至掌禹锡、唐慎微辈先后增补，合一千五百五十八种，时称大备。然品类既繁，名称多杂，或一物而析为二三，或二物而混为一品。时珍病之，乃穷搜博采，芟烦补阙，历三十年，阅书八百余家，稿三易而成书，曰《本草纲目》。增药三百七十四种，厘为一十六部，合成五十二卷。首标正名为纲，余各附释为目，次以集解详其出产形色，又次以气味、主治附方。书成，将上之朝，时珍遽卒。未几，神宗诏修国史，购四方书籍。其子建元以父遗表及是书来献，天子嘉之，命刊行天下，自是士大夫家有其书。"

宋应星之著《天工开物》，

《重印天工开物记》(丁文江)："宋应星，字长庚，江西奉新县北乡人，万历四十三年乙卯举人。崇祯七年，任分宜教谕，著《天工开物》。十年，刊行。书计十八卷九册，凡食物、被服、用器以及冶金、制器、丹青、珠玉之原料工作，无不具备。说明之外，各附以图。三百年前，言工业天产之书，如此其详且明者，世

界之中，无与比伦。”

方以智之著《物理小识》，

《明末理学阐微》（钱嘉淦）：“当有明末造，爱新觉罗氏兴于满洲，国家运命，危在旦夕。山林隐逸者流，抱残守缺，从事著述，而理学亦起于此时。至崇祯十六年，即西历1643年，适彼理学界之双明星，意人卡利利（Galileo）逝，而英人奈端（Newton）生之翌年，有密山愚者方以智著《物理小识》六卷，公诸世。大别为十六门，即天、历、风雷雨旸、地、占候、人身、医要、医药、饮食、衣服、金石、器用、草木、鸟兽、神鬼方术、异事，搜罗綦广，时有精义。今中国若后于现世界文明数世纪，而当奈氏之前，已有此著，诚可引以自豪者矣。”

今之讲博物及物理者，多盛称其书，正不得以“空疏”二字该明之一切学者也。又明之儒者多究心于武事，如王守仁、唐顺之等兼资文武，既见于史传，

《王文成年谱》：“先生留情武事，凡兵家秘书，莫不精究。”

《明史·唐顺之传》：“顺之于学无所不窥，自天文、乐律、地理、兵法、弧矢、句股、壬奇、禽乙，莫不究极原委。”

至其末年，尚有陈元赟者，以拳术开日本之柔道。

《陈元赟与柔道始祖》（下川潮）："陈元赟字义都，明之虎林人，宽永十五年（崇祯十年）避乱来我国，以中国之拳法，传福野七郎右卫门等。"

此明之风气与清不同者也。

明代工艺之盛，有轶于前代者数事。一曰陶器，江西景德镇之磁器，莫盛于明，以诸帝之年号名其窑，而一朝有一朝之特色。

《南村随笔》："景德镇所造，永乐尚厚，成化尚薄，宣德青尚淡，嘉靖青尚浓。成青未若宣青，宣彩未若成彩。""宣德祭红以西红宝石末入泑，凸起莹厚如堆脂。"

《陶说》（朱琰）："宣德窑选料制样，画器填款，无一不精。此明窑极盛时也。"

宜兴陶器亦始于明，

《阳羡名陶录》（吴骞）："今吴中较茶者，壶必言宜兴瓷，云始万历间大朝山寺僧，传供春。供春者，吴氏小史也。至时大彬以盛。"

雅淡质素，与景德磁以浓彩胜者不同。盖明人讲求服用，务极风雅，故工艺因之以兴也。一曰漆器，亦多古所未有。

《物理小识》："漆器永乐果园厂制最精，有剔红、填漆、戗金、倭漆、螺钿诸种。近徽吴氏漆绢胎鹿角灰磨者，螺钿用金银粒杂蚌片成花者，皆绝，古未有此。"

一曰铜器，宣德中以铜铸鼎、彝、炉、鬲等，是为宣德炉，其材料多选各国各地绝精之物为之，如暹罗国风磨铜、天方国硇砂、三佛齐国紫石、渤泥国胭脂石、琉球国安澜砂及辰州硃砂、云南棋子等。每铜一斤，炼十二次，仅存铜精四两，光色焕发。又以赤金、水银等物涂而熏之，故与寻常铜器迥异（详见《宣德鼎彝谱》）。是皆明代工艺美术之特色也。至若南京报恩寺塔，九级八面，咸覆以五色琉璃瓦，建筑经二十九年始成，为中外人士所艳称。

> 《陶庵梦忆》（张岱）："中国之大古董，永乐之大窑器，则报恩塔是也。报恩塔成于永乐初年，非成祖开国之精神、开国之物力、开国之功令，其胆智才略足以吞吐此塔者，不能成焉。塔上下金刚佛像千百亿金身，一金身，琉璃砖十数块凑成之。其衣摺不爽分，其面目不爽毫，其须眉不爽忽，斗笋合缝，信属鬼工。闻烧成时，具三塔相，成其一，埋其二，编号识之。今塔上损砖一块，以字号报工部，发一砖补之，如生成焉。夜必灯，岁费油若干斛。天日高霁，霏霏霭霭，摇摇曳曳，有光怪出其上，如香烟缭绕，半日方散。永乐时，海外夷蛮重译至者，百有余国，见报恩塔必顶礼赞叹而去，谓四大部洲所无也。"

北京宫殿及曲阜孔、颜诸庙，雕刻石柱，咸精深华美，至今犹存，可以推见明之注重工艺矣。

元以蒙古人入主中夏，其冠服车舆杂用宋、金之制，并存其族之旧俗，故天子有冕服，儒士有唐巾，皆沿中夏之法。惟常服之质孙，则为胡服。

《元史·舆服志》："质孙，汉言一色服也。天子质孙，冬服十有一等，夏服十有五等。百官质孙，冬服九等，夏服十四等。""按其制有暖帽、钹笠、比肩等。暖帽、钹笠大致如满清之暖帽、凉帽，比肩则今所谓背心也。"

明祖崛起濠上，驱逐胡人，爰诏衣冠悉如唐制。

《明史·太祖本纪》："洪武元年二月王子，诏衣冠如唐制。"

此实汉族战胜异族之标识，而《明史·舆服志》仅称其车服尚质，酌古通今，合乎礼意，

《明史·舆服志》："太祖甫有天下，考定邦礼，车服尚质。酌古通今，合乎礼意。"

不言其取别胡元之意，盖讳之也。明之服制，虽与古礼亦不尽同，然上自衮冕，下至深衣，大抵皆周、汉以来相承之式。自满清入关，辫发胡服，而明人多抵死不从者，实亦文野之教殊也。

明代阶级之制甚严，宫室服用，均有等差。

《明史·舆服志》："明初，禁官民房屋，不许雕刻古帝后、圣贤人物及日月、龙凤、狻猊、麒麟、犀象之形。凡官员任满致仕，与见任同。其父祖有官，身殁，子孙许居父祖房舍。洪武二十六年定制……公侯，前厅七间，两厦，九架。中堂七间，九架。后堂七间，七架。门三间，五架，用金漆及兽面锡环。家庙三间，五架，

覆以黑板瓦，脊用花样瓦兽，梁、栋、斗栱、檐桷彩绘饰。门窗、枋柱金漆饰。廊、庑、庖、库从屋，不得过五间，七架。一品、二品，厅堂五间，九架，屋脊用瓦兽，梁、栋、斗栱、檐桷青碧绘饰。门三间，五架，绿油，兽面锡环。三品至五品，厅堂五间，七架，屋脊用瓦兽，梁、栋、檐桷青碧绘饰。门三间，三架，黑油，锡环。六品至九品，厅堂三间，七架，梁、栋饰以土黄。门一间，三架，黑门，铁环。品官房舍，门窗、户牖不得用丹漆。功臣宅舍之后，留空地十丈，左右皆五丈。不许那移军民居止，更不许于宅前后左右多占地，构亭馆，开池塘，以资游眺。”“庶民庐舍，洪武二十六年定制，不过三间，五架，不许用斗栱，饰彩色。三十五年，复申禁饬，不许造九五间数，房屋虽至一二十所，随其物力，但不许过三间。正统十二年，令稍变通之，庶民房屋架多而间少者，不在禁限。”“器用之禁：洪武二十六年定，公侯、一品、二品，酒注、酒盏金，余用银。三品至五品，酒注银，酒盏金。六品至九品，酒注、酒盏银，余皆瓷、漆。木器不许用硃红及抹金、描金、雕琢龙凤文。庶民，酒注锡，酒盏银，余用瓷、漆。百官，床面、屏风、槅子，杂色漆饰，不许雕刻龙文，并金饰朱漆。”“建文四年，申饬官民；不许僭用金酒爵，其椅棹木器亦不许朱红金饰。正德十六年定，一品、二品，器皿不用玉，止许用金。商贾、技艺家器皿不许用银。余与庶民同。”“明初，庶人婚，许假用九品服。洪武三年，庶人初戴四带巾，改四方平定巾，杂色盘领衣，不许用黄。又令男女衣服，不得僭用金锈、锦绮、纻丝、绫罗，止许绸、绢、素纱，其靴不得裁制花样、金线装饰。首饰、钗、镯不许用金玉、珠翠，止用银。六年，令庶人巾环不得用金玉、玛瑙、珊瑚、琥珀。未入流品者同。庶人帽，不得用顶，帽珠止许水晶、香木。十四年，令农衣绸、纱、绢、布，商贾止衣绢、布。农家有一人为商贾者，亦不得衣绸、纱。”“二十三年，令耆民衣制，袖长过手，复回不及肘三寸；庶人衣长，去地五寸，袖长过手六寸，袖桩广一尺，袖口五寸。……正德元年，禁商贩、仆役、倡优、下贱不许服用貂裘。”

即平居相见，官民亦有分别。

《明史·礼志》：“洪武五年令，凡乡党序齿，民间士农工商人等平居相见，及岁时宴会谒拜之礼，幼者先施。坐次之列，长者居上。十二年令，内外官致仕居乡，惟于宗族及外祖妻家序尊卑如家人礼。若筵宴，则设别席，不许坐于无官者之下。与同致仕官会，则序爵；爵同序齿。其与异姓无官者相见，不须答礼。庶民则以官礼谒见。凌侮者论如律。凡民间子孙弟侄甥婿见尊长，生徒见其师，奴婢见家长，久别行四拜礼，近别行揖礼。其余亲戚长幼悉依等第，久别行两拜礼，近别行揖礼，平交同。”

然明初甚重耆民，其粮长至京者，得朝见。其老人得听断乡间狱讼，

《日知录》：“明初以大户为粮长，掌其乡之赋税，或多至十余万石。运粮至京，得朝见天子。洪武中或以人材授官。”“洪熙元年，巡按四川监察御史何文渊言：

太祖令天下州县设立老人，必选年高有德、众所信服者，使劝民为善，乡闾争讼，亦使理断。”“《太祖实录》载洪武二十七年四月壬午，命有司择民间年高老人公正可任事者，理其乡之词讼。若户婚田宅斗殴者，则会里胥决之。事涉重者，始白于官。若不由里老处分，而径诉县官谓之越诉。”

其儒者莅官，亦有以乡约辅官治者。

《王文成全书·南赣乡约》：“同约中推年高有德为众所敬服者一人为约长，二人为约副。又推公直果断者四人为约正，通达明察者四人为约史，精健廉干者四人为知约，礼仪习熟者二人为约赞。置文簿三扇，其一扇备写同约姓名，及日逐出入所为，知约司之；其二扇一书彰善，一书纠过，约长司之。”“同约之人，每一会，人出银三分，送知约，具饮食。”“会期以月之望，立约所于道里平均之处，择寺观宽大者为之。彰善者其辞显而决，纠过者其辞隐而婉。不能改者，纠而书之。又不能改，然后白之官。又不能改，同约之人执送之官，明正其罪。势不能执，戮力协谋官府请兵灭之。”“通约之人，凡有危疑难处之事，皆须约长会同约之人，与人裁处区画，必当于理、济于事而后已。不得坐视推托，陷人于恶，罪坐约长约正诸人。”“亲族乡里，一应斗殴不平之事，鸣之约长等，公论是非。”

盖虽官治极盛之时，亦时时思以民治为基本，第未能一切决于民治，而使之荡然平等耳。

第三编　近世文化史

第一章　元明时海上之交通

中国近世之历史与上世、中世之区别有三:(一)则东方之文化无特殊之进步，仅能维持继续为保守之事业，而西方之宗教、学术、物质、思想逐渐输入，别开一新局面也;(二)则从前之国家，虽与四裔交往频繁，而中国常屹立于诸国之上，其历史虽兼及各国，纯为一国家之历史。自元、明以来，始与西方诸国有对等之交际，而中国历史亦植身于世界各国之列也;(三)则因前二种之关系，而大陆之历史变而为海洋之历史也。三者之中，以海洋之交通为最大之关键，故欲知晚明以降西方宗教、学术输入之渐，当先观察元、明时海上之交通焉。

海上交通，为东西两方之共业，而其性质又分为君主与群众之两动机。当元世祖时，专务远略，已屡遣使招谕海外诸番。

> 《元史·马八儿等国传》:"世祖至元间，行中书省左丞索多等，奉玺书十通，招谕诸番。""十六年，遣广东招讨司达噜噶齐、杨庭壁招俱蓝。""二十三年，海外诸番国以杨庭壁奉诏招谕，皆来降。诸国凡十：曰马八儿，曰须门那，曰僧急里，曰南无力，曰马阑丹，曰那旺，曰丁呵儿，曰来来，曰急兰亦解，曰苏木都剌。"

马哥孛罗奉库噶丁公主至印度，遂经黑海，赴君士但丁，而返威尼斯。

《马哥孛罗游记》卷首："大可汗遣库噶丁（Kogatin）公主嫁印度藩王阿尔贡（Arghun），派马哥父子等三人为驾驶使，造楼船十四艘，贮二年之粮，行三阅月，至爪哇。又经十八月之久，始抵阿尔贡王之境。尼古罗等闻大可汗薨逝，从此绝东返之念，先至达拉布松（Trebizond），由此再赴君士但丁，经希腊而至威尼斯，时 1295 年也。"

其时航海虽未能直至欧洲，然航行之利，已为时人所公认矣。

《马哥孛罗游记》卷首："印使偕公主入面大可汗，备陈舟行之利，费用既省，历时尤迅。"

明初恒遣使海外，

《明史·外国传》："洪武二年，遣官谕占城。""三年，遣使臣郭徵等谕真腊。""吕宗俊等谕暹罗。""行人赵述谕三佛齐。""御史张敬之、福建行省都事沈秩使渤泥。""永乐元年，中官尹庆谕古里及柯枝。"

郑和奉使，尤传为盛事。

《明史·宦官传》："郑和，云南人，世所谓三保太监者也。……（成祖）欲耀兵异域，示中国富强。永乐三年六月，命和及其侪王景弘等，通使西洋。将士卒二万七千八百余人，多赍金币。造大舶，修四十四丈、广十八丈者六十二。自苏州刘家河泛海至福建，复自福建五虎门扬帆，首达占城，以次遍历诸番国，宣天子诏，因给赐其君长，不服则以武慑之。……和经事三朝，先后七奉使，所历占城、爪哇、真腊、旧港、暹罗、古里、满剌加、渤泥、苏门答剌、阿鲁、柯枝、大葛兰、小葛兰、西洋琐里、琐里、加异勒、阿拨、把丹、南巫里、甘把里、锡兰山、喃勃利、彭亨、急兰丹、忽鲁谟斯、比剌、溜山、孙剌、木骨都束、麻林、剌撒、祖法儿、沙里湾泥、竹步、榜葛剌、天方、黎伐那孤儿，凡三十余国。所取无名宝物，不可胜计，……自和后，凡将命海表者，莫不盛称和以夸外番，故俗传三保太监下西洋，为明初盛事云。”

东南海岛，几无在无明人之足迹焉。

宋代置市舶司于广、杭、明、泉诸州，

《宋史·食货志》：“开宝四年，置市舶司于广州，后又于杭、明州置司。凡大食、古逻、阇婆、占城、勃尼、麻逸、三佛齐诸蕃，并通贸易，以金、银、缗钱、铅、锡、杂色帛、瓷器，市香药、犀象、珊瑚、琥珀、珠琲、镔铁、鼊皮、玳瑁、玛瑙、车渠、水精、蕃布、乌樠、苏木等物。”

而禁人民私与蕃人贸易。

《宋史·食货志》：“太平兴国初，私与蕃国人贸易者，计直满百钱以上，论罪。”“元丰中，禁人私贩，然不能绝。”

元、明因之，官置市舶，

《元史·食货志》：“至元十四年，立市舶司一于泉州，令孟古岱领之。立市舶司三于庆元、上海、澉浦，令福建安抚司杨发督之。每岁招集舶商于蕃邦博易珠翠香货等物，及次年回帆，依例抽解，然后听其货卖。”

《明史·食货志》：“太祖洪武初，设市舶司于太仓、黄渡，寻罢之。设市舶司于宁波、泉州、广州。宁波通日本，泉州通琉球，广州通占城、暹罗、西洋诸国。”

中虽数有废置，要皆官营商业也。而闽、广各省，人稠地狭，田园不足于耕，以海洋为谋生之所，

《论南洋事宜书》（清蓝鼎元）：“闽、广人稠地狭，田园不足于耕，望海谋生，十居五六。内地贱菲无足重轻之物，载至蕃境，皆同珍贝。”

时时有冒禁下海者。

《东西洋考》：“万历二十一年，倭寇朝鲜，闽以震邻，禁止通贩。海上人辄违禁私下海，或假借县给买谷捕鱼之引，竟走远夷。”

良者则为海商，黠者则为海寇。

> 《东西洋考》："海滨一带，田尽斥卤，耕者无所望岁，只有视渊若陵，久成习惯。富家征货，固得稛载归来；贫者为佣，亦博升米自给。一旦戒严，不得下水，断其生活，若辈悉健有力，势不肯搏手困穷，于是所在结为乱，溃裂以出。其久潜纵于外者，既触网不敢归，又连结远夷，向导以入。"

《明史》所载林道乾、梁道明、陈祖义、张琏等，皆国人之富于冒险性、为群众开拓海上航业商业者也（林、梁等事迹见《明史·外国传》）。使其时西人不垂涎东亚，相继远航，吾华民族亦必日趋于海上生活，而与欧人接触。适会是时，西人忽起寻觅新地之欲，而东西之接触，乃若电气之相引矣。

欧人之至中国行踪可考者，当首推马哥孛罗家三人。

> 《马哥孛罗游记序》："当达达尔诸王之治亚细亚内地也，各君其土，而受节制于蒙古大帝。故威令行而道路不梗，商旅称便。欧洲客商，联袂而往，或谋什百之利，或图仕禄于诸王之朝。意大利威尼斯人马非倭（Maffeo）、尼古罗（Nicolo）兄弟，因购珍宝，渡黑海，达巴尔喀（Barka），朝之都。居一载，获利甚厚，展转至布哈尔（Bokhara），适巴尔喀之从兄弟呼拉古（Hulagu）遣使赴忽必烈，道经布哈尔，与马非倭兄弟遇，与之谈甚欢，约共朝忽必烈。历一年而达帝都，可汗廷见马非倭兄弟，命偕蒙古大员一人，往使罗马，见教皇。马非倭等于是西行，比抵威尼斯，则

尼古罗之妻已亡，遗一子名马哥（Marco）。马非倭遂偕弟及侄赴阿克尔（Acre），阿克尔之教皇格里各烈十世（Gregorvx）授之敕书，馈赠蒙古帝以珍物。马非倭等既取道东北，经由大亚米尼阿、波斯属之伊拉克、库拉桑、巴尔克、巴达克商等处，入唐古特境。经沙州、肃州而至于山西之太原，马非倭等见蒙古帝，呈教皇敕书。帝甚嘉其忠信，见尼古罗旁侍一少年，问知为尼古罗之子，命留侍左右，派为皇室职员。马哥自居宫禁以后，习学东方礼节语文，更得帝之优遇，常遣之查办事件。一日江南道副使出缺，帝即命马哥署理。在任凡三载，马哥之父及叔，亦同邀恩遇。初到时，尼古罗等建议，能造战时利器，便于射远。蒙帝试之而佳，即命监工制造。后此蒙兵攻克襄阳城，即利用此火器也。孛罗氏父子兄弟至中国十七年，方请于帝，护送公主归国。”

然其来也，遵陆而行，仅归时由海道至印度、波斯耳。欧、亚之直接通航，始于葡萄牙人华斯哥德噶马；东西之周回通航，始于葡萄牙人马基伦。自此两航路开辟，而亚洲若重造一新天地焉。

有明初年，葡萄牙王子亨利及约翰二世，富于野心，奖励航海术，

《东邦近世史》：“1415年，葡萄牙王子亨利攻回教徒于摩洛哥北岸，时俘囚中有通阿非利加之地理，盛说印度之般富者。王子闻之，雄心勃起，乃毅然欲探险阿非利加之地。遂设商船学校，建测候所，刻意研究星学数学，以全力奖励航海术。1460年，亨利死时，综计新发见之海岸，共一千八百哩。旧传亨利在当时

有‘舟子’之号，信不诬也……葡王约翰二世，绍舟子亨利之遗志，派遣远征队。1486 年，巴沙洛矛地阿治（Bartholomew Diaz）遂至阿非利加南端，名其地曰荒崎（Cada Tormentoso）。约翰二世嫌其名不雅驯，改曰喜望峰（Cado Dabod Eaperany）。无几，哥伦布复发见西方新世界，欧洲诸国咸属耳目焉。及约翰二世殂，马诺耶尔（Manoel）继之，华斯哥德噶马（Vasco da Gama）遂发见印度航路。”

而南欧之人，以商业之关系，尤热心于开辟新航路。

《东邦近世史》：“西 1453 年，回教信徒土耳其人种攻陷东罗马首府君士但丁堡，黑海地方之东洋贸易顿至萎靡不振。其欲发见达于东亚之航路，实南欧有志者之一大宗旨也。”

弘治十一年，华斯哥德噶马至印度之加尔各答，葡人因之殖民于印度，以卧亚为根据地。

《西力东渐史》：“华斯哥德噶马于1497 年7 月8 日，发国都利斯本，巡航非洲南端，至 1498 年 5 月 20 日，达印度马拉巴海岸之加尔各答，是实东西洋海路交通之始，东西交通史中当大书特书者也。哥伦布之发见美洲，前乎此者仅六年，故西大陆之发见，东洋航路之开始，同为十五世纪末十年间之大纪念也。……葡萄牙人虽发见马拉巴海岸，尚难以为贸易之地，盖不徒土人所在排斥葡人，埃及人亦恐葡人废其旧路，而与威斯尼人共援印度土人以抗葡师。及达尔麦达率大军来印度，1509 年大破埃及海军于堤湖，葡人在东洋之势力乃稍定。后塔尔波噶尔喀（D' Albuquerque）为总督，日图侵略土地。1510 年取卧亚，翌年取麻剌甲，1515 年取忽鲁谟斯，自是而后，葡人势力益臻隆盛。西自阿剌伯海岸，东至麻剌甲，俱有其贸易地。余若锡兰、苏门答剌、爪哇、麻剌甲诸岛，亦无不有葡人之车辙马迹。”

正德十六年，马基伦至菲律宾群岛，西班牙人因之殖民于菲律宾，以吕宋为根据地。

《西洋通史》（章起渭编译）：“1519 年，葡人马基伦（Magellan）受西班牙国之命，率船五只，发航大西洋，从巴他哥尼亚之沿岸南进，通航于南亚美利加最南之海峡，出外洋，见海上波静风稳，命名为太平洋。进航西北，凡数月，遂于 1521 年发见菲律宾群岛。马基伦不幸为土人所杀害，然其所率之船，更横行印度洋，迂回阿非利加，而归航于本国。”

《东邦近世史》：“1570 年，西班牙将列加斯秘（Legaspi）入马尼拉，以该市为群岛首府。”

万历三十年，荷兰创立东印度公司，通商于爪哇、苏门答腊诸岛，以巴达维亚（Batavia）为根据地。

《西力东渐史》：“荷兰人华恩食斯考敦（Jan Huigen Van Linsikoten），尝为卧亚大僧正，久居印度。归国后，公其记录于世，俾国人周知东洋诸国之情事。又有考纳辽斯霍脱曼（Cornelius Hontman）者，结船队，从事远征，力抗葡人于海上，视察苏门答腊、爪哇诸岛而归，于是荷人竞派远征船队至东洋，从事探险。1602 年 2 月 20 日，设立荷兰东印度公司，合二千一百五十三股而成，握喜望峰与马基伦海峡间之贸易权。1621 年，建巴达维亚府于噶罗巴。”

英、法诸国，亦相继设立东印度公司。

《东邦近世史》：“1599 年，伦敦商人会议，组织公司与印度贸易。女王伊利沙白亦遣使至莫卧儿帝之朝，求许特权于英国公司。1600 年 12 月 31 日，英国东印度公司遂得王室之准凭组织公司，通商东印度。1614 年，设居留地于苏拉特。”“1604 年，法国亨利四世即位，始下许可设立东印度公司之谕。其中屡经停办，1642 年，第四次设立东印度公司。翌年，遂设居留地于麻打拉萨。”

侵寻及于中国，而租地通商之事起矣。

葡萄牙人之至中国，当明武宗时。

《东邦近世史》：“满剌加占领后五年，有葡人拉斐尔·伯斯德罗（Raffael Perestrello）者，乘篷船至中国，时在 1516 年。船舶之揭有欧洲国旗而至中国者，以是为嚆矢。翌年，费尔诺比勒司又以葡船四艘、马来船四艘至广东，为地方官所欢迎。得许可，碇泊三灶岛。未几，葡人之航中国者岁益众，渐至宁波，设商会于其地，又与厦门通商。”

《明史·外国传》：“佛郎机，近满剌加。正德中，据满剌加地，逐其王。十三年，遣使臣加必丹末等贡方物，请封，始知其名。诏给方物之直，遣还。其人久留不去，剽劫行旅，至掠小儿为食。已而夤缘镇守中贵，许入京。武宗南巡，其使火者亚三因江彬侍帝左右。帝时学其语以为戏。……亚三侍帝骄甚。从驾入都，居会同馆。见提督主事梁焯，不屈膝。焯怒，挞之……明年，武宗崩，亚三下吏。自言本华人，为番人所使，乃伏法。绝其朝贡。”

至嘉靖中，遂租壕镜为居留地。

《明史·外国传》：“壕镜在香山县南虎跳门外。先是暹罗、占城、爪哇、琉球、渤泥诸国互市，俱在广州，设市舶司领之。正德时，移于高州之电白县。嘉靖十四年，指挥使黄庆纳贿，请于上官，移之壕镜，岁输课二万金，佛郎机遂得混入。高栋飞甍，栉比相望，闽、粤商人趋之若鹜。久之，其来益众。诸国人畏而避之，遂专为所据。……其人长身高鼻，猫睛鹰嘴，拳发赤须，好经商，恃强陵轹诸国，无所不往。后又称干系腊国，所产多犀象、珠贝，衣服华洁，贵者冠，贱者笠，见尊长辄去之。初奉佛教，后奉天主教。市易但伸指示数，虽累千金，不立约契。有事指天为誓，不相负。”

《东邦近世史》：“1537 年，广东附近有葡人居留三所，即三灶岛、电白县及玛港是也。玛港据《澳门纪略》所载，则谓嘉靖十四年有都指挥黄庆者，受葡人巨贿，代请上官，以澳门为通商地，使年贡地租二万金，至1553年葡船遭风，水渍贡物，乞与暴之之地，海道副使汪柏许之。由是来者益众，而考诸池哈尔之《中国史》，则言嘉靖海贼张希洛据澳门，地方官借欧人之援讨灭之，因以是地酬欧洲人云。”

荷兰人涎其利，亦欲市于澳，澳人拒之，遂去而据澎湖、台湾。

《明史·外国传》：“荷兰又名红毛番……其人深目长鼻，发眉须皆赤，足长尺二寸，颀伟倍常。万历中，福建商人岁给引往贩大泥、吕宋及咬𠺕吧者，荷兰人就诸国转贩，未敢窥中国也。自佛郎机市香山，据吕宋，荷兰人闻而慕之。二十九年，驾大舰……薄香山澳。澳中人数诘问，言欲通贡市，不敢为寇，当事难之。税使李道即召其酋入城，游处一月，不敢闻于朝，乃遣还。澳中人虑其登陆，谨防御，始引去。海澄人李锦及奸商潘秀、郭震，久居大泥，与荷兰人习。语及中国事，锦曰：‘若欲通贡市，无若漳州者。漳南有澎湖屿，去海远，诚夺而守之，贡市不难成也。’酋……即驾二大舰，直抵澎湖，时三十二年之七月。汛兵已撤，如入无人之墟，遂伐木筑舍，为久居计。……当事屡遣使谕之……严禁奸民下海，犯者必诛，由是接济路穷，番人无所得食。十月末，扬帆去。……后又侵夺台湾地，筑室耕田，久留不去。”

斯时西人之市于吾国海疆，与华人之市于满剌加、吕宋及南洋诸岛者，已可为东西文化之媒介矣。然商人徒知贸迁，未足以语文化，至利玛窦等远来传教，而天文、历算、地理、格致诸学乃大兴焉。

第二章　明季之腐败及满清之勃兴

朱明之亡，亡于李闯及满清，此尽人所知也。然李闯及满清所以能亡明者，实由于明室朝野上下之腐败，不此之责，第归咎于李闯及满清，无当也。当明之中叶，士气已坏，观宗臣《报刘一丈书》，即可知其时士大夫之无耻：

《报刘一丈书》："今之所谓孚者，何哉？日夕策马候权者之门，门者故不入，则甘言媚词，作妇人状，袖金以私之。即门者将刺入，而主人又不即出见，立厩中仆马之间，恶气袭衣袖，即饥寒毒热不可忍，不去也。抵暮，则前所受赠金者出，报客曰：相公倦矣，谢客矣，客请明日来。即明日，又不敢不来，夜披衣坐，闻鸡鸣即起，盥栉，走马抵门，门者怒曰：为谁？则曰：昨日之客来。则又怒曰：何客之勤也，岂有相公此时出见客乎？客心耻之，强忍而与言曰：亡奈何矣。姑容我入。门者又得所赠金，则起而入之，又立向所立厩中。幸主者出，南面召见，即惊走，匍匐阶下。主者曰进，则再拜，故迟不起，起则上所寿金。主者故不受，则固请，主者故固不受，则又固请，然后命吏纳之，则又再拜，又故迟不起，起则五六揖，始出。出揖门者曰：官人幸顾我，他日来，幸无阻我也。门者答揖，大喜，奔出，马上遇所交识，即扬鞭语曰：‘适自相公家来，相公厚我，厚我。’且虚言状。即所交识，亦心畏相公厚之矣。”

至其末造，腐败益甚。官府坏于吏胥，

《明夷待访录》（黄宗羲）：“吏胥之害天下不可枚举，而大要有四：其一，今之吏胥，以徒隶为之，所谓皇皇求利者，而当可以为利之处，则亦何所不至。创为文网，以济其私，凡今之所设施之科条，皆出于吏，是以天下有吏之法，无朝廷之法。其二，天下吏既为无赖子所据，而佐贰又为吏之出身，士人目为异途，羞与为伍也。其三，各衙门之佐贰，不自其长辟召，一一铨之吏部，即其名姓且不能遍知，况其人之贤不肖乎！故铨部化为签部，贻笑千古。其四，京师权要之吏，顶首皆数千金。父传之子，兄传之弟，其一人丽于法，后而继一人焉，则其子若弟也。不然，则其传衣钵者也。是以今天下无封建之国，有封建之吏。”

地方坏于乡绅。明代绅权最重，赵翼《廿二史劄记》“明乡官虐民之害”一则，已详言之。观《虞阳说苑》载张汉儒攻讦钱谦益、瞿式耜之疏，可见晚明风气一斑。其略曰：

谦益以卖举人钱千秋事露，廷鞫问杖回籍矣。式耜以受贿滥荐胡平表冒功升荫，奉旨削夺为民矣。无奈两人性同虎狼，行若禽兽，平日暗布私书，潜托神棍，久住京师，探听朝廷举动，不时飞报，钻谋起废。及至居乡，俨然以原官自待，倚恃抚按有司，或门生，或故旧，或同年，或相知，每遇岁科两考，说入学科举遗才帮补数十余名，不得四五千金不止。遇有富豪假命，不诈三四千金不厌。更有同类缙绅，或势衰，或物故，毋论宗党，毋论姻亲，乘机挟诈，不得万余金不止。一遇抚按复命，挥金贿属，呈县呈学，巧砌艳语，朦胧引荐。……钱谦益、瞿式耜两人，主使腹仆腹干如邹日升、安如磐、周宪昌、刘时升、张永祚等，充粮吏库吏，出放在手，侵没惟命。一遇派兑，先将官户名下积勺成合，积合成升，通计合县四十八万之仓粮一笔勾销矣。至于解放钱粮，则又贪婪加二加三之解头，嘱托县官，先将应缓钱粮放出，而京边金花兵饷积侵至崇祯七八九年数万余两，不顾也。甚至一班奸胥，狐朋狗党，包妇买娼，昼夜呼卢，或假印，或假牌，或以千计，或以万计，起批挂号，瓜分浪用。现今侵欺事露，拼贿赂主，虽经宪提宪捉，究竟免责免比。

兵不教练而肆抢掠，

《寄园寄所寄》（赵吉士）引《忆记》：“永乐既都北京，令山东、河南、江北诸郡卫所各军，春秋两班赴京部科点验。发京营一体操练，以习军士之劳，省征调之烦，壮京师之卫，备边隘之防，法甚善也。其后分发近边筑工，折其半纳班价矣。又其后皇亲驸马侯伯有坟工，辄乞恩请班军以数千计，皆折价入橐矣。领班官岁敛军士金钱入京，募人应点，本军遂不赴京，大失祖宗之意。”“御史王孙蕃疏曰：臣闻贼破张秋，止住二日。刘元斌兵住三十七日，掘地折墙，细细搜掠，凡民间埋藏之物，尽数获之。东省有‘贼如梳，兵如篦’之谣。一家有银钱，即掳杀一家，一村有富室，则掳杀一村。玉石俱焚，惨烈于贼。”

将无学术而务欺诈，

《明夷待访录》：“毅宗专任大帅，不使文臣节制，不二三年，武臣拥众，与贼相望，同事卤略。李贼入京师，三辅至于青、齐，诸镇栉比而营，天子封公侯，结其欢心，终莫肯以一矢入援……是故与毅宗从死者，皆文臣也；……建义于郡县者，皆文臣及儒生也。……彼武人之为大帅者，方且飙浮云起……以其众幸富贵矣。”“万历以来之将，掩败饰功，所以欺其君父者，何所不至……乃只能施之君父，不能施之寇敌。”

贪鄙奢淫者相望于社会。

《日知录》(顾炎武)：“自万历季年，搢绅之士，不知以礼饬躬，而声气及于宵人，诗字颂于舆皂。至于公卿上寿，宰执称儿，而神州陆沈，中原涂炭，夫有以致之矣。”“今日士大夫，才任一官，即以教戏唱曲为事，官方民隐，置之不讲，国安得不亡，身安得不败?”《廿二史劄记》：“嘉、隆以后，吏部考察之法，徒为具文。而人皆不自顾惜，抚按之权太重，举劾惟贿是亲，而人皆贪墨以奉上司，于是吏治日偷，民生日蹙，而国亦以亡矣。”

而所谓清流名士者，亦惟是树党相攻，各立门户，至国亡而不已。

《明史·吕大器等传赞》：“明自神宗而后，浸微浸灭，不可复振。揆厥所由，国是纷呶，朝端水火，宁坐视社稷之沦胥，而不能破除门户之角立。故至桂林播越，旦夕不支，而吴、楚之树党相倾，犹仍南都翻案之故态也。”

《廿二史劄记》：“万历末年，廷臣务为危言激论，以自标异。于是部党角立，另成一门户攻击之局……高攀龙、顾宪成讲学东林书院，士大夫多附之。既而梃击、红丸、移宫三案，纷如聚讼。与东林忤者，众共指为邪党，天启初，赵南星等柄政，废斥殆尽。及魏忠贤势盛，被斥者咸欲倚之以倾东林，于是如蛾赴火，如蚁集膻，而科道转为其鹰犬。周宗建谓汪直、刘瑾时，言路清明，故不久即败，今则权珰反借言官为报复，言官又借权珰为声势，此言路之又一变，而风斯下矣。崇祯帝登极，阉党虽尽除，而各立门户、互攻争胜之习，则已牢不可破。是非蜂起，叫呶嘈沓，以至于亡。”

此毫无文化之满洲人，所由乘其隙而入主中国也。

满洲之兴，固无所谓盛德大业，徒以部落褊小，上下一心，事多公开，不得欺隐。

《清开国方略》：“太祖以议政王大臣参决机密，以理事十大臣分任庶务，国人有诉讼，先由理事大臣听断，仍告之议政大臣，复加审问，然后言于诸贝勒。众议既定，犹恐或有冤抑，令讼者跪上前，更详问之，明核是非。故臣下不敢欺隐，民情皆得上达。国内大治，奸宄不生。遗物于道，无或隐匿，必归其主。求其主不得，则悬之公署，俾识而取之。刈获既毕，始纵牧群于山野，毋敢窃害者。每行军，队伍整肃，节制严明，克城破敌之后，察核将士功罪，当罚者虽亲不贷，当赏者虽疏不遗。是以将士效命奋勇，所向无敌。”“太祖谕贝勒大臣曰：凡事不可一人独断，如一人独断，必致生乱。国人有事，当诉于公所，毋得诉于诸臣之家。前以大臣额亦都有私诉于家者不执送，已论罚。兹播告国中：自贝勒大臣以下，有罪，当静听公断；执拗不服者，加等治罪。凡事俱五日一听断于公所，其私诉于家者，即当执送；不执送而私断者，治罪弗贷。”

无明人之腐败气习，故能乘明之弊，力征经营，不三十年，遂窃神器。观其初兴之时，尚无文字，第借蒙古字以创满文。

《清开国方略》：“己亥年，创制国书，时国中文移往来，皆习蒙古字，译蒙古语。太祖命巴克什额尔德尼、噶盖以蒙古字改制国书。二臣辞曰：‘蒙古字，臣等习而知之，相传久矣，未能改制也。’太祖曰：‘汉人读汉文，凡习汉字与未习汉字者皆知之；蒙古人读蒙古文，虽未习蒙古字者亦知之；今我国之语，必译为蒙古语读之，则未习蒙古语者不能知也。如何以我国之语制字为难，反以习他国之语为易耶？’二臣对曰：‘以我国语制字最善，但臣等未明其法，故难耳。’太祖曰：‘无难也，但以蒙古字合我国之语音，联缀成句，即可因文见义矣。’太祖遂以蒙古字合之国语，创立满文，颁行国中。”

虽经达海之增益，亦未能造成一国之学术，仅可借以翻译汉籍，

《盛京通志》：“达海，姓觉尔察，隶正蓝旗满洲。九岁即通满、汉文义，弱冠，赐居内院，司文翰，正订国书。更为对音，切字谐声，文义周密，译《明会典》、《素书》、《三略》诸书，莫不称善。天聪四年，译书成，授三等轻车都尉世职，命曰‘巴克什’。六年，详定国书字体，酌加圈点。六月，病卒。”

《清通志》：“太宗命达海巴克什等翻译书籍，库尔禅等记注政事，谕达海增加圈点。”

《四库提要》：“太祖命巴克什额尔德尼以蒙古字联缀国语成句，尚未别为书体。太宗始命巴克什库尔禅创造国书，以十二字头贯一切音，因音而立字，合字而成语。今内阁所贮旧籍，即其初体。厥后增加圈点，音义益详。”

其人之鄙塞可知。凭借运会，及得汉人之指导，始知所谓官制朝仪。

《清开国方略》：“天聪五年七月，始设六部。六年，集分掌六部贝勒谕曰：国家初设六部承政、参政等官，即定有班次。近见朝会之时，坐立无序，尊卑紊越，将何以肃礼统？尔等宜传令满、汉、蒙古诸臣，按次就班，各加整饬。”“天聪六年正月，行新定朝仪。”“自太

宗即位以来，凡朝会行礼，大贝勒代善、三贝勒莽古尔泰并随上南面坐受，诸贝勒率大臣朝见，不论旗分，惟以年齿为序。五年十二月，礼部参政李伯龙奏：朝贺时，每有逾越班次，不辨官职大小，随意排列者，请酌定仪制。诸贝勒因言莽古尔泰不当与上并坐。太宗曰：'曩与并坐，今不与坐，恐他国闻之，不知彼过，反疑前后互异。以可否仍令并坐及李伯龙所奏，命大贝勒代善与众共议。大贝勒代善曰：'我等并奉上居大位，又与上并列而坐，甚非此心所安。自今以后，上南面中坐，我与莽古尔泰侍坐于侧，外国诸蒙古坐于我等之下，方为允协。"

入关以后，惟以兵力、刑力劫制汉人使不得逞，他无所建设也。

清代官制，满、汉之人并用，汉官悉无实权，满官又无知识，故其立国，仍沿用明弊而任胥吏。观清季陈壁《请除各衙门积弊疏》，可知胥吏之弊，自明至清，未之革除。

国家定制，以六曹总理庶务，若网在纲，天下大政，咸受成于是。法非不尽善，然行之既久而百弊丛生者，何也？官不亲其事，而吏乃攘臂纵横而出于其间也。夫所谓大政者，铨选也，处分也，财赋也，典礼也，人命也，讼狱也，工程也。以吏为之，铨选可疾可滞，处分可轻可重，财赋可侵可蚀，典礼可举可废，人命可出可入，讼狱可上可下，工程可增可减。使费既赢，则援案以准之；求贷不遂，则援案以驳之，人人愤怨，而不能指其非。天下之乱，恒必由之。然而公卿大夫不惟不能摈除，且倚若左右手，而听其指挥者，何也？官非不欲亲其事，而例案太繁，不肖者与吏分肥，任其弄法舞文，无所不至。二百余年以来，名臣魁儒，慷慨忧时之士，痛心扼腕，大声疾呼，以求去其积弊而不能胜。

凡清之政治，皆胥吏之政治也。至于兵制，则以猜忌汉人故，列置满、蒙之兵，以守各地，名曰驻防。

《清会典·兵部》："驻防则受治于将军、都统、副都统、城守尉、防守尉，而以达于部。皆专城，各统其同城驻防官，以饬旗务。凡将军十有三人，都统二人，副都统三十有三人，城守尉十有六人，协领一百五十有六人，防守尉十有八人，佐领七百五十有五人，防御六百二十有五人，骁骑校九百一十有二人。"

而汉人之兵，别为绿营，任其窳败，以免叛乱。

《石渠余记》（王庆云）："康熙四十二年，以各省营员借亲丁食粮之名，任意虚冒，多寡不等，令廷臣集议，提督以下，千把以上，各定亲丁名粮数目，以为养育家口仆从之需。五十一年，左都御史赵申乔奏《虚名冒饷疏》言册上有兵，伍内无兵；纸上有饷，军中无饷，其咎固在于侵饷之官，其弊总起于顶名之兵。盖自召募悉用旧名，于是新收开除无从稽核，凡入侵饷之囊者，虽查点摘发，亦不可究诘矣。"

当其盛时，征伐四裔，率恃旗兵；及其衰也，旗、绿俱敝，无以御侮，乃恃所谓团练勇丁焉。故清代兵将之腐败，自驻防练勇外，亦无异于明也。

清之所异于明者，在摧挫士气，抑制绅权。自明之亡，学士大夫起兵死义者，相望于东南，经数十年始定。故清之治术，一面诱以名位利禄，一面胁以刑罚杀戮，而后各地帖伏，无复明代绅士嚣张之势矣。清之入关，既以圈地、剃发等事肆毒，

《石渠馀记·纪圈地》："顺治元年，谕户部：凡近京各州县无主荒田，尔部清厘，分给东来诸王勋臣兵丁人等。于是巡按御史柳寅东，条上满、汉分居五便。二年，令民地为旗人指圈者，速以他处补给，美恶务令均平。十年，停止圈拨，然旗下退出荒地，与游牧投来人丁，皆复行圈补，又有因圈补而并圈接壤民地者。"

《东华录》："顺治元年五月庚寅，摄政睿亲王谕兵部：各处城堡，著遣人持檄招抚。檄文到日，剃发归顺者，地方官各升一级，军民免其迁徙。有虽称归顺而不剃发者，定行问罪。""戊戌，谕故明官员军民人等，谕到俱即剃发，改行安业，毋怙前非。倘有故违，即行诛剿。""辛亥，谕兵部：前因归顺之民无所分别，故令其剃发，以别顺逆。今闻甚拂民愿，自兹以后，天下臣民照旧蓄发。""二年六月丙辰，谕豫亲王多铎等：各郡邑投诚官员，俱开明履历，分别注册。各处文武军民，尽令剃发，倘有不从，以军法从事。""丙寅，谕礼部：向来剃发之制不即画一，姑听自便者，欲俟天下大定，始行此制耳。今中外一家，岂可违异，若不画一，终属二心。自今布告之后，京城内外，限旬日；直隶各省地方，自部文到日亦限旬日，尽令剃发。遵依者为我国之

民，迟疑者同逆民之寇，必置重罪。若规避惜发，巧辞争辩，决不轻贷。该地方文武各官皆当严行察验，若有复为此事渎进章奏，欲将已定地方人民仍存明制，不随本朝制度者，杀无赦。其衣帽装束，许从容更易，悉从本朝制度，不得违异。该部即行传谕京城内外并直隶各省、府、县、卫所、城堡等处，俾文武衙门官吏师生，一应军民人等，一体遵行。”

而惩治绅士尤严，

《东华录》：“顺治三年四月壬寅，谕户部：运属鼎新，法当革故。前朝宗姓，已比齐民，旧日乡绅，岂容冒滥。闻直隶及各省地方在籍文武，未经本朝录用者，仍以向来品级名色，擅用新颁帽顶束带，交结官府，武断乡曲，冒免徭赋，累害小民，甚至赀郎粟监，动以见朝赴监为名，妄言复用，藐玩有司，不当差役。且有闽、广、蜀、滇等处地方见任伪官，阻兵抗顺，而父子兄弟仍依恃绅衿，肆行无忌，种种不法，蠹国殃民，深为可恨。自今谕示之后，将前代乡官监生名色尽行革去，一应地丁钱粮杂汎差役，与民一体均当，蒙混冒免者治以重罪。”

如江南奏销之祸，

《三冈识略》（董含）：“江南赋役百倍他省，而苏、松尤重。迩来役外之征，有兑役、里役、该年、催办、捆头等名，杂派有钻夫、水夫、牛税、马豆、马草、大树、钉麻、油铁、箭竹、铅弹、火药、造仓等项，又有黄册人丁、三捆军田、壮丁逃兵等册，大约旧账未清，新饷已近，积逋常数十万。时司农告匮，始十年并征，民力已竭，而逋欠如故。巡抚朱国治强愎自用，造册达部，悉列江南绅衿一万三千余人，号曰抗粮。既而尽行褫革，发本处枷责，鞭扑纷纭，衣冠扫地。如某探花欠一钱，亦被黜，民间有'探花不值一文钱'之谣。"

《研堂见闻杂记》："吴下钱粮拖欠，莫如练川。一青衿寄籍其间，即终身无半镪入县官者，至甲科孝廉之属，其所饱更不可胜计，以故数郡之内，闻风猬至。大僚以及诸生，纷纷寄冒，正供之欠数十万。天子震怒，特差满官一员，至练川勘实，取其名籍，造册以报，奉旨按籍追擒。凡欠百金以上者一百七十余人，绅衿俱在其中；其百金以下者，则千计。"

以及各省科场之状。

《心史丛刊》（孟森）："明一代迷信八股、迷信科举，至亡国时为极盛，余毒所蕴，假清代而尽泄之。盖满人旁观极清，笼络中国之秀民，莫妙于中其所迷信。始入关，则连岁开科，以慰蹭蹬者之心；继而严刑峻法，俾忮求之士称快。丁酉之狱，主司房考及中式之士子，诛戮及遣戍者无数。其时发难者汉人，受祸者亦汉人，陷溺于科举，至深且酷。不惜假满人屠戮同胞，以泄多数侥幸未遂之人年年被摈之忿。此所谓'天下英雄入我彀中'者也。丁酉狱蔓延几及全国，以顺天、江南两省为巨，次则河南，又次则山东、山西，共五闱。明时江南与顺天俱有国子监，俱为全国士子所萃，非一省之关系而已也。清兵下江南，虽已改应天府为江宁，废去南雍，然士子耳目，尚以顺天、江南为观瞻所系。是年科场大狱，即以此两闱为最惨。同时并举，以耸动迷信科举之汉儿，用意至为明显。”

《研堂见闻杂记》：“科场之事，明季即有以关节进者。每科五六月之间，分房就聘之期，则先为道地，或伏谒，或为之行金，购于诸上台，使得棘闱之聘后，分房验取，如握券而得也。每榜发不下数十人，至本朝而益甚。顺治丁酉壬子间，营求者猬集，各分房之所许，两座师之心约，以及京中贵人之所密属，如麻如粟，已及千百人，闱中无以为计，各开张姓名，择其必不可已者登之，而间取一二孤贫，以塞人口，然晨星稀点而已。至北闱尤甚，北闱分房诸公及两座主，大率皆辇下贵人，未入场已得按图挨次，知某人必人，故营求者先期定券，万不失一。不若各省分房必司理邑宰，茫然不可知，暗中摸索也。甲午一榜，无不以关节得幸，于是阴躁者走北如鹜，各入成均，若倾江南而去之矣。至丁酉，辇金载宝，辐辏都下，而若京堂三品以上子弟，则不名一钱，无不获也。若善为声名游公卿者，亦然。惟富人子，或以金不及额，或以价忽骤溢，逊去，盖榜发无此中人矣。于是蜚语上闻，天子赫怒，逮系诸房官举子，株及者亦皆严刑榜掠，三木囊头。南闱发榜后，众大哗，于是连逮十八房官及两主司，凡南北举子，皆另复试。兵番杂沓以旁逻之，如是者三试而后已。是役也，师生牵连就逮，或立就械，或于数千里外银铛提锁，家业化为灰尘，妻子流难，更波及二三大臣，皆居间者，血肉狼藉，长流万里。”

皆明之积弊，至清而始发者。虽以惩创贪猾，抑制豪强，而士气熸然矣。

清之学者，有谨守卧碑之语。卧碑者，顺治朝所颁，以诰诫学校生员者也。

《清会典》：“明伦堂之左，刊立世祖章皇帝钦定卧碑，晓示生员。其文曰：朝廷建立学校，选取生员，免其丁粮，厚以廪膳，设学院、学道、学官以教之，各衙门官以礼相待，全要养成贤才，以供朝廷之用。诸生皆当上报国恩，下立人品。所有教条，开列于后：（一）生员之家，父母贤智者，子当受教；父母愚鲁，或有非为者，子既读书明理，当再三恳告，使父母不陷于危亡。（一）生员立志，当学为忠臣清官，书史所载忠清事迹，务须互相讲究；凡利国爱民之事，更宜留心。（一）生员居心忠厚正直，读书方有实用。出仕必作良吏，若心行邪刻，读书必无成就，为官必取祸患。行害人之事者，往往自杀其身，常宜思省。（一）生员不可干求官长，交结势要，希图进身。若果心善德全，上天知之，必加以福。（一）生员当爱身忍性，凡有官司衙门，不可轻入，即有切己之事，止许家人代告，不许干与他人词讼，亦不许牵连生员作证。（一）为学当尊敬先生，若讲说皆须诚心听受，如有未明，从容再问，毋妄行辨难；为师者亦当尽心教训，勿致怠惰。（一）军民一切利病，不许生员上书陈言；如有一言建白，以违制论，黜革治罪。（一）生员不许纠党多人，立盟结社，

> 把持官府，武断乡曲；所作文字，不许妄行刊刻，违者听提调官治罪。”

盖明季学校中人，结社立盟，其权势往往足以劫制官吏。清初以卧碑禁止，而后官权日尊，惟所欲为，为士者一言建白，即以违制论，无知小民，更不敢自陈其利病矣。故吾国国无民治，自清始；清之摧挫民治，自士始。今日束身自好之士，漠视地方利病不敢一谋公益之事者，其风皆卧碑养成。论者不察，动以学者不知社会国家之事，归咎于古代之圣贤，岂知言哉！

第三章　西方学术之输入

利玛窦等之来也，一以传西方之宗教，一以传西方之学术。既贡地志、时钟，兼自述其制器观象之能，明其不徒恃传教为生也。

> 《上神宗疏》（利玛窦）："谨以原携本国土物，所有天主图像一幅、天主母图像二幅、天主经一本、珍珠镶嵌十字架一座、报时自鸣钟二架、《万国图志》一册、西琴一张等物，敬献御前。""臣于本国，忝与科名，已叨禄位。天地图及度数，深测其秘，制器观象，考验日晷，并与中国古法吻合。倘蒙不弃疏微，令臣得尽其愚，披露于至尊之前，斯又区区之大愿。"
>
> 《清朝全史》（稻叶君山）："利玛窦入北京后，不四五年，信徒至二百余。观李之藻、杨廷筠、徐光启等名士之归依，则加特力克教之成功，可概见矣。然彼等名士之入教，非绝对信仰教宗，要皆利玛窦诱引法，与中国固有思想不甚背驰，当时士人对于西洋科学需要颇急。致使然也。利玛窦既译几何学，又著多种科学书，公布于世。"

然利氏译书教学，初未大用，洎明季因历法之舛，召用其徒，而历算之学始兴。

《明史·历志》："黄帝迄秦，历凡六改，汉凡四改，魏迄隋十五改，唐迄五代十五改。宋十七改，金迄元五改。惟明之《大统历》，实即元之《授时》，承用二百七十余年，未尝改宪。成化以后，交食往往不验，议改历者纷纷。……崇祯中，议用西洋新法，命阁臣徐光启、光禄卿李天经，先后董其事，成历书一百三十余卷，多发古人所未发。时布衣魏文魁上疏排之，诏立两局推验。累年校测，新法独密，然亦未及颁行。""（万历）三十八年，（钦天）监推十一月壬寅朔日食分秒及亏圆之候，职方郎范守己疏驳其误。礼官因请博求知历学者，令与监官昼夜推测，庶几历法靡差。于是五官正周子愚言：'大西洋归化远臣庞迪峨、熊三拔等，携有彼国历法，多中国典籍所未备者。乞视洪武中译西域历法例，取知历儒臣率同监官，将诸书尽译，以补典籍之缺。'先是，大西洋人利玛窦进贡土物，而迪峨、三拔及龙华民、邓玉函、汤若望等先后至，俱精究天文历法。礼部因奏：'精通历法，如邢云路、范守己为时所推，请改授京卿，共理历事。翰林院检讨徐光启、南京工部员外郎李之藻，亦皆精心历理，可与迪峨、三拔等同译西洋法，俾云路等参订修改。然历法疏密，莫显于交食，欲议修历，必重测验。乞敕所司修治仪器，以便从事。'疏入，留中。未几云路、之藻皆召至京，参预历事。云路据其所学，之藻则以西法为宗。四十一年，之藻已改衔南京太仆少卿，奏上西洋历法，略言台监推算日月交食时刻亏分之谬。而力荐迪峨、三拔及华民、阳玛诺等，言：其所论天文历数，有中国昔贤所未及者，不徒论其度数，又能明其所以然之理。其所制窥天、窥日之器，种种精绝。……乞敕礼部开局，取其历法，译出成书。礼科姚永济亦以为言。时庶务因循，未暇开局也。……崇祯二年五月乙酉朔日食，礼部侍郎徐光启依西法预推顺天府见食二分有奇，琼州食既，大宁以北不食。《大统》、《回回》所推顺天食分时刻，与光启互异。已而光启法验，余皆疏。帝切责监官。……于是礼部奏开局修改，乃以光启督修历法。光启……举南京太仆少卿李之藻、西洋人龙华民、邓玉函，报可。九月癸卯，开历局。三年，玉函卒，又征西洋人汤若望、罗雅谷译书演算。光启进本部尚书，仍督修历法。……四年正月，光启进历书二十四卷。……又进历书二十一卷。……是年，又进历书三十卷。明年冬十月，光启以病辞历务，以山东参政李天经代之。不逾月而光启卒。七年，……天经缮进历书，凡二十九卷，并星屏一具，俱故辅光启督率西人所造也。……天经又进历书三十二卷，并日晷、星晷、窥筒诸仪器。八年四月，又上乙亥丙子七政行度历及参订历法条议二十六则。……是时新法书器俱完，屡测交食凌犯，俱密合，但魏文魁等多方阻挠，内官实左右之。以故帝意不能决。……十一年正月，……进天经光禄寺卿，仍管历务。……十六年八月，诏西法果密，即改为《大统历法》，通行天下。未几国变，竟未施行。”

满清因之，遂用新法所制之历，曰《时宪历》。

《东华录》："顺治元年六月，修正历法西洋人汤若望启言：'臣于明崇祯二年来京，曾用西洋新法厘正旧历，制有测量日月星晷定时考验诸器，尽进内廷，以推测屡屡密合。近闻诸器尽遭贼毁，臣拟另制进呈。今先将本年八月初一日日食，照西洋新法推步京师所有日食限分秒并起复方法图像，与各省所见日食多寡先后不同诸数，开列呈览，乞敕该部届期公同测验。'摄政睿亲王谕：'旧历岁久差讹，西洋新法屡屡密合，知道了。此本内日食分秒时刻起复方位，并值省见食有多寡先后不同，具见推算详审，俟先期二日来说，以便遣官公同测验。其窥测诸器，速造进览。'""七月丁亥，礼部启言，定鼎燕京，应颁宝历。据钦天监咨称新法推注已成，请易新名，伏候钦定，以便颁行。摄政睿亲王谕：治历明时，帝王首重，今用新法正历，以迓天休，诚为大典，宜名为《时宪历》，用称朝廷宪天乂民至意。自明岁顺治二年为始，即用新历，颁行天下。"

而汤若望、南怀仁等均授官掌历，

《畴人传》（阮元）："汤若望，字道未，明崇祯二年入中国。次年五月，征若望供事历局。顺治二年十一月，以若望掌钦天监事，管钦天监印信，累加太仆太常寺卿，敕赐通微教师，康熙五年卒。""南怀仁，字勋卿，一字敦伯，康熙初年入中国。九年为钦天监副，十二年擢监正。"

虽经吴明烜、杨光先等攻讦，尝罢西法，仍用《大统历》，然其推测至精，中法及回回法均所不及，故其后仍用《时宪历》，一依西法行之，迄于清末焉。

《畴人传》："顺治十四年四月，回回科秋官正吴明烜疏言若望舛谬三事。命大臣等公同测验，议明烜诈妄之罪。康熙四年，徽州新安卫官生杨光先上言若望新法十谬及选择不用正五行之误。下王大臣等集议，若望及所属各员，俱罢黜治罪。于是废西法，仍用《大统历》。至康熙九年，复用新法。""康熙初年，吴明烜、杨光先等以旧法点窜新历，以致天道不协。康熙七年十二月，命大臣召南怀仁与监官质辨。越明年丁酉正月，诸大臣同赴观象台测验立春、雨水、太阴、火星、木星，怀仁预推度数与所测皆符，明烜所指不实，大臣等请将康熙九年《时宪书》交南怀仁推算，从之，遂以怀仁为监副。"

测候天象，必资仪器。明代钦天监所用仪器，多沿元旧，

《江宁府志》："观象台，元至正元年建，明改为钦天台。刘树声云：幼时犹见有小方铜架，中插方柱近丈，为量世尺；又有大方铜架，悬浑球，又有矮铜架，锁断足铜龙。"

《南京天文台记》："1280 年 11 月，元世祖诏修正历法，钦天监诸臣具奏：开封府先朝遗留天文仪器甚多，然无一足裨实用。帝于是重造浑天仪、日规及其他仪器，并命每器一式制十三分，分赐各行省。南京天文台之建筑，盖即规画于是时。其地发现之仪器，亦即此

十三分之一。……使南京官书之纪载为可信，则南京天文台之建筑，动议虽在于1280年世祖之朝，而实施则直在百年之后，即1381年也。台之遗址，在山巅之平原，地形长方，广约二十五粎至三十粎，长稍过之。其间有平房一所，门南向，为占星者居室，又有稍高之台，形四方，则所以陈列仪器，其器皆置于露天之台上。……仪器凡四事，利玛窦及其弟子辈，尝考察此四仪器，有所传述，颇足为后人所利赖。……第一仪器为一铜制球，径长约一粎又二分之一。球面止刻子午线及平行线，无他标记；其下安一铜制之立方体。立方体之顶，有一圆穴，球半陷其中。其旁有一小门，人得入其内，以旋转球。……第二仪器为浑天仪，其质及直径，皆与第一仪器同。上有纬线及极线，纬线凡三百六十五度又若干分；下支一金属之管，形如枪，可以自由拨动，以示星之高距。……第三仪器为日规，约高三粎，安于一长方大理石之南端。石之四周，围以沟，所以验水平也。石上亦刻有分数。……第四仪器最大且最备，亦测量之器，有三大环，制以铜，直径各长一粎又五十粉，所以象赤道、黄道、子午线；又有一环可活动，附一管，盖用以示星之位置。器之安放，在一平面大理石桌上，四周亦绕以沟。……据利氏所述，此种仪器，制作皆极精妙，所用材料皆甚耐久。利氏见此器时，在1600年，距制作之时，已二百五十年，而其器犹焕然若新，其作工之巧可以想见。惟在科学上之价值则殊逊，其所分三百六十五度又若干分，无论于天象不相干，即其所分亦殊不平均。是足以见当日天文家智识之陋矣。”

徐光启修历，首请造器。

《正教奉褒》(黄伯禄)："崇祯二年，徐光启奏请造象限仪六，纪限仪三，平悬浑仪三，交食仪一，列宿经纬天球一，万国经纬地球一，平面日晷三，转盘星球三，候时钟三，望远镜三。报允。"

汤若望续成之，旋毁。

《正教奉褒》："崇祯七年，汤若望进呈历书星屏，其时日晷、星晷、窥筒诸仪器，俱已制成。奏闻，上命太监卢维宁、魏国徵至局验试用法，旋令若望将仪器亲赍进呈，督工筑台，陈设宫廷。"

清初，复命南怀仁制之。

《清通考》："康熙八年六月，令改造观象台仪器。先是七年七月，钦天监副吴明烜言，推历以黄道为验，黄道以浑仪为准，今观象台浑仪损坏，亟宜修整。下礼部议，寻以取到元郭守敬仪器于江南，不果行，至是南怀仁为监副，疏请改造，从之。""十三年正月，掌钦天监事南怀仁，以新制天体仪、黄道经纬仪、赤道经纬仪、地平经仪、纪限仪告成，将制法用法绘图列说，名《新制灵台仪象志》，疏呈御览。得旨：仪象告成，制造精密，南怀仁勤劳可嘉，下部优叙。"

清之制历，所以测验精密而分秒无差，恃此也。其后又制有仪器多种。

《清通考》："康熙二十年二月，制简平仪、地平半圆日晷仪。""三十二年四月，制三辰简平地平合璧仪。""五十二年二月，命监臣纪利安制地平经纬仪。""五十三年二月，制星晷仪，制四游表半圆仪，制方矩象限仪。""乾隆九年二月，制三辰公晷仪，制看朔望入交仪，制六合验时仪，制方月晷仪。""十九年，三辰公晷仪成，命名玑衡抚辰仪。"

盖清代诸帝，饫闻西人之学说，亦究心于历算天文之学，故奕世制作，不厌求详。其为德国掠取而复送回者，即观象台所陈、南怀仁等所制诸器也。

元与西域交通，已知所谓地球。

《元史·天文志》："世祖至元四年，扎马鲁丁造西域仪象。""苦来亦阿儿子，汉言地理志也，其制以木为圆球，七分为水，其色绿；三分为土地，其色白。画江河湖海脉络贯串于其中，画作小方井，以计幅员之广袤，道里之远近。"

而元、明间人，犹未究心于地理，至利玛窦等来，而后知有五大洲，

《明史·外国传》："意大利亚居大西洋中，自古不通中国。万历时，其国人利玛窦至京师，为《万国全图》，言天下有五大洲：第一曰亚细亚洲，中凡百余国，

而中国居其一；第二曰欧罗巴洲，中凡七十余国，而意大里亚居其一；第三曰利未亚洲，亦百余国；第四曰亚墨利加洲，地更大，以境土相连，分为南北二洲；最后得墨瓦腊泥加洲为第五，而域中大地尽矣。”

及地球居于天中之说。

《畴人传》：“利玛窦著《乾坤体义》三卷，言地与海合为一球，居天球之中，其度与天相应。但天甚大，其度广；地甚小，其度狭，差异耳。直行北方者，每二百五十里，北极高一度，南极低一度；直行南方者，每二百五十里，北极低一度，南极高一度。每一度广二百五十里，则地之东西南北各一周，有九万里。厚二万八千六百二十六里零三十六丈，上下四旁皆生齿所居。予自太西浮海入中国，至昼夜平线，已见南北二极皆在平地，略无高低。道转而南，过大浪峰，已见南极出地三十六度，则大浪峰与中国上下相为对待，故谓地形圆而周围皆生齿者，信然矣。”

艾儒略著《职方外纪》，绘图立说，是为吾国之有五洲万国地志之始。

《职方外纪序》（艾儒略）：“昔神皇盛际，圣化翔洽，无远弗宾。吾友利氏赍进《万国图志》，已而吾友庞氏又奉翻译西刻地图之命，据所闻见，译为图说以献，都人士多乐道之者，但未经刻本以传。迨至今上御极，儒略不敏，幸厕观光，慨慕前庥，诚不忍其久而湮灭也。偶从蠹简，得睹所遗旧稿，乃更窃取西来所携手辑方域梗概，为增补以成一编，名曰《职方外纪》。”

《四库全书提要·职方外纪》：“五卷，明西洋人艾儒略撰。其书成于天启癸亥，盖因利玛窦、庞迪我旧本润色之，不尽儒略自作也。所纪皆绝域风土，为自古舆图所不载。……分天下为五大洲，一曰亚西亚洲……二曰欧逻巴洲……三曰利未亚洲……四曰亚墨利加……五曰墨瓦蜡尼加。前冠以万国全图，后附以四海总说。”

而清康熙中，各教士测绘全国舆图，尤有功于吾国焉。

《正教奉褒》：“康熙四十七年，谕传教士分赴蒙古各部、中国各省，遍览山水城郭，用西学量法，绘画地图。是年派日尔曼人白进、费隐，法兰西人雷孝思、杜德美等，往蒙古及直隶。四十九年，费隐等往黑龙江。五十年，雷孝思等往山东，费隐等往山西、陕西、甘肃。五十一年，法兰西人冯秉正、德玛诺等，往河南、江南、浙江、福建。五十二年，法兰西人汤尚贤、葡萄牙人麦大成等，往江西、广东、广西。费隐、潘如往四川。五十四年，雷孝思等往云南、贵州、湖南、湖北测图。五十六年，各省地图绘毕。白进等汇成总图一幅，并分图进呈。”（圣祖命名《皇舆全览图》，即世所称《康熙内府舆图》也。）

明季西教士携至中国书籍至多，所译述亦至夥。邓玉函所述《奇器图说》，则力艺学之权舆也。

《远西奇器图说录最》(王徵):“《奇器图说》，乃远西诸儒携来。彼中图书，此其七千余部中之一支。就一支中，此特其百之什一耳。”

《四库全书提要》:“《奇器图说》，三卷，明西洋人邓玉函撰。《诸器图说》，明王徵撰。徵，泾阳人，天启壬戌进士，官扬州府推官。尝询西洋奇器之法于玉函。玉函因以其国所传文字口授徵，译为是书。其术能以小力运大，故名曰重，又谓之力艺。大旨谓天地生物，有数有度有重，数为算法，度为测量，重则即此力艺之学，皆相资而成。故先论重之本体，以明立法之所以然，凡六十一条；次论各色器具之法，凡九十二条；次起重引重等图……图皆有说，而于农器水法尤为详备。”“《诸器图说》，凡图十一，各为之说，而附以铭赞，乃徵所作，亦具有思致。”

徐光启尝欲因其法以兴农田水利，

《四库全书提要》:“《农政全书》六十卷，明徐光启撰，总括农家诸书，裒为一集……备录南北形势，兼及灌溉器用诸图谱，后六卷则为《泰西水法》。”“《泰西水法》六卷，明万历壬子，西洋熊三拔撰。是书皆记取水蓄水之法，一卷曰龙尾车，用挈江河之水；二卷曰玉衡车，附以专筒车；曰恒升车，附以双升车，用挈井泉之水；三卷曰水库记，用蓄雨雪之水；四卷曰水法附余，皆寻泉作井之法，而附以疗病之水；五卷曰水法或问，备言水性；六卷则诸器之图式也。西洋之学，以测量步算为第一，而奇器次之。奇器之中，水法尤切于民用，视他器之徒矜工巧、为耳目之玩者又殊。固讲水利者所必资也。”

丁世之乱，亦无人推演其绪以利民生，惟制造火器一事，小试于明，后遂为满清屠杀汉人之具，亦可慨矣。明初得交趾炮法，始创神机营。

《明史·兵志》：“明成祖平交趾，得神机枪炮法，特置神机营肄习。”

比葡、荷二国人东来，遂有所谓佛郎机、红夷等。

《明史·兵志》：“嘉靖八年，始从右都御史汪鋐言，造佛郎机炮，谓之大将军，发诸边镇。佛朗机者，国名也。正德末，其国舶至广东白沙，巡检何儒得其制，以铜为之，长五六尺，大者重千余斤，小者百五十斤，巨腹长颈，腹有修孔，以子铳五枚，贮药置腹中，发及百余丈，最利水战，驾以蜈蚣船，所击辄糜碎。”“其后大西洋船至，复得巨炮曰红夷，长二丈余，重者至三千斤，能洞裂石城，震数十里。天启中，锡以大将军号，遣官祀之。”

启、祯间，屡命教士制造铳炮，

《正教奉褒》：“天启二年，上依部议，敕罗如望、阳玛诺、龙华民等，制造铳炮，以资戎行。”“崇祯三年，先是天启元年，部臣议招寓居澳门精明火炮之西洋人来内地，协助攻御。至是龙华民、毕方济奉旨前往，招劝殷商等集资捐助火炮。教士陆若汉、绅士公沙的西劳率领本国人多名，携带铳炮前来，效力宁远、涿州等处，屡次退敌。后登莱之役，公沙的西劳及同伴多人阵亡，陆若汉亦受伤。”“九年，兵部疏称罗雅各等指授开放铳炮诸法，颇为得力，降旨优给田房。”“十三年，兵部传旨：着汤若望指样监造战炮。若望先铸钢炮二十位，帝派大臣验放，验得精坚利用，奏闻。诏再铸五百位。”

而用之不得其人，转以资敌。

《明史·兵志》：“崇祯时，大学士徐光启请令西洋人制造大炮，发各镇。然将帅多不得人，城守不固，有委而去之者。及流寇犯阙，三大营兵不战而溃，枪炮皆为贼有，反用以攻城。城上亦发炮击贼，时中官已多异志，皆空器贮药，取声震而已。”

清之兴也，以炮之力，其制法盖传自明人。

《清通考》：“太宗天聪五年红衣大炮成，钦定名镌曰天祐助威大将军。天聪五年孟春吉日造，督造总兵官额驸佟养性，监造官游击丁启明，备御祝世隆，铸匠王天相、窦守位，铁匠刘计平，先是未备火器，造炮自此始。其年征明，久围大凌河而功以成，用大将军力也。自后师行必携之。”

及康熙中，迭命南怀仁制造大炮，遂平各地。

> 《清通考》："康熙十三年，谕兵部，大军进剿，须用火器。着治理历法南怀仁制造大炮，轻利以便涉。"
>
> 《正教奉褒》："康熙十九年十一月初四日，南怀仁奉旨铸造战炮三百二十位。二十年八月十一日，炮位告成。上释御服貂裘，赐南怀仁，并奖慰曰：尔向年制造各炮，陕西、湖广、江西等省已有功效，今之新炮较为更好。""南怀仁自康熙十三年迄十五年，共制大小炮一百二十位。至二十一年四月，吏部题称工部疏称钦天监治理历法加通政使司通政使南怀仁先铸炮一百三十二位，又神威炮二百四十位，指样制造精坚，应交吏部议叙等语。查南怀仁指样制造炮位精坚，应加工部右侍郎职衔。"

以敬天信道之人，而专造利器，以助满人之兵力，亦可谓不善用其学矣。其后清人专以算数制造为西人之特长，遣学译书，首重此事，而不知仿行其学，以谋民利，亦清初之历史有以囿其思想也。呜呼！

明末清初在中国之耶稣会士及著书一览表（录稻叶君山《清朝全史》。原表有部分遗漏及失误，已作增改。）

原　名	汉　名	本　国	到中国年代命终年代及地点	所　著　书
Aleni（Giulio）	艾儒略	意大利	西纪1613（万历四十一年） 西纪1649年8月3日（顺治六年）福州	《弥撒祭义》《天主降生言行纪略》《出像经解》《耶稣言行纪略》《性灵篇》《景教碑颂》《圣体祷文》《坤舆图说》《十五端图像》《熙朝崇正集》《杨淇园行略》《张弥克遗迹》《万物真源》《涤罪正规》《三山论学记》《圣体要理》《圣梦歌》《圣教四字教文》《悔罪要旨》《几何要法》《口铎日钞》《五十言余西方答文》《西学凡》《职方外纪》《性学粗述》《天主降生引义》《大西利西泰子传》《大西利西泰先生行迹》《艾先生行述》《思及先生行迹》《泰西思及艾先生行述》《西海艾先生行略》《泰西思及先生语录》
Benevente（Alvare）	白亚维	西班牙	西纪1680（康熙十九年）　未详	《要经略解》
Bouvet（Jaochin）	白　晋	法兰西	西纪1687（康熙二十六年） 西纪1730（雍正八年）　北京	《天学本义》《古今敬天鉴》

续表

原　名	汉　名	本　国	到中国年代命终年代及地点	所　著　书
Brancati (Francesco)	潘国光	意大利	西纪1637（崇祯十年） 西纪1671年4月25日（康熙十年）上海	《十诫劝谕》《圣体规仪》《圣教四规》《圣安德助宗徒瞻礼》《天阶》《瞻礼口铎》《天神规课》《天神会课》
Brollo (Basillio)	叶宗贤		西纪1684（康熙二十三年） 西纪1704年7月16日（康熙四十三年）西安	《宗元直指》
Buglio (Luigi)	利类思	意大利	西纪1637（崇祯十年） 西纪1684年10月7日（康熙二十三年）北京	《天主正教约征》《主教要旨》《超性学要》《狮子说》《司铎要典》《性灵说》《不得已辨》《御览西方要纪》（与南怀仁安文思合撰）《圣母小日课》《已亡者日课经》《圣教简要》《善终瘗茔礼典》《弥撒经典》《日课概要》《圣事礼典》《安先生行述》《天主圣体》《三位一体》《万物原始》《天神形物之造》《灵魂》《首人受造》《昭祀经典》《进呈鹰论》《圣事体典》
Castner (Gaspar)	庞嘉宾	日耳曼	西纪1679（康熙十八年） 西纪1709年2月9日（康熙四十七年）北京	

续表

原　名	汉　名	本　国	到中国年代命终年代及地点	所　著　书
Cattaneo（Lazzane）	郭居静	瑞　士	西纪1594（万历二十二年） 西纪1640（崇祯十三年）　杭州	《性灵诣主》
Chavagnac（Emeric de）	沙守真		西纪1700（康熙三十九年） 西纪1717年9月14日（康熙五十六年）　饶州（未确）	《真道自证》
Costa（Iguacio da）	郭纳爵	葡萄牙	西纪1634（崇祯七年） 西纪1666（康熙五年）　广东	《原染亏益》《身后编》《老人妙处教要》
Couplet（Philippe）	柏应理	比利时	西纪1659（顺治十六年） 西纪1693年5月16日（康熙三十二年）　卧亚	《天主圣教永瞻礼单》《天主圣教》《百问答》《四末真论》《圣坡而日亚行实》《圣若瑟祷文》《周岁圣人行略》
Cunha（Simon da）	瞿西满	葡萄牙	西纪1629（崇祯二年） 西纪1662年9月（康熙元年）　澳门	《经要直指》
Dentrechlles（Frdncois Zavier）	殷宏绪	法兰西	西纪1698（康熙三十七年） 西纪1741（乾隆六年）	《主经体味》《逆耳忠言》《莫居凶恶劝》《训慰神编》

续表

原　名	汉　名	本　国	到中国年代命终年代及地点	所　著　书
Diaz (Emmanuel Jeune)	阳玛诺	意大利	西纪1610(万历三十八年) 西纪1659年3月4日(顺治十六年) 杭州	《圣若瑟行实》《天问略》《十诫真诠》《圣经真解》《天学举要》《唐景教碑颂》《正诠》《代疑论》《袖珍日课》《经世全书》《经世全书句解》《避罪指南》《天神祷文》
Duarte (Jean)	聂若望	葡萄牙	西纪1700(康熙三十九年) 余未详	《八天避静神书》
Ferran (Andre)	郎安德	葡萄牙	西纪1658(顺治十五年) 西纪1661(顺治十八年) 福州	
Ferreira (Gaspar)	费奇规	葡萄牙	西纪1604(万历三十二年) 西纪1649(顺治六年)	《振心诸经》《周年主保圣人单》《玫瑰经十五编》
Figueredo (Roderic de)	费乐德	西班牙	西纪1622(天启二年) 西纪1642年10月9日(崇祯十五年) 开封	《念经总牍》《圣教源流》《念经劝》
Fraes (Joas)	伏若望	葡萄牙	西纪1624(天启四年) 西纪1638年7月2日(崇祯十一年) 杭州	《五伤经礼规程》《善终助功》《苦难祷文》

续表

原　　名	汉　名	本　国	到中国年代命终年代及地点	所　　著　　书
Furtado (Francisco)	傅汎际	葡萄牙	西纪1621（天启元年） 西纪1653年2月1日（顺治十年）澳门	《名理探》《寰有诠》
Gouvea (Antonio de)	何大化	葡萄牙	西纪1636（崇祯九年） 西纪1677年2月14日（康熙十六年）福州	《蒙引要览》
Gravina (Gerommo de)	贾宜陆	意大利	西纪1637（崇祯十年） 西纪1662年9月4日（康熙元年）漳州	《提正编》《辨惑论》
Greslon (Addrien)	聂仲迁	法兰西	西纪1675（康熙十四年） 西纪1697年3月（康熙三十六年）赣州	《古圣行实》
Hinderer (Romain)	德玛诺	法兰西	西纪1707（康熙四十六年） 西纪1744年8月4日（乾隆九年）南京	《与弥撒功程》
Intorcetta (Prospero)	殷铎泽	意大利	西纪1659（顺治十六年） 西纪1696年10月3日（康熙三十五年）杭州	《耶稣会例》《西文四书直解》《泰西殷觉斯先生行述》

续表

原　　名	汉　名	本　国	到中国年代命终年代及地点	所　　著　　书
Kogler（Ignace）	戴进贤	日耳曼	西纪1716（康熙五十五年） 西纪1746年3月29日（乾隆十一年）北京	《历象考成后编》《仪象考成》《玑衡抚辰仪记》
Lobelli（Giovani-Andrea）	陆安德		西纪1659（顺治十六年） 西纪1683（康熙二十二年）澳门	《圣教略说》《真福直指》《善生福终正路》《圣教问答》《圣教撮言》《圣教要理》《默想大全》《默想规矩》《万民四末图》
Longobardi（Nicolao）	龙华民	意大利	西纪1597（万历二十五年） 西纪1654年9月1日（顺治十一年）北京	《死说》《念默想规程》《灵魂道体说》《圣教日课》《圣若撒法行实》《地震解》《急事宜救》《圣人祷文》
Magarhaens（Gabriel de）	安文思	葡萄牙	西纪1640（崇祯十三年） 西纪1677年5月6日（康熙十六年）北京	《复活论》
Mailla（Joseph Marie Anne de Moyria de）	冯秉正	法兰西	西纪1703（康熙四十二年） 西纪1748年6月28日（乾隆十三年）北京	《明来集说》《圣心规程》《圣体仁爱经规条》《圣经广益》《盛世刍荛》《圣年广益》《避静汇钞》
Martini（Martino）	卫匡国	匈牙利	西纪1643（崇祯十六年） 西纪1661（顺治十八年）杭州	《真主灵性理证》《述反篇》

续表

原　名	汉　名	本　国	到中国年代命终年代及地点	所　著　书
Mendez (Manoel)	孟由义	葡萄牙	西纪1684 (康熙二十三年) 西纪1743年12月 (乾隆八年) 澳门	
Monteiro (Joao)	孟儒望	葡萄牙	西纪1637 (崇祯十年) 西纪1648 (顺治五年) 印度	《天学略义》《天学辨敬录》《炤迷镜》
Motel (Jacques)	穆迪我	荷　兰	西纪1657 (顺治十四年) 西纪1692年6月2日 (康熙三十一年) 武昌	《圣洗规仪》
Noel (Francois)	卫方济	比利时	西纪1687 (康熙二十六年) 西纪1729年9月17日 (雍正七年) Lille	《人罪至重》
Ortiz (Hortis)	白多玛	西班牙	西纪1695 (康熙三十四年) 余未详	《圣教功要》《四络略意》
Pantoja (Didaco de)	庞迪我	西班牙	西纪1599 (万历二十七年) 西纪1618年1月1日 (万历四十五年) 澳门	《耶稣苦难祷文》《未来辩论》《天主实义续编》《庞子遗诠》《七克大全》《天神魔魂说》《人类原始》《受难始末》《辩揭》《奏疏》

续表

原　　名	汉　名	本　国	到中国年代命终年代及地点	所　　著　　书
Parrenin（Domimque）	巴多明	法兰西	西纪1689（康熙二十八年 西纪1741年9月2日（乾隆六年）北京	《济美篇》《德行谱》
Pereyra（Thomaz）	徐日昇	西班牙	西纪1673（康熙十二年） 西纪1708年12月24日（康熙四十七年）北京	《南先生行述》《律吕正义续篇》
Pinuela（Pedoro）	宾纽拉	墨西哥	西纪1676（康熙十五年） 西纪1704年7月30日（康熙四十三年）漳州	《初会问答》《永暂定衡》《大赦解略》《默想神功》《哀矜炼灵略说》
Premare（Joseph Marie de）	马若瑟	葡萄牙	西纪1698（康熙三十七年） 西纪1738年9月17日（乾隆三年）澳门	《圣若瑟传》《杨淇园行迹》
Rho（Giacomo）	罗雅谷	意大利	西纪1624（天启四年） 西纪1638年9月17日（崇祯十一年）澳门	《圣若瑟传》《杨淇园行迹》《天主经解》《天主圣教启蒙》《斋克》《哀矜行诠》《求说》《圣记百言》《圣母经解》《周岁警言》《测量全义》《比例规解》《五纬表》《五纬历指》《月离历指》《月离表》《月躔历指》《日躔表》《赤黄正球筹算》《历引》《日躔考》《昼夜刻分》

续表

原　　名	汉　名	本　国	到中国年代命终年代及地点	所　　著　　书
Ricci (Matteo)	利玛窦	意大利	西纪1583（万历十一年） 西纪1610年5月2日（万历三十八年）北京	《天主实义》《几何原本》《交友论》《同文算指通篇》《西国记法》《勾股义》《二十五言》《圜容较义》《畸人十篇》《徐光启行略》《辨学遗牍》《乾坤体义》《经天该》《奏疏》《斋旨》《测量法义》《西字奇迹》《浑盖通宪说》《万国舆图》《西琴曲意》
Rocha (Jean de)	罗如望	葡萄牙	西纪1598（万历二十六年） 西纪1623年3月（天启三年）杭州	《天主圣教启蒙》《启蒙》《天主圣像略说》
Rougemont (Francois)	卢日满	荷　兰	西纪1659（顺治十六年） 西纪1676年2月4日（康熙十五年）漳州	《要理六端》《天主圣教要理》《问世编》
Rudomina (Andre)	卢安德	利查尼	西纪1626（天启六年） 西纪1632年9月5日（崇祯五年）福州	
Ruggieri (Michaele)	罗明坚	意大利	西纪1581（万历九年） 西纪1607年5月2日（万历三十五年）	《天主圣教实录》

续表

原　　名	汉　名	本　国	到中国年代命终年代及地点	所　　著　　书
Sambiaso (Francesco)	毕方济	意大利	西纪1614(万历四十二年) 西纪1649(顺治六年) 广东	《画答》《睡画二答》《灵言蠡勺》《奏折》《皇帝御制诗》
San Juan Bautista (Manuel de)	利安宁	西班牙	西纪1685(康熙二十四年) 西纪1710年3月10日(康熙四十九年) 北京	《破迷集》《圣文都竦圣母日课》
San Poscual (Augustin de)	利安定	西班牙	西纪1670(康熙九年) 西纪1695(康熙三十四年) 未详何地	《永福天衢》《天成人要集》
Santa Maria (Antonio de)	利奥图	西班牙	西纪1633(崇祯六年) 西纪1669年5月13日(康熙八年) 广东	《正学镠石》
Sande (Eduard da)	孟三德	葡萄牙	西纪1585(万历十三年) 西纪1600年6月22日(万历二十八年) 澳门	《崇祯历书》(预修)《长历补注解惑》《主制群征》《主教缘起》《进呈图像》《浑天仪说》

续表

原　　名	汉　名	本　国	到中国年代命终年代及地点	所　　著　　书
Schall von Bell（Johannes Adam）	汤若望	日耳曼	西纪1629（崇祯二年） 西纪1666年8月15日（康熙五年）北京	《真福训诠》《古今交日考》《西洋测日历》《星图》《交食历指》《交食表》《恒星历测》《恒星表》《共译各图》《八线表》《恒星出没》《学历小辨》《测食略》《测天略说》《大测》《奏疏》《新历晓惑》《新法历引》《历法》《西传》《新法表异》《敕谕祷文》《远镜说》《火攻揭要》
Semedo（Alvaro）	鲁德照	葡萄牙	西纪1613（万历四十一年） 西纪1658年5月6日（顺治十五年）澳门	《字考》
Silva（Antonio de）	林安多	葡萄牙	西纪1695（康熙三十四年） 余未详	《崇修精蕴》
Soerio（Joao）	苏如汉	葡萄牙	西纪1595（万历二十三年） 西纪1607年8月（万历三十五年）澳门	《圣教约言》
Tellez（Monoel）	德玛诺	葡萄牙	西纪1704（康熙四十三年） 西纪1723（雍正元年）饶州	《显像十五端玫瑰经》

续表

原　　名	汉　名	本　国	到中国年代命终年代及地点	所　著　书
Terenz（Jean）	邓玉函	日耳曼	西纪1621（天启元年） 西纪1630（崇祯三年） 北京	《远西奇器图说》《人身说概》《测天约说》《黄赤距度表》《正球升度表》《大测》
Trigault（Nicolas）	金尼阁	法兰西	西纪1616（万历四十四年） 西纪1628年2月14日（崇祯元年） 杭州	《宗徒祷文》《西儒耳目资》《况义》（伊索寓言选集）《意拾谕言》（同上）《推历年瞻礼法》
Tudeschini（Augustin）	杜奥定	日　奴	西纪1598（万历二十六年） 西纪1643（崇祯十六年） 福州	《渡海苦迹记》《杜奥定先生东来渡海苦迹》
Ursis（Sabatthinus de）	熊三拔	意大利	西纪1606（万历三十四年） 西纪1620年5月3日（泰昌元年） 澳门	《泰西水法》 《表度说》 《简平仪说》
Vagnoni（Alfonse）	高一志 王丰肃	意大利	西纪1605（万历三十三年） 西纪1640年4月19日（崇祯十三年） 漳州	《则圣十篇》《西学齐家》《天主圣教》《圣人行实》《达道纪言》《四末论》《修身西学》《譬学》《励学古言》《圣教解略》《寰宇始末》《圣母行实》《神鬼真纪》《十慰》《童幼教育》《空际格致》《西学治平》《斐录汇答》《推验正道论》

续表

原　　名	汉 名	本 国	到中国年代命终年代及地点	所　著　书
Varo (Francisco)	万济谷		西纪1654（顺治十一年） 余未详	《圣教明证》
Verbiest (Ferdinand)	南怀仁	比利时	西纪1659（顺治十六年） 西纪1688年1月29日（康熙二十六年）北京	《妄推吉凶辩》《熙朝定案》《验气图说》《坤舆图说》《告解原义》《善恶报略说》《教要序论》《不得已辩》《灵台仪象志》《仪象图》《康熙永年表》《测念记略》《坤舆全图》《简平规总星图》《赤道南北星图》《妄占辩》《预推纪验》《形性理推》《光向异验理推》《理辨之引咎》《目司总图》《理推各国说》《御览简平新仪式用法》《坤舆外纪》《七奇图说》《进呈穷理学》《盛京推算表》《神武图说》
Xavier (Saint Francois de)	方济各	西班牙	未详 西纪1552年3月2日（嘉靖三十一年）上川岛	

第四章　清代之开拓

元代疆域最广，然其藩部与治理中国之法迥殊。《元史·地理志》仅载中书省及行中书省所属之路、府、州、县，西北诸藩则附录其地名，不能详其建置道里也。

> 《元史·西北地附录》，笃来帖木儿、月祖伯、不赛因三藩所辖之地，及吉利吉思、撼合纳、谦州、益兰州等处，清代考求《元史》者，据《经世大典图》，推究其方位，证以今地，十九可信。学者须读洪钧《元史译文证补》、屠寄《蒙兀儿史记》、丁谦《经世大典图考》等书。

明之疆域，殆仅得元之半，为直隶者二，为布政司者十三。西北各地，仍为蒙古所有，交趾布政司，立而复废，故亦无足称述。惟元、明两朝，开辟云、贵等省及置川、广等土司，于中国本部亦有开拓之功。欲知清代之开拓者，不可不考其由来也。

> 《读史方舆纪要》（顾祖禹）："自开元之季，南诏渐强。天宝九载，遂有云南之地，僭国号曰大蒙。贞元十年，改国号曰南诏。大中十三年，改称大礼。光化四年，国乱，改称大长和。后唐天成三年，国号大天

兴。明年，称大义宁。石晋天福二年，属于大理，宋初因之。自熙宁八年以后，段氏衰。元祐元年，高氏代立，号大中国。元符二年，段氏复兴，号后理国。淳祐十二年，蒙古忽必烈灭大理。元至元十三年，立云南等处行中书省。元亡，其梁王把匝剌瓦尔密及段明分据其地。洪武十五年，讨平之，始置云南等处承宣布政使司。”“贵州，《禹贡》荆、梁二州荒裔，自春秋以来，皆为蛮夷地。汉时亦为牂柯南境。三国时，相传诸葛武侯封牂柯蛮酋济火为罗甸王，国于此。唐时，罗罗鬼主居之。宋时，为罗施鬼国地。元于此置八番、顺元等处军民宣慰使司都元帅府，隶四川行省。至元二十八年，改隶湖广行省。明初，以其地分隶四川、湖广、云南三布政司。洪武十五年，设贵州都指挥使司。永乐十一年，始建贵州等处承宣布政使司。”

《明史·土司列传》：“西南诸蛮，有虞氏之苗，商之鬼方，西南之夜郎，靡莫、印、莋、僰、爨之属，皆是也。自巴、夔以东，及湖湘岭峤，盘踞数千里，种类殊别。历代以来，自相君长。……迨明踵元故事，大为恢拓，分别司郡州县，额以赋役，听我驱调，而法始备。……洪武初，西南夷来归者，即用原官授之。其土官衔号，曰宣慰司，曰宣抚司，曰招讨司，曰安抚司，曰长官司，以劳绩之多寡，分尊卑之等差。而府州县之名，亦往往有之。”

清起满洲，抚有东胡及内蒙诸部。入关后，奄有明代两直隶十三布政司之地。康熙二十二年，收台湾。三十六年，平外蒙古。乾隆二十二年，平准部，二十四年，平回部，遂合为新疆省。而青海、蒙古、西藏喇嘛，亦于康、雍间，先后用兵平之。其幅员之辽廓，远非宋、明所及，故清代诸帝恒以此自诩。然属地既多，治理匪易，或以宗教之异，或因种族之殊，虽同属一主权，而文化之相去甚远，虽及今日，亦尚未能齐一焉。

清之十八省，号曰中国本部。以大致言之，固可谓为汉族世居之地，其文化远过于各属部。然即此十八省中，人种错杂，文言歧异，殆亦不可胜举。西南各省之种人，曰苗，曰瑶，曰蛮，曰倮㑩，曰仡佬，曰夷，曰土人，每种复分数种至数十种，而其单种如黎人、侗人之类，复有数十种。语言文字，往往与汉人殊，风俗习惯，亦都截然不同，是固不可以一概论也。

> 《地理讲义》（姚明煇）："我国南境居民，华夏而外，种类纷繁，色目众多，不胜缕述。近人括之以苗族，古人号之曰南蛮。今由滇、蜀而东，历黔、楚、两粤，迤及闽、浙山谷中最盛。或袭土职，或已归流，或守旧习，或同华化。总计苗之种二十有八，瑶之种十有一，蛮之种十有四，倮㑩之种十有八，仡佬之种五，夷之种三，土人之种三；而单种则如僰人，如白人，如蒲人，如沙人，如莽人，如侗人，如黎人，如皿人，如侠人，如伶人，如伢人，如佷人，如僮人，如侬人，如仲人，如俅人，如怒人，如蛮人，如木佬，如仡兜，如土僚，如么些，如八番，如六额子；其他则如休、佯、伶、侗、瑶、僮。此皆《皇清职贡图》所载，而尚有《职贡图》所不载者也。"

元征大理，而顺宁、腾越之地以通；明讨思南，而石阡、黎平诸府以辟。有清一代，开拓土司，改为汉官者尤多。而至清季，犹存土司五百六十有奇，其未开化者多矣。分列如下：

省	府	州县	某年置	原为某土司
湖北	宜昌	鹤峰	雍正十三年	容美土司
湖北	宜昌	长乐	雍正十三年	五峰石宝土司
湖北	施南	宣恩	雍正十三年	施南土司
湖北	施南	来凤	雍正十三年	散毛土司
湖北	施南	咸丰	雍正十三年	大田土司
湖北	施南	利川	雍正十三年	施南土司
湖南	辰州	乾州	康熙四十三年	筸边红苗
湖南	辰州	凤凰	康熙四十三年	筸边红苗
湖南	辰州	永绥	雍正八年	六里红苗
湖南	永顺	永顺	雍正七年	永顺土司
湖南	永顺	龙山	雍正七年	白崖洞土司
湖南	永顺	保靖	雍正七年	保靖土司
湖南	永顺	桑植	雍正七年	桑植土司
四川	叙州	雷波	雍正六年	雷波土司
四川	雅州	天全	雍正八年	天全土司
四川	雅州	清溪	雍正八年	黎州土司
四川	雅州	懋功	乾隆四十年	金川土司
四川	酉阳	秀山	乾隆元年	酉阳土司
广西	庆远	东兰	雍正七年	那地土司
广西	太平	宁明	康熙五十八年	思明土司
广西	镇安	归顺	雍正七年	思恩土司
广西	泗城	西隆	雍正五年	思恩土司
云南	广南	宝宁	顺治十六年	广南土司

续表

省	府	州县	某年置	原为某土司
云南	开化	文山	康熙六年	教化三部土司
云南	东川	会泽	康熙三十八年	东川土司
云南	昭通	恩安	雍正六年	乌蒙土司
云南	昭通	永善	雍正六年	乌蒙土司
云南	昭通	镇雄	雍正六年	镇雄土司
云南	普洱	宁洱	雍正七年	车里土司
云南	普洱	思茅	雍正七年	车里土司
云南	楚雄	姚州	清初	姚安土司
云南	顺宁	缅宁	乾隆十二年	宣猛土司
云南	元江	新平	顺治六年	元江土司
云南	镇沅	恩乐	雍正五年	镇沅土司
云南	镇沅	蒙化	康熙四年	蒙化土司
云南	镇沅	景东	康熙四年	景东土司
云南	镇沅	威远	雍正三年	威远土司
贵州	贵阳	长寨	雍正四年	仲苗
贵州	黎平	古州	雍正七年	生苗
贵州	铜仁	松桃	雍正八年	红苗
贵州	镇远	台拱	雍正十一年	九股苗
贵州	都匀	八寨	雍正六年	天坝土司
贵州	都匀	丹江	雍正六年	生苗
贵州	都匀	都江	雍正六年	生苗
贵州	安顺	郎岱	康熙五年	郎岱土司
贵州	安顺	归化	雍正十二年	康佐土司
贵州	南笼	永丰	雍正五年	安笼土司

续表

省	府	州县	某年置	原为某土司
贵州	南笼	普安	顺治十八年	马乃夷地
贵州	大定	平远	康熙三年	水西土司
贵州	大定	黔西	康熙三年	水西土司
贵州	大定	威宁	康熙三年	水西土司
贵州	大定	水城	康熙三年	水西土司
川边	巴安	巴安	光绪三十一年	巴塘土司
川边	巴安	盐井	光绪三十一年	巴塘土司
川边	巴安	三坝	光绪三十二年	巴塘土司
川边	康定	里化	光绪三十二年	里塘土司
川边	巴安	定乡	光绪三十二年	里塘土司
川边	康定	稻成	光绪三十二年	里塘土司
川边	康定	贡觉	光绪三十二年	里塘土司
川边	康定	河口	光绪三十二年	里塘土司
川边	康定	康定	光绪三十四年	明正土司兼通土司
川边	登科	邓柯	宣统元年	德格土司春科土司 高日土司灵葱土司
川边	登科	德化	宣统元年	德格土司
川边	登科	同普	宣统元年	德格土司
川边	登科	石渠	宣统元年	德格土司
川边	昌都	乍丫	宣统三年	乍丫呼图克图
川边	登科	白玉	宣统元年	德格土司
川边	昌都	昌都	宣统三年	察木多

《清季经营西康始末记》："西康委员有得荣、江卡、

贡觉、桑昂、杂瑜、三岩、甘孜、章谷、道坞、瞻对、炉定桥等委员，皆未设县治，姑先设征粮委员者，其奏设流官之时，均在宣统中。”

各地种人，虽与汉人迥殊，然渐摩礼俗，间亦与汉人同化，清代诸书多有纪述之者。

《黔记》（李宗昉）：“宋家苗，在贵阳安顺二属，多读书者。”“水仡佬，在施秉、余庆等属，俱循汉礼，知法畏官。”“休佬苗，在清平都匀者，衣服与汉人同，遵师教，多有入泮者。”“紫姜苗，在平越州者，读书应试，见之者多不识为苗。”“侗家苗，在荔波县，虽通汉语，不识文字，以木刻为信。”

《古州杂记》（林溥）：“苗人素不识字，无文券。即货卖田产，惟锯一木刻，各执其半，以为符信。今则附郭苗民悉敦弦诵，入郡庠者接踵而起。”

《粤滇杂记》（赵翼）：“仲家苗，已有读书发科第者。而妇女犹不着袴，某作吏，致书其妻，谓到任须袴而入。妻以素所未服，宁不赴任。”

《说蛮》（檀萃）：“诸苗中惟仲家聪慧，能读书，颇有仕宦官词臣者。姓字衣饰多与汉同，不尽用苗饰也。”“宋家苗，通汉语，识文字，勤耕织。”“侗人衣冠如汉俗者久，子弟多读书，补诸生。”“连山八排瑶最犷悍，臀微有肉尾，脚皮厚寸。太平日久，其人向化深，新兴瑶童亦能文字。”

《苗疆风俗考》（严如煜）：“苗民不知文字，父子递传，以鼠牛虎马记年月，暗与历书合。有所控告，必倩士人代书。性善记，惧有遗忘，则结于绳。为契券，刻木以为信。近设苗学，间亦有知命童子入学，日负杂粮数升，就师传授句读，默记而归。中亦有甚聪俊者。”“仡佬中童子聪秀者，读书识字，略解文义，书状能自作。”

上皆记乾、嘉间各种人开化之状也。而陈鼎《滇黔土司婚礼记》谓龙氏为礼乐之乡：

滇之东，土司称文物者，以龙氏为最。盖其先于周汉上诸姬也。其族通汉书、汉语者十九，而一秉周制，翩然风雅，骎骎乎礼乐之乡。

则土司之中，亦有文化高于清代者。盖中国圣贤之裔，沦为荒徼，不可以他地未开化之人例之也。

清初东北疆域辽廓，东有库页岛，北逾兴安岭，南有俄之沿海州，顾以地广而荒，不甚爱惜。自康熙迄光绪，迭为俄人、日人所侵占，遂至仅以黑龙江、乌苏里江、图们江、鸭绿江为界，然一考其内部之开化，则清之忽视东三省，殆不止于损失边地也。盖辽东之地久属中国，而自辽、金以降，其文化转日晦塞，清之入关，务保守其旧俗，凡东三省悉以将军、都统治之，与内地政体迥异。至光绪末年，始仿内地行省之例，设立道、府、州、县，文化之不进，实由于此。又清初禁例极严，出入山海关，必凭文票。

《柳边纪略》（杨宾）：“凡出关者，旗人须本旗固山额真送牌子至兵部起满文票，汉人则呈请兵部或印官衙门起汉文票。至关，旗人赴和敦大北衙记档验放，汉人赴通判南衙记档验放。进关者如出时记有档案，搜检参貂之后，查销放进。否则汉人赴附关衙门起票从南衙验进，旗人赴北衙记档即进。”

故汉人多不乐至其地，惟谪戍者居焉。其地之荒陋，有极可笑者。《柳边纪略》：

陈敬尹于顺治十二年流宁古塔，尚无汉人。满洲富者，缉麻为寒衣，捣麻为絮，贫者衣麅鹿皮，不知有布帛。有拨什库某，得一白布缝衣，元旦服之，见者羡焉，

《绝域纪略》（方拱乾）：

宁古塔无陶器，有一瓷碗，如重宝然。凡器皆木为之，大率出土人手。有饼饵，无定名，但可入口，即曰佳也。

《龙沙纪略》（方式济）：

东北诸部落，未隶版图以前，无釜甑罂瓿之属。熟物刳木贮水，灼小石淬水中数十次，瀹而食之。商贾初通时，以貂易釜，实令满，一釜常数十貂，后渐以貂蒙釜口易之。

《黑龙江外纪》（西清）：

黑龙江满洲汉军，有在奉天入学之例。乡试届期，京师必行文给咨取生监，不过奉行故事，其实曾应童试者无。……土人习汉书者，《三字经》、《千字文》外，例读《百家姓》、《名贤集》。然于《论》、《孟》、《学》、《庸》略能上口即止。间有治一经，诵古文数首者，又皆从事占毕，不求甚解，是以通者绝少。第能句读部檄，得其大旨，则群起而指目为不凡。……汉军知习汉书，然能执笔为文者绝少。流人通文者，例以教书自给。士人无知医者，医多来自内地。

此皆东三省鄙陋之实状也。夫宁古塔等地，为清朝发祥之所，清既奄有天下，当先开化其祖宗故地，顾转放弃不问，且惟恐汉人私赴其地，深闭固拒，任其自为风气。虽其后之渐次进化，亦由汉人流徙者渐多使然，然清代诸帝固不欲其同化于汉人也。

清于蒙古，亦取闭塞主义，因其游牧之俗，而以喇嘛教愚之。蒙、汉市易，钤制綦严。

《清会典》："理藩院。凡互市商，给以院票，所至令将军若大臣若札萨克稽察之，颁其商禁。"注曰："票商定限一年，催回，不准潜留各部落娶妻立产，止准支搭帐房，不准苫盖房屋，不准取蒙古名字，无票者即属私商，查出照例治罪，逐回，货物一半入官。科布多所属，除土尔扈特、和硕特，向不与商民交易；杜尔伯特、明阿特、额鲁特、扎哈沁，准与商民交易外，其乌梁海一部，止准来科布多城交易，不准商民私赴乌里雅苏台。北边九站，不准商民通市。"

故蒙古虽属清二百数十年，而实未开化。

《喀尔喀风土记》（李德）："少贩于蒙古诸爱玛克，尝至外喀尔喀，其人骑兽，似鹿而非，有语言，无文字，无机械，如游循蜚因提之世。"

《蒙古考略》（龚柴）："蒙古地虽辽阔，半系沙砾不毛，户口稀若晨星，五谷不植。草莱不辟，旷野无垠。北鄙华民，徙居其地，从事稼穑，始渐有振兴气象。"

《蒙古及蒙古人》（俄婆资德奈夜夫）："由那彦乌拉稍北，为准莫多之荒地，有中国人之广漠耕田。此地农业之发达，近十年内事耳。"

盖清以蒙古为屏藩，既欲其愚昧无知，受中朝之笼络，又惧汉人煽诱，谋为不轨，以图报复。故任其地广人稀，绝不轻议开放。至其季年，始弛禁例，而补救已迟。虽有汉人入蒙古，从事于农商者，亦未能大著功效也。

清于青海、西藏，亦皆以旧俗羁縻。惟开拓新疆，以郡县之法统治之，自乾隆中叶迄光绪末，虽渐蹙地千余里，而天山南北两路，实日渐开化。

《新疆纪略》："乌鲁木齐，亦准噶尔故地，及平定伊犁，额鲁特人种皆剿绝，千里空虚，渺无人烟。""迩来甘省民户，移驻数千家，及内地发遣人犯数千，皆散处于昌吉、玛纳斯等处开垦，草莱充斥。其地为四达之区。以故字号店铺鳞次栉比，市冲宽敞，人民杂辏。茶寮酒肆、优伶歌童、工艺伎巧之人，无一不备。繁华富庶，甲于关外。”“迪化州属阜康、昌吉两县，建立黉宫及文武二庙。州学、县学岁取诸生十余名，彬彬乎玉帛鼓钟，覃敷其地矣。”“叶尔羌，回疆一大城也。中国商贾，山、陕、江、浙之人，不辞险远，货贩其地。而外藩之人，如安集延、克什米尔等处，皆来贸易。每当会期，货若云屯，人如蜂聚，奇珍异宝，往往有之。”

《新疆建置志》（王树枏）：“迪化府，西北部一大都会也。华戎商贾良细，挟资斧往来，聚族列阛而错居以万数。而学士大夫之遣戍者，往往出于其间。军兴以来，湘、楚人为多。庚子后，津、沽商旅挈累重者踵系，大都楚人多仕宦，津人多大贾，秦人多负贩。”“镇西厅及迪化府有学额，黉校生徒数十人。”“镇西之民，皆来自秦陇，厚重多君子，黉序之士，祁祁如也。”

盖新疆不禁汉人移殖，视东三省、蒙古之为禁地者不同，故其结果亦异。以此知开拓新地，惟汉族擅有推广文化之力，满人无所知也。

清代土地，为前代所未开辟者，曰台湾。而台湾亦汉人所辟也。郑氏据台湾，设府县，立学校，兴种谷、制糖、煮盐、炼瓦之业。清之郡县台湾，因郑氏之制耳。然防禁綦严，渡台者至不许携眷口。

《台湾志》：“康熙六十年，有朱一贵之乱，禁官吏携眷渡台。雍正十二年，定例：官吏四十无子者，始准携眷往台湾。乾隆十年，许渡台民携家。二十年，再禁之。二十五年，始开禁。”

其教化番社者，仍多汉人之功。

《六十七番社采风图考》："台湾番社，不知所自昉。考四明沈文开《笔记》，言自海舶飘来，及宋零丁洋师败遁此。南北诸社熟番，于雍正十二年，始立社师，择汉人之通文理者教之。其后岁科试童子，亦知文理，有背诵《诗》、《易》经无讹字者，作字亦有楷法，冠履衣帛如汉人。"

嘉庆中，姚莹官台湾同知，始开辟噶玛兰。光绪中，刘铭传为巡抚，始改为行省，开辟利源，骎骎为国之外府。

《东方兵事纪略》："光绪乙酉，中法和议成，建台湾行省，经营铁路、商轮、屯垦，开煤矿，岁入三百万。"

而不十年，弃之于日本，惜哉！

第五章　清初诸儒之思想

明、清之交，士习之坏，前已言之。然其间亦未尝无殊尤卓绝之士，不为科举利禄所惑，而以道德经济、气节学术为士倡者。如黄宗羲、顾炎武、王夫之、李颙、颜元等，皆以明之遗民，为清之大儒。其思想议论，皆有影响于后世。而世之论者，或多其反对明儒，或矜其昌明古学，且若其所就不逮乾、嘉诸子之盛者。实则清初诸儒之所诣，远非乾、嘉间人所可及。乾嘉间人仅得其考据之一部分，而于躬行及用世之术，皆远不逮。其风气实截然为二，不可并为一谈也。

诸儒之学，其功夫皆在博学，

《梨洲先生神道碑》（全祖望）："忠端之被逮也，谓公曰：'学者不可不通知史事，可读《献征录》。'公遂自明十三朝实录，上溯二十一史，靡不究心，而归宿于诸经。既治经，则旁求之九流百家，于书无所不窥者。……公谓明人讲学，袭《语录》之糟粕，不以《六经》为根柢，束书而从事于游谈，故受业者必先穷经，经术所以经世，方不为迂儒之学，故兼令读史。又谓读书不多，无以证斯理之变化，多而不求于心，则为俗学。故凡受公之教者，不堕讲学之流弊。"

《亭林先生神道表》："于书无所不窥……晚益笃志

《六经》，谓古今安得别有所谓理学者，经学即理学也，自有舍经学以言理学者，而邪说以起；不知舍经学，则其所谓理学者，禅学也……凡先生之游，以二马二骡载书自随。所至阨塞，即呼老兵退卒，询其曲折，或以平日所闻不合，则即坊肆中发书而对勘之；或径行平原大野，无足留意，则于鞍上嘿诵诸经注疏，偶有遗忘，则即坊肆中发书而熟复之。”

《二曲先生窆石文》：“家无书，俱从人借之，其自经史之集，以至二氏之书，无不观。然非以资博览，其所自得，不滞于训故文义，旷然见其会通。……年四十以前，尝著《十三经纠缪》、《二十一史纠缪》诸书，以及象数之学，无不有述。其学极博，既而以为近于口耳之学，无当于身心，不复示人。”

《颜氏学记》（戴望）：“先生幼读书，二三过不忘。年二十余，好陆、王书，未几从事程、朱学，信之甚笃。……帅门弟子行孝弟，存忠信，曰习礼习乐习射习书数，究兵农水火诸学，堂上琴竽弓矢筹管森列。……先生自幼学兵法、技击、驰射、阴阳、象纬，无不精。”

《王先生夫之传》（余廷灿）：“自明统绝祀，先生著书凡四十年，其学深博无涯涘。”

而学必见之躬行。

《梨洲先生神道碑》：“公晚年益好聚书，所抄自鄞之天一阁范氏、歙之丛桂堂郑氏、禾中倦圃曹氏，最后则吴之传是楼徐氏。然尝戒学者曰：‘当以书明心，无玩物丧志也。’当事之豫于听讲者，即曰：‘诸公爱民尽职，即时习之学也。'"

《与友人论学书》(顾炎武)："愚所谓圣人之道者如之何？曰博学于文，曰行已有耻。自一身以至于天下国家，皆学之事也；自子臣弟友以至出入往来辞受取与之间，皆有耻之事也。耻之于人大矣，不耻恶衣恶食，而耻匹夫匹妇之不被其泽，故曰万物皆备于我矣。反身而诚。呜呼！士而不先言耻，则为无本之人。非好古而多闻，则为空虚之学，以无本之人，而讲空虚之学，吾见其日从事于圣人而去之弥远也。"

《二曲先生窆石文》："其论学曰：天下之大根本，人心而已矣；天下之大肯綮，提醒天下之人心而已矣。是故天下之治乱，由人心之邪正；人心之邪正，由学术之晦明。尝曰：古今名儒倡道者，或以主敬穷理为宗旨，或以先立乎大为宗旨，或以心之精神，或以自然，或以复性，或以致良知，或以随处体认，或以止修，愚则以悔过自新为宗旨。盖下愚之与圣人，本无以异，但气质蔽之，物欲诱之，积而为过，此其道在悔，知悔必改，改之必尽。夫尽，则吾之本原已复，复则圣矣；曷言乎日新，复其本原之谓也！悔过者，不于其身，于其心，则必于其念之动者求之，故《易》曰'知几其神'。……其论朱、陆二家之学曰：学者当先观象山、慈湖、阳明、白沙之书，阐明心性，直指本初，熟读之，则可以洞斯道之大源。然后取二程、朱子以及康斋、敬轩、泾野、整庵之书玩索，以尽践履之功，收摄保任，由功夫以合本体，下学上达，内外本末，一以贯之。"

《颜氏学记》："先生之学，确守圣门旧章，与后儒新说别者，大致有三：其一，谓古人学习六艺以成其德行，而六艺不外一礼，犹四德之该乎仁。礼必习行而后见，非专恃书册诵读也。孔子不得已而周流，大不得已而删订。著书立说，乃圣贤之大不得已，奈何以章句为儒，举圣人参赞化育经纶天地之实事，一归于章句，而徒以读书纂注为功乎！”

《船山遗书·俟解》(王夫之)：“读史亦博文之事，而程子斥谢上蔡为玩物丧志，所恶于丧志者玩也，玩者喜而弄之之谓。如《史记·项羽本纪》及《窦婴灌夫传》之类，淋漓痛快，读者流连不舍，则有代为悲喜，神飞魂荡，而不自恃。于斯时也，其素所志尚者不知何往，此之谓丧志。以其志气横发，无益于身心也。岂独读史为然哉！经也有可玩者，玩之亦有所丧。如玩《七月》之诗，则且沉溺于妇子生计米盐布帛之中；玩《东山》之诗，则且淫泆于室家嚅唲寒温拊摩之内。《春秋传》此类尤众，故必约之以礼，皆以肃然之心临之，一节一目，一字一句，皆引归身心求合于志之大者，则博可弗畔，而礼无不在矣。”

盖诸儒之学虽不必同，而其以读书讲学为立身行己之基则一。其专务读书，不知治身者，且以玩物丧志讥之，不似乾、嘉间人不顾行检但事博涉也。亭林反对明人之空谈最力，

《日知录》：“刘、石乱华，本于清谈之流祸，人人知之。孰知今日之清谈有甚于前代者。昔之清谈谈老庄，今之清谈谈孔孟，未得其精而已遗其粗。未究其本而先辞其末。不习六艺之文，不考百王之典，不综当代

之务，举夫子论学、论政之大端一切不问，而曰一贯，曰无言，以明心见性之空言，代修己治人之实学，股肱惰而万事荒，爪牙亡而四国乱，神州荡覆，宗社丘墟。昔王衍将死，云：‘吾曹向若不祖尚浮虚，戮力以匡天下，犹可不至今日。’今之君子，得不有愧乎其言！”

然其言博学于文，必兼行己有耻言之，非谓反对空谈即不讲品节也。观其《与人书》，注重在人心风俗。

《亭林文集·与人书九》：“目击世趋，方知治乱之关，必在人心风俗；而所以转移人心，整顿风俗，则教化纲纪为不可阙矣，百年千世养之而不足，一朝一夕败之而有余。”

《日知录》中《世风》一卷，尤反复言之，甚至谓务正人心急于抑洪水，

《日知录》：“彼都人士为人说一事、置一物，未有不索其酬者；百官有司受朝廷一职事、一差遣，未有不计其获者。自府史胥徒，上而至于公卿大夫，真可谓之同心同德者矣。苟非返普天率土之人心，使之先义而后利，终不可以致太平。故愚以为今日之务正人心，急于抑洪水也。”

此则清初诸大儒共有之精神，抑亦承宋、明诸儒之教，有见于人之本原，不随流俗为转移者，而不图其以反对空谈，使后之学者但骛于语言文字之末也。

清初汉族诸儒，皆反对清室。不得已而姑认满人居位，亦思立一王之法，以待后世之兴。故船山有《黄书》，亭林有《郡县论》，皆极注意于法制。而梨洲之《明夷待访录》，则并专制之君主亦极力反对，不徒为种族所囿也。

《明夷待访录·原君篇》："有生之初，人各自私也，人各自利也。天下有公利而莫或兴之，有公害而莫或除之。有人者出，不以一己之利为利，而使天下受其利；不以一己之害为害，而使天下释其害。此其人之勤劳，必千万于天下之人。夫以千万倍之勤劳，而己又不享其利，必非天下之人情所欲居也。故古之人君，去之而不欲入者，许由、务光是也；入而又去之者，尧、舜是也；初不欲入而不得去者，禹是也。岂古之人有所异哉！好逸恶劳，亦犹夫人之情也。后之为人君者不然，以为天下利害之权皆出于我，我以天下之利尽归于己。以天下之害尽归于人，亦无不可；使天下之人不敢自私，不敢自利，以我之大私，为天下之公。始而惭焉，久而安焉，视天下为莫大之产业，传之子孙，受享无穷。汉高帝所谓'某业所就，孰与仲多'者，其逐利之情，不觉溢之于辞矣，此无他，古者以天下为主，君为客，凡君之所毕世而经营者，为天下也。今也以君为主，天下为客，凡天下之无地而得安宁者，为君也。是以其未得之也，屠毒天下之肝脑，离散天下之子女，以博我一人之产业，曾不惨然，曰：'我固为子孙创业也。'其既得之也，敲剥天下之骨髓，离散天下之子女，以奉我一人之淫乐，视为当然，曰：'此我产业之花息也。'然则为天下之大害者，君而已矣。向使无君，人各得自私也，人各得自利也。呜呼，岂设君之道固如是乎？古者，天下之人爱戴其君，比之如父，拟之如天，诚不为过也。今也，天下之人怨恶其君，视之如寇仇，名之为独夫，固其所也。而小儒规规焉以君臣之义无所逃于天地之间，至桀纣之暴，犹谓汤武不当诛之，而妄传伯夷、叔齐无稽之事，乃兆人万姓崩溃之血肉，曾不异夫腐鼠。岂天地之大，于兆人万姓之中，独私其一人一姓乎？是故武王，圣人也；孟子之言，圣人之言也。后世之君，欲以如父如天之空名，禁人之窥伺者，皆不便于其言，至废孟子而不立，非导源于小儒乎！虽然，使后之为君者，果能保此产业，传之无穷，亦无怪乎其私之也。既以产业视之，人之欲得产业，谁不如我？摄缄縢，固扃鐍，一人之智力，不能胜天下欲得之者之众，远者数世，近者及身，其血肉之崩溃，在其子孙矣。昔人愿世世无生帝王家，而毅宗之语公主，亦曰：'若何为生我家？'痛哉斯言！回思创业时，其欲得天下之心，有不废然摧阻者乎？是故明乎为君之职分，则唐、虞之世，人人能让，许由、务光非绝尘也；不明乎为君之职分，则市井之间，人人可欲，许由、务光所以旷后世而不闻也。然君之职分难明，以俄顷淫乐，不易无穷之悲，虽愚者亦明之矣。"

习斋、二曲，皆以用世为的。

《颜氏学记》："尝曰：必有事焉，学之要也。心有事则存，身有事则修。家之齐，国之治，皆有事也。无事则道与治俱废。故正德利用厚生曰事，不见诸事，非德非用非生也；德行艺曰物，不征诸物，非德非行非艺也。先生之学，以事物为归，而生平未尝以空言立教。”“议书院规模，建正厅三间，曰习讲堂，东第一斋，西向，榜曰文事，课礼、乐、书、数、天文、地理等科；西第一斋，东向，榜曰武备，课黄帝及太公、孙、吴诸子兵法、攻守营阵水陆诸战法并射御技艺等科；东第二斋，西向，曰经史，课十三经、历代史诰制章奏诗文等科；西二斋，东向，曰艺能，课水学、火学、工学、象数等科；门内直东曰理学斋，课主静持敬程朱陆王之学；直西曰帖括斋，课八比举业，皆北向，以应时制，且渐引之也。北空二斋，左处傧介，右宿来学，门外左房六间，榻行宾；右厦六间，容车骑。东为更衣亭，西为步马射圃。堂东北隅为仓库厨灶，西北隅积柴炭。”

《二曲集·体用全学》(李颙)：“经世之法，莫难于用兵。俄顷之间，胜败分焉，非可以漫尝试也。今学者无志于当世，固无论矣；即有志当世，往往于兵机多不致意，以为兵非儒者所事。然则武侯之伟略、阳明之武功非耶？学者于此，苟能深讨细究而有得焉，异日当机应变，作用必有可观。”“自《大学衍义》至《历代名臣奏议》等书，皆适用之书也。道不虚谈，学贵实效，学而不足以开物成务，康济时艰，真拥衾之妇女耳，亦可羞已。”“律令最为知今之要，而今之学者，至有终其身未闻者。‘读书万卷不读律，致君尧舜终无术’，夫岂无谓云然乎？”“《农政全书》、《水利全书》、《泰西水法》、《地理备要》等书，咸经济所关，宜一一潜心。然读书易，变通难，赵括能读父书，究竟何补实际？神而明之，存乎其人，夫岂古板书生所能办乎！”

《答王天如书》（李颙）：“今时非同古时，今人不比古人。须明古今法度，通之于当今而无不宜，然后为全儒，而可语治平事业，须运用酬酢，如探囊中而不匮，然后为资之深，取之左右逢其原，而真为己物。若惧蹈诵《诗三百》之失，而谓至诚自能动物，体立自然用行，则空疏杜撰，犹无星之戥，无寸之尺，临时应物，又安能中窍中会，动协机宜乎？兹以吕新吾《谕士说》一篇寄览，亦足以知空躯壳饿肚肠，究无补于实用分毫也。”

虽其途术不同，要皆明于学问之非专为学问，必有益于社会国家。徒以清代专任满人及胥吏为治，虽时复征聘诸儒，仅欲以名位羁之，使不己畔，亦无实行其学之志，故其学不昌。惟亭林之讲音韵、考金石，于世道无与，其学派转盛于东南焉。

与黄、顾、颜、李诸儒相望者，有陆世仪、张履祥、孙奇逢、陈瑚、张尔岐、刘献廷等，皆以博学笃志、砥节励俗，为当时所宗仰。

《陆先生世仪传》（全祖望）：“尝谓学者曰：‘世有大儒，决不别立宗旨，譬之大医国手，无科不精，无方不备，无药不用，岂有执一海上方而沾沾语人曰：舍此更无科无方无药也。近之谈宗旨者，皆海上方也。’凡先生《思辨录》所述，上自周、汉诸儒，以迄于今，仰而象纬律历，下而礼乐政事异同，旁及异端，其所疏证剖析，盖数百万言，无不粹且醇。”

《张杨园先生事略》（李元度）：“先生尝曰：‘学者

舍稼穑，别无治生之道。能稼穑，则无求于人而廉耻立；知稼穑艰难，则：不敢妄取于人而礼让兴。廉耻立，礼让兴，而世道可以复古矣。'故其所补农书，皆得之身试者。"

《孙征君传》（方苞）："少倜傥好奇节，而内行笃修，负经世之略，常欲赫然著功烈，而不可强以仕。国朝定鼎，率子弟躬耕，四方来学，愿留者亦授田使耕，所居遂成聚。……人无贤愚，苟问学。必开以性之所近，使自力于庸行。"

《陈先生瑚传》（王鎏）："二十一，补诸生，馆陆桴亭家。两人忧天下多故，乃讲求天文、地理、兵农、礼乐之书，旁及奇门六壬之术。时复弯弓横槊、弄刀舞剑，将以为用世具也……顺治乙酉，大兵渡江，奉父迁徙无常。丁亥，与诸子讲学，著《莲社约法》，教以人伦，相戒以不妄言、不讦私、不谋利、不作无益。又以端心术、广气类、崇俭素、均劳逸，为蔚村讲规，以孝弟、力田、行善，为蔚村三约。又有《五柳堂学规》，曰德行，曰经学，曰治事，曰文艺。其小学之规曰习礼，曰受书，曰作课，曰讲书，曰歌诗。盖先生知道不行，而随处为世道人心之计，故立教周详如此。"

《张处士尔岐墓表》（钱载）："先生之学，深于汉儒之经而不沿训故，邃于宋儒之理而不袭《语录》。其答论学书云：'士生今日，欲倡正学于天下，不必多所著述，当以笃志力行为先。'盖暗然君子之自得者也。"

《刘处士献廷墓表》（王源）："尝谓学者曰：'人苟不能斡旋气运，徒以其知能为一身家之谋，则不得谓之人，何足为天地之心哉！'故处士生平志在利济天下后世，造就人才，而身家非所计。处士于礼乐、象纬、医药、书数、法律、农桑、火攻、器制，旁通博考，浩浩无涯涘。”

《刘继庄传》（全祖望）：“继庄之学，主于经世。自象纬、律历以及边塞关要、财赋、军器之属，旁而岐黄者流，以及释道之言，无不留心。深恶雕虫之技。其生平自谓于声音之道，别有所窥，足穷造化之奥，百世而不惑。尝作新韵谱，其悟自华严字母入，而参之以天竺陀罗尼、泰西蜡顶话、小西天梵书暨天方、蒙古、女真等音，囊括浩博，学者骤见而或未能通也。”

而李塨、王源，尤颜学中之铮铮者。

《颜氏学记·恕谷编》（戴望）：“先生年二十余，为诸生。既承习斋教，自治甚严，仿习斋为日谱，记身心言行得失，不为文饰。而于田赋郊社禘祫宗庙诸礼，及诸史志所载经世诸务，与古帝王治绩可为法者，考校甚备，录其语日《瘳忘编》……三藩平后，四方名士竞集京师，共为学会，先生与焉。因历及古今升降、民物安危、学术明晦之所以然，以及太极河洛图书之辨，屯田、水利、天官、地理、兵农、礼乐之措置。诸公悚听，相顾谓曰：乾坤赖此不毁也。”又《或庵编》：“先生于侪辈中，独与刘处士献廷善，日讨论天地阴阳之变、伯王大略、兵法文章典制古今兴亡之故。恕谷为极言颜先生明亲之道，遂令恕谷往博野，执贽颜先生门。著《平书》十卷，一曰分民，二曰分土，三曰建官，四曰取士，五曰制田，六曰武备，七曰财用，八曰河淮，九曰刑罚，十曰礼乐。”

虽二人皆为清之举人。非诸儒之为明遗民比，然亦不仕清室。

《颜氏学记》：“李塨以康熙三十九年庚午举于乡。”“王源中式康熙三十二年举人，或劝更应礼部试，谢曰：吾寄焉，为谋生计，使无诟厉已耳。”

视其他之试鸿博者为不同矣。要之，清代学术与宋、明异者，有一要点，即宋、明诸儒专讲为人之道，而清代诸儒则只讲读书之法。惟明末清初之学者，则兼讲为人与读书，矫明人之空疏，而济之以实学。凡诸魁杰皆欲以其学大有造于世，故其风气与明异，亦与清异。其后文网日密，士无敢谈法制、经济，惟可讲求古书，尽萃其才力聪明于校勘训诂，虽归本于清初诸儒，实非诸儒之本意也。

第六章　康乾诸帝之于文化

满清之盛，惟康熙、雍正、乾隆三朝；嘉、道而下，国祚衰矣。满人既主中夏，为帝王者，自必习中国之文学。康熙诸帝，尤精力过人而事博涉。

《清先正事略序》（曾国藩）："圣祖尝自言，年十七八时，读书过劳，至于咯血，而不肯少休；老耄而手不释卷。临摹名家手卷，多至万余；写寺庙匾榜，多至千余。盖虽寒畯不能方其专，而天象、地舆、历算、音乐、考礼、行师、刑律、农政，下至射御、医药、奇门、壬遁、满蒙西域外洋之文书字母，殆无一而不通。"《清朝全史》（稻叶君山）："乾隆帝甚耽汉人之文化，御制诗至十余万首，所作之多，为陆放翁所不及。又好鉴别书画，尝获宋刻《后汉书》及九家杜注，甚爱惜之，命画苑之供奉画其像于书上。帝于书法酷爱董其昌，与康熙相似，惟帝之异于康熙者，在西洋科学知识之缺乏是也。"

颂美清室者，且谓其家法轶于前代。

《檐曝杂记》（赵翼）："本朝家法之严，即皇子读书一事，已迥绝千古。余内直时，届早班之期，率以五鼓入，时部院百官未有至者，惟内府苏喇数人往来黑暗中。然已隐隐望见有白纱灯一点入隆宗门，则王子进书房也。天家金玉之体，日日如是。既入书房，作诗文，每日皆有程课，未刻毕，则又有满洲师傅教国书，习国语及骑射等事，薄暮始休。”

然清帝诗文字画，大都南书房翰林代笔，未必尽出己手。圣祖之学，多李光地、梅瑴成等承其意而演述之，所谓御纂诸书，率托名耳。

《检论》（章炳麟）：“李光地，字晋卿，安溪人。治漳浦黄道周之术，善占卦。会康熙朝尊朱学，故以朱学名，其习业因时转移。闻时贵律历，即为章算几何；贵训诂，即稍稍理故书；贵文言幽眇，即皮傅《周易》与《中庸》篇，为无端厓之辞。然惟算术为通明，卒以是傅会得人主意，称为名相。……自光地在朝，君臣相顾欢甚，累官至文渊阁大学士。玄烨自言通八线诸术，又数假称闽学，而光地能料量雠对，故玄烨命录札记进御。又时时令参订朱熹书，常曰：‘知光地者莫如朕，知朕者亦莫光地若也。’”

《畴人传》（阮元）：“乙酉二月，南巡狩，李光地以抚臣扈从。上问宣城处士梅文鼎者今焉在？光地以在署对。归时，召对御舟中，从容垂问，至于移时，如是者三日。临辞，特赐‘绩学参微’四大字。越明年，令其孙瑴成内廷学习。……瑴成肄业蒙养斋，以故数学日进，御制《数理精蕴》、《历象考成》诸书，皆与分纂。”

康、乾间，武英殿雕刻御制钦定之书，凡经类二十六部、史类六十五部、子类三十六部、集类二十部，论者谓历代政府刻书之多，未有若清朝者。然清代纂集之书，以《图书集成》为最巨。其体例盖创自陈梦雷。

《东华录·雍正一》："康熙六十一年十二月癸亥，谕：陈梦雷原系叛附耿精忠之人，皇考宽仁免戮，发往关东。后东巡时，以其平日稍知学问，带回京师，交诚亲王处行走。累年以来，招摇无忌，不法甚多，京师断不可留。著将陈梦雷父子发遣边外，陈梦雷处所存《图书集成》一书，皆皇考指示训诲，钦定条例，费数十年圣心，故能贯穿今古，汇合经史，天文地理，皆有图记，下至山川草木，百工制造，海西秘法，靡不备具，洵为典籍之大观。此书工犹未竣，著九卿公举一二学问渊通之人，令其编纂竣事，原稿内有讹错未当者，即加润色增删。"

经始于康熙中，至雍正三年始成。

《丛书举要》（李之鼎）："《图书集成》共六汇编，三十二典，六千一百九部，都一万卷，五百七十六函，五千册，又目录二十册。此书初为陈梦雷侍皇三子诚亲王所编，时在康熙三十九年也。四十五年四月，书成，名曰《汇编》。凡为汇编者六，为志三十有二，为部六千有奇。越十年，进呈，赐名《古今图书集成》。命儒臣重加编校，十年未就。世宗复命蒋廷锡督在事诸臣成之，编仍其旧，志易为典。殿本以聚珍铜字，其图镂铜为之者最佳。”

其书虽不逮《永乐大典》之博，卷数亦仅及其半，然《永乐大典》成而未刊，则类书之印行于世者，无过于此书矣。

康、雍两朝，经营《图书集成》，至乾隆朝，则编订《四库全书》。乾隆三十七年，诏求海内遗书，大兴朱筠请将《永乐大典》择取缮写，各自为书。三十八年，遂命诸臣校核《永乐大典》，定名《四库全书》。

> 《四库全书提要》："乾隆三十八年二月二十一日，大学士刘统勋等议奏，校办《永乐大典》条例一折。奉旨依议，将来办理成编时，著名《四库全书》。"

至四十七年告竣。计文渊阁著录者，三千四百五十七部、七万九千七十卷；其附于存目者，六千七百六十六部、九万三千五百五十六卷。

> 《清朝全史》："自乾隆三十八年，开设四库全书馆，任皇室郡王及大学士为总裁，六部尚书及侍郎为副总裁。然实际任编纂者，乃为总纂官孙士毅、陆锡熊、纪昀三人，而纪昀之力尤多。分任编纂之事者，不少著名学者，如校勘《永乐大典》纂修官，有戴震、邵晋涵；校办各省送到遗书纂修官，有姚鼐、朱筠；篆隶分校官，有王念孙；总目协勘官，有任大椿；副总裁以下，无虑三百余名。该书至乾隆四十七年告竣，总计存书三千四百五十七部、七万九千七十卷，存目六千七百六十六部、九万三千五百五十六卷。所谓存

书，乃著录于四库者，存目，乃仅录其书目而已。”

其内容凡分六种。

《清朝全史》：“四库馆编纂之主旨，采六种方法：第一为敕撰本，自清初以至乾隆时，依敕旨所编纂者。第二内府本，乃康熙以来自宫廷收藏者，凡经、史、子、集存书，约三百二十六部；存目，凡三百六十七部。第三《永乐大典》本，存书存目，凡五百余种。其著名于当时者，如《旧五代史》、《续资治通鉴长编》、《建炎以来系年要录》、《岭外代答》、《诸藩志》、《宋朝事实》等。第四为各省采进本，命总督巡抚等进献其地方遗书，采书最多者为浙江，最少者为广东，湖北、湖南、山西、陕西次之。据浙江采集遗书总录，总数四千五百二十三种、五万六千九百五十五卷，别分卷者二千九十二册。第五私人进献本，系当时著名之藏书家所进献。知名于清初者，如浙江宁波范氏之天一阁、慈溪郑氏之二老阁、杭州赵氏之小山堂、嘉兴项氏之天籁阁、朱氏之曝书亭、江苏常熟钱氏之述古楼、昆山徐氏之传是楼等。四库馆令此等藏书家之子孙进献之，约以进献之书，誊写后，即付还。因之地方藏书家进献颇多，一人送到五百余种以上者，朝廷各赏《图书集成》一部；百种以上者，赐以初印之《佩文韵府》一部。第六通行本，乃世间流行之书籍。约以上各端，乾隆之编纂《四库全书》，在中国书籍之搜集史上，实为空前之伟观。”

同时缮录七部，分贮于文渊、文源、文溯、文津、文汇、文宗、文澜七阁，渊、源、津、溯，称内廷四阁，汇、宗、澜，称江、浙三阁。嗜奇好学之士，准其赴阁检视抄录。

《清朝全史》："乾隆帝编纂《四库全书》，造文渊阁于北京紫禁城内，造文源阁于圆明园，文溯阁于奉天，文津阁于塞外之热河，为贮藏之所，此称内廷四阁。文渊阁建造式，仿浙江范氏天一阁为之，当全书告成之后，又命起文汇阁于江苏扬州之大观堂，文宗阁于镇江金山寺，文澜阁于浙江杭州圣因寺之行宫，亦各藏《四库全书》一部，此称江、浙三阁，凡七阁。阁既成，帝曰：我国荷承休命，重熙累洽，同轨同文，所谓礼乐百年而后兴，此其时也。又谓朕搜集四库之书，非徒博右文之名，以示其得意焉。内廷四阁，非特别之资格与得许可者不准阅览；江、浙三阁，听学者得阅览抄录。七阁之中，今日尚俨然存者，惟文津、文渊、文溯三阁，他如文宗、文汇二阁，亡于太平之兵乱，圆明园文源阁毁于火，文澜阁亦多有散亡云。"

此则满清高宗对于中国文化之伟业也。

然而清高宗之修《四库全书》，同时有保存文化及摧残文化之两方面。古书之湮佚者，固赖此举而复彰；而名人著述之极有关系者，又因兹举而销毁焉。此世之所以不满于高宗也。

《检论·哀焚书》："满洲乾隆三十九年，既开四库馆，下诏求书，命有触忌讳者毁之。四十一年，江西巡抚海成献应毁禁书八千余通，传旨褒美，督他省摧烧益急，自尔献媚者蜂起。初下诏时，切齿于明季野史，其后四库馆议，虽宋人言辽、金、元，明人言元，其议论偏谬尤甚者，一切拟毁。及明隆庆以后诸将相献臣所著奏议文录，若高拱、张居正、申时行、叶向高、高攀龙、邹元标、杨涟、左光斗、缪昌期、熊廷弼、孙承宗、倪元璐、卢象昇、孙传庭、姚希孟、马世奇诸家，丝袠寸札，靡不爇爇，虽茅元仪《武备志》不免于火。厥在晚明，当弘光、隆武，则袁继咸、黄道周、金声，当永历及鲁王监国，则钱肃乐、张肯堂、国维、煌言。自明之亡，一二大儒，孙氏则《夏峰集》，顾氏则《亭林集》、《日知录》，黄氏则《行朝录》、《南雷文定》，及诸文士侯、魏、邱、彭所撰述，皆以诋触见烬。其后纪昀等作提要，孙、顾诸家稍复入录，而颇去其贬文。或曰：朱、邵数君子实左右之。然隆庆以后，至于晚明将相献臣所著，仅有孑遗矣。其他遗闻轶事，皆前代逋臣所录，非得于口耳传述，而被焚毁者，不可胜数也。由是观之，夷德之戾，虽五胡、金、元，抑犹有可以末减者耶！”

《清朝全史》：“在编纂《四库全书》谕旨前后，又布一禁书令，甚可注意。禁书者，即明代关于满洲祖先之著述，据帝之谕旨，此等逆书，不合于本朝一统之旨，勿使行于世。盖文弱之汉人，被北人驱逐时，借文学以发抒不平之气，为唯一之武器，其著述之数极多，帝此时不仅欲一扫此种明末之纪录，并思将其正史一切付诸销毁，其处置殊不公允。此种命令，始于乾隆三十九年，至四十三年，再加二年之期限，至四十六年，又展限一年。据兵部报告，当时销毁之次数，二十四回，书五百三十八种，共一万三千八百六十二部云。然犹以为未足，至乾隆五十三年，尚严谕遵行。从大体而言，在北方诸省较完全遵行，其东南各省，未能禁绝。”

当康熙初年，已有庄氏史案。

《清稗类钞》（徐珂）：“明相国乌程朱文恪公国桢，尝作《明史》，举大经大法者笔之，刊行于世，谓之《史概》。未刊者为《列朝诸臣传》。明亡后，朱氏家中落，以稿本质千金于庄廷鑨。廷鑨家故富，因窜名于中，攘为己作，刻之。补崇祯一朝事，中多指斥本朝语。康熙癸卯，归安知县吴之荣罢官，谋以告讦为功，借作起复地，白其事于杭州将军松魁。魁咨巡抚朱昌祚，昌祚牒督学胡尚衡，廷鑨并纳重赂以免。乃稍易指斥语，重刊之，之荣计不行，特购初刊本，上之法司。事闻，遣刑部侍郎出谳狱，时廷鑨已死，戮其尸，诛其弟廷钺。旧礼部侍郎李令晳尝作序，亦伏法，并及其四子。”“序中称旧史朱氏者，指文恪也。之荣素怨南浔富人朱佑明，遂嫁祸，且指其姓名以证，并诛其五子。魁及幕客程维藩械赴京师，魁以八议仅削官，维藩戮于燕市。昌祚、尚衡贿谳狱者，委过于初申复之学官，归安乌程两学官并坐斩，而昌祚、尚衡乃幸免。湖州太守谭希闵，莅官甫半月，事发，与推官李焕，皆以隐匿罪至绞。浒墅关榷货主李希白，闻阊门书坊有是书，遣役购之。适书贾他出，役坐于其邻朱家少待之，及书贾返，朱为判其价。时希白已入京，以购逆书罪立斩。书贾及役斩于杭，邻朱某者，因年逾七十免死，偕其妻发极边。归安茅元锡方为朝邑令，与吴之镛、之铭兄弟尝预参校，悉被戮。时江楚诸名士列名书中者皆死，刻工及鬻书者同日刑。惟海宁查继璜、仁和陆圻，当狱初起时，先首告，谓廷鑨慕其名，列之参校中，得脱罪。是狱也，死者七十余人，妇女并给边，或曰死者二百二十一人。"

后又有《南山集》案，

《清稗类钞》："桐城方孝标，尝以科第起，官至学士。后因族人方猷主顺治丁酉江南试，与之有私，并去官，遣戍。遇赦归，入滇，受吴三桂伪翰林承旨。吴败，孝标先迎降，得免死，因著《钝斋文集》、《滇黔纪闻》。戴名世见而喜之，所著《南山集》中，多采录孝标所纪事，尤云锷、方正玉为之捐赀刊行。云鹗、正玉及同官汪灏、朱书、刘岩、余生、王源皆有序，板藏于方苞家。又其与弟子倪生一书，论修史之例，谓'本朝当以康熙壬寅为定鼎之始。世祖虽入关十八年，时明祀未绝，若循蜀汉之例，则顺治不得为正统'云。时赵申乔为都谏，奏其事，九卿会鞫，中戴名世大逆法，至寸磔，族皆弃市，未及冠笄者，发边。朱书、王源已故，免议。尤云锷、方正玉、汪灏、刘岩、余生、方苞以谤论罪绞，时孝标已死，以名世之罪罪之，子登峄、云旅，孙世樵，并斩。方氏有服者皆坐死，且剉孝标尸。尚书韩菼、侍郎赵士麟、御史刘灏、淮扬道王英谟、庶吉士汪份等三十二人，并别议降谪。疏奏后，凡议绞者改戍边，灏以曾效力书局，赦出狱，苞编管旗下，云锷、正玉免死，徙其家，方氏族属谪黑龙江。荄以下平日与名世论文牵连者，俱免议。此康熙辛卯壬辰间事也。”

死徙者不必论，即就方苞所记当时狱中状况，已可谓之黯无天日矣。

《望溪集外文·狱中杂记》（方苞）：“康熙五十一年三月，余在刑部狱，见死而由窦出者，日三四人。有洪洞令杜君者，作而言曰：此疫作也，今天时顺正，死者尚希，往岁多至日数十人。余叩所以，杜君曰：是疾易传染，遘者虽戚属不敢同卧起，而狱中为老监者四，监五室，禁卒居中央，牖其前以通明，屋极有窗以达气，旁四室则无之，而系囚常二百余，每薄暮，下管键，矢溺皆闭其中，与饮食之气相薄。又隆冬，贫者席地而卧，春气动，鲜不疫矣。狱中成法，质明启钥。方夜中，生人与死者并踵顶而卧，无可旋避，此所以染者众也。又可怪者，大盗积贼，杀人重囚，气杰旺，染此者十不一二，或随有瘳；其骈死，皆轻系及牵连佐证，治所不及者。余曰：京师有京兆狱，有五城御史司坊，何故刑部系囚之多至此？杜君曰：迩年狱讼，情稍重，京兆五城即不敢专决。又九门提督所访缉纠诘，皆归刑部。而十四司正副郎好事者，及书吏狱官禁卒，皆利系者之多，少有连，必多方钩致。苟入狱，不问罪之有无，必械手足，置老监，俾困苦不可忍，然后导以取保，出居于外，量其家之所有以为剂，而官与吏剖分焉。中家以上，皆竭资取保，其次求脱械居监外板屋，费亦数十金。惟极贫者无依，则械系不稍宽，为标准以警其余。或同系情罪重者，反出在外，而轻者无罪者罹其毒，积忧愤，寝食违节，及病，又无医药，故往往至死。……凡死刑，狱上者，先俟于门外，使其党入索财物，名曰斯罗。富者就其戚属，贫则面语之。其极刑，曰顺我即先刺心，否则四肢解尽，心犹不死。其绞缢，曰顺我始缢即气绝，否则三缢加别械，然后得死。惟大辟无可要，然犹质其首，用此富者赂数十百金，贫亦罄衣装，绝无有者，则治之如所言。主缚者亦然。不如所欲，则缚时即先折筋骨。每岁大决，句者十三四，留者十六七，皆缚至西市待命，其伤于缚者，即幸留，病数日乃瘳，或竟成痼疾。……余同逮以木讯者三人，一人予二十金，骨微伤，病间月；一人倍之，伤肤，兼旬愈；一人六倍，即夕行步如常。”

而雍、乾间文字之狱尤夥，若查嗣庭、吕留良、胡中藻、王锡侯、徐述夔等之案，不可胜数。

《清稗类抄》：“雍正丙午，查嗣庭、俞鸿图典江西试，以‘君子不以言举人’二句、‘山径之蹊间’一节命题。其时方行保举，廷旨谓其有意讥刺，三题‘茅塞于心’，廷旨谓其不知何指，其居心不可问，因查其笔札诗草，语多悖逆，遂伏诛，并其兄慎行、嗣瑮，遣戍有差。浙人因之停丁未科会试。或曰：查所出题，为‘维民所止’，忌者谓‘维止’二字，意在去雍正二字之首也。世宗以为大不敬，命搜行箧，中有日记二本，乃按条搜求，谓其捏造怨蜚语难枚举，遂下严旨拿问。”“吕留良，字庄生，又名光纶，字用晦，号晚村，石门人。自以为淮府仪宾之后，追念明代，以发抒种族思想，著为书，誓不仕。郡守以隐逸荐之，乃削发为僧，康熙辛酉卒。雍正时，以曾静文字狱之牵涉，戮尸，著述均毁。……先是湖南人曾静，遣其徒张熙，投书川陕总督岳钟琪，劝以同谋举事，钟琪以闻。诏刑部侍郎杭奕禄、副都统海兰至湖南，会同巡抚王国栋，提曾静质讯。静供称因应试州城，得见留良评选时文，内有‘论夷夏之防’及‘井田封建’等语，又与留良之徒严鸿逵、沈在宽等往来投契等语，于是将静、熙提解来京，并命浙江总督李卫，查留良、鸿逵、在宽家藏书籍。所获日记等书，并案内人犯，一并拿解赴部。命内阁九卿等研讯，世宗以留良之罪尚在静之上，谕九卿科道会议具奏。旋将留良、鸿逵及留良之子葆中，皆剉尸枭示，子孙遣戍，妇女入官。在宽凌迟处死，而静、熙免罪释放。”“湖南学政胡中藻，著《坚磨生诗》，中多谤讪语。经人告发，乾隆乙亥三月十三日，大学士九卿等奉上谕：我朝抚有天下，于今百有余年，凡为臣子，自乃祖乃父，食毛践土，宜其胥识尊亲大义，乃尚有出身科目，名列清华，而鬼蜮为心，于语言吟咏之间，肆其悖逆诋讪怨望，如胡中藻者，实非人类之所应有。其所刻诗，题曰《坚磨生诗抄》，坚磨出自《鲁论》，孔子所称磨涅，乃指佛肸而言。胡中藻以此自号，是诚何心。从前查嗣庭、汪景祺、吕留良等诗文日记，谤讪譸张，大逆不道，蒙皇考申明大义，严加惩创，以正伦纪而维世道，数十年来，以为中外臣民，咸知警惕。而不意尚有此等鸱张狺吠之胡中藻，即检阅查嗣庭等旧案，其悖逆之词，亦未有连篇累牍，至于如此之甚者。……甲寅，大学士等奏称：胡中藻违天叛道，覆载不容，合依大逆凌迟处死。该犯的属男十六岁以上，皆斩立决。谕：胡中藻免其凌迟，著即行处斩，为天下后世炯戒。其案内一应干涉之人，除鄂昌另行审结外，其余一概免其查究。”“乾隆丁酉十一月，新昌王泷南，呈首举人王锡侯删改《康熙字典》，另刻《字贯》。高宗阅其进呈之书，第一本序文、凡例，将圣祖、世宗庙讳及御名字样开列，实为大逆不法，命锁押解京，交刑部审讯。锡侯及其子孙并处重刑，毁其板，且禁售卖。缘坐者，亦分起解京治罪。”“东台举人徐述夔，著《一柱楼诗》，多咏明末时事。乾隆戊戌，东台令上其事，廷旨谓语多悖逆，实为罪大恶极。时述夔已卒，命剖棺戮尸，其子怀祖，以刊刻遗诗，及孙食田等，提解至京。命廷臣集讯，定以大逆不道正法，诗集悉销毁。江苏藩司陶易、扬州府知府谢启昆等，亦悉置重典。”

前代文人受祸之酷，殆未有若清代之甚者，故雍、乾以来，志节之士，荡然无存。有思想才能者，无所发泄，惟寄之于考古，庶不干当时之禁忌。其时所传之诗文，亦惟颂谀献媚，或徜徉山水、消遣时序及寻常应酬之作。稍一不慎，祸且不测，而清之文化可知矣！

第七章 学校教育

清代学校教育，率沿明制。在清季未兴学堂以前，其所谓学校，即科举之初基，固无当于教育，然其学分大、中、小，官有教授、教谕等，亦近世学校名义之所沿也。

《清会典》："凡学皆设学官以课士。府曰教授，州曰学正，县曰教谕，皆以训导副之。""凡生员，有廪膳生，有增广生，有附生，各视其大学中学小学以为额。""奉恩诏，则广额，巡幸亦如之。其永广之额，则视其事以为差。""简学政以董教事及按试，严以关防。岁试各别其文之等第，以赏罚而劝惩之，取其童生之优者以入学。""凡试生员，令学官册而送于院。试童生，令地方官册而送于院，乡试，则录科，各申以禁令。三年报满，各列所剔之弊，题而下于部，以考核。""凡教学，必习其礼事，明其经训，示其程序，敦其士习，正其文体。""凡生员食饩久者，各以其岁之额而贡于太学，曰岁贡。有恩诏，则加贡焉，曰恩贡。学官举其生员之优者，三岁，学政会巡抚试而贡之，曰优贡。十有二岁，乃各拔其学之优者而贡之，曰拔贡。"

明惟府教授秩从九品，余俱无官品。

《明史》："儒学。府，教授一人（从九品）、训导四人；州，学正一人、训导三人；县，教谕一人、训导二人。教谕掌教诲所属生员，训导佐之。"

清高宗始加其品级，

《清文献通考》："先是直省教职未入流品，雍正十三年九月奉谕，各省教职，乃师儒之官，所以训迪约束，为多士之表率也。若不赏给品秩，则与杂职无异，恐本人遂以冗散自居，不知殚心课士，以尽职任。着加给品级，以示鼓舞责成之意。寻吏部议准，京府教授、四氏学教授、各府卫儒学教授为正七品官，各州学正、各县教谕为正八品官，各府州县卫训导为从八品官。"

然师儒地位本不以官品为尊卑，清之定为职官，似属尊师，亦未得尊之之法也。其国学曰国子监，亦沿前代之制，有师儒之官，

《清会典》："国子监管理监事大臣一人；祭酒，满洲一人、汉一人；司业，满洲一人、蒙古一人、汉一人，掌国学之政令。凡贡生、监生、学生及举人之入监者，皆教焉。""凡贡生之别有六：曰恩贡生，曰拔贡生，曰副贡生，曰岁贡生，曰优贡生，曰例贡生。监生之别四：曰恩监生，曰荫监生，曰优监生，曰例监生。学生之别二：曰八旗官学生，曰算学生。贡生、监生教于堂，学生教于学。凡入贡、入监非以俊秀者，曰

正途。”“凡教，有月课，有季考，皆第其优劣，岁终则甄别，各视学之成否而咨焉。察其经明事治者以闻，而备用。”“六堂：率性堂，助教，汉一人，学正，汉一人；修道堂，助教，汉一人，学正，汉一人；诚心堂，助教，汉一人，学正，汉一人；正义堂，助教，汉一人，学正，汉一人；崇志堂，助教，汉一人，学录，汉一人；广业堂，助教，汉一人，学录，汉一人，掌分教肄业之士。凡肄业，按其内外班之额而分拨焉，各率以班长，南学则董以学官，率以斋长，皆月课以时讲贯其义。”“算学，管理大臣，满洲一人，助教，汉一人，教习，汉二人，掌教算法。”

其监生多援例捐纳者，世多卑视之。

清之学校，最重流品。一切贱籍，不得应试。

《清通考》：“定例，娼优隶卒之家，不准考试。其皂隶、马快、小马、禁卒之子孙，有蒙混捐纳者，俱照例斥革。至门子、长随，湖南省有滥行报捐者，均予斥革。惟民壮一班，雍正年间，先后议准与兵丁一律拔补，非贱役可比，不便阻其进身之阶。但各省俱有皂快民壮三班，随时改拨者，应令地方官查明，除未经改拨之民壮子孙，准其报捐应试外，其由民壮改充皂快，及其先曾充当皂快者，仍不准报捐应试，以杜冒滥。”

童生应试，必有保结，

《清会典》：“童生考试，以同考五人互结。廪生认保出结，府州县试，令童生亲填年貌籍贯三代，认保姓名，并各结状，黏送府州县。试毕造册，申送学政。”

其有违误，保者连坐，

《清会典》：“童生考试，有冒籍、顶替、倩代、匿丧、假捏姓名、身遭刑犯及出身不正，如门子、长随、番役、小马、皂隶、马快、步快、禁卒、仵作、弓兵之子孙，倡优、奴隶、乐户、丐户、蜒户、吹手，凡不应应试者混入，认保派保互结之五童，互相觉察。容隐者五人连坐，廪保黜革治罪。”

而举贡生员并免差徭，视一切平民，显有阶级之别焉。

《清通考》：“乾隆元年，命免举贡生员杂色差徭。是时各省有令生员充当总甲图书之役者，奉谕：嗣后举贡生员等，著概行免派杂差，俾得专心肄业。倘于本户之外，别将族人借名滥充，仍将本生按律治罪。”

学校之外，有书院，亦沿宋、明之制，

《清会典》：“京师设立金台书院，每年动拨直隶正项银两，以为师生膏火，由布政司详请总督报销。直省省城设立书院，直隶曰莲池，山东曰泺源，山西曰晋阳，河南曰大梁，江苏曰钟山，江西曰豫章，浙江曰敷文，福建曰鳌峰，湖北曰江汉，湖南曰岳麓、曰城南，陕西曰关中，甘肃曰兰山，四川曰锦江，广东曰端溪、曰粤秀，广西曰秀峰、曰宣城，云南曰五华，贵州曰贵山，皆奉旨赐帑，赡给师生膏火。奉天曰沈阳，酌拨每学学田租银为膏火，令有志向上无力就师各生，入院肄业。书院师长，由督抚学臣，不分本省邻省已仕未仕，择经明行修足为多士模范者，以礼聘请。”

而其性质盖有区别。清初，各地方书院，犹尚讲学，如二曲之于关中，

《二曲集·历年纪略》：“康熙十二年，总督鄂善修复关中书院，肃币聘先生讲学。先生登座，公与抚军、藩臬以下，抱关、击柝以上，及德绅名贤进士举贡文学子衿之众，环阶席而侍听者，几千人。先生立有学规会约，约束礼义，整肃身心。三月之内，一再举行，鼓荡摩厉，士习丕变。”

习斋之于漳南，

《颜氏学记》（戴望）：“肥南有漳南书院，邑人郝文灿请先生往设教，三聘始往。为立规制甚宏，从游者数十人，远近翕然。”

张、蔡之于鳌峰，

《先正事略》（李元度）：“仪封张清恪公伯行，尝建请见书院，与乡人士讲明正学。”“所至必修建书院学舍，闽士肖公象，祀于鳌峰。”

《蔡公世远墓志铭》(方苞):“仪封张清恪公抚闽,延公父璧,主鳌峰书院,而招公入使院,共订先儒遗书。”“公丁父艰归,大府复以鳌峰属公。公尚气节,敦行孝弟,好语经济,而一本于诚信。由是闽士慨然盛兴于正学,而知记诵辞章之为末也。”

沈、史之于姚江。

《姚江书院志》:“姚江讲学之盛,前称徐、钱,后称沈、史。”“沈求如先生国模,字叔则,余姚人。崇祯末,与念台刘子会讲证人社。刘子死节,哭之恸,自谓后死,作人明道之意益笃,使门人重缮义学,月旦临讲,曰陵谷变迁,惟学庶留人心不死。”“史拙修先生孝咸,衣冠言动,一准儒者,醇洁之士多归之。沈先生卒,拙修先生主书院,和平光霁,以名教为宗主。家贫,日食一粥,泊如也。”

皆明代讲学之书院之法也。雍正中,直省皆建书院,

《清通考》:“雍正十一年,命直省省城设立书院,各赐帑金千两,为营建之费。谕内阁:各省学政之外,地方大吏,每有设立书院,聚集生徒讲诵肄业者,但实有裨益者少,浮慕虚名者多。近见各省大吏,渐知崇尚实政,不事沽名邀誉之为,而读书应举者,亦颇能屏去嚣浮奔竞之习。则建立书院,择一省文行兼优之士,读书其中,使之朝夕讲诵,整躬励行,有所成就,俾远近士子观感奋发,亦兴贤育才之一道也。督抚驻札之所,

为省会之地，著该督抚商酌奉行，各赐帑金一千两。将来士子群聚读书，须预为筹画，资其膏火，以垂永久。其不足者，在于存公银内支用。封疆大臣等，并有化导士子之职，各宜殚心奉行，黜浮崇实，以广国家菁莪棫朴之化。则书院之设，于士习文风，有裨益而无流弊，乃朕之所厚望也。”

以屏去浮嚣、杜绝流弊为宗旨。故主之者不复讲学，第以考试帖括，颁布膏火而已。袁枚《书院议》谓上之人，挟区区禀假，以震动黜陟之，谓能教士，实中当时之弊。

《书院议》：“民之秀者，已升之学矣；民之尤秀者，又升之书院。升之学者，岁有饩；升之书院者，月有饩，此育才者甚盛意也。然士贫者多，富者少，于是求名赊而谋食殷。上之人探其然也，则又挟区区之禀假，以震动黜陟之，而自谓能教士，嘻，过矣！”

然如鄂尔泰教滇士以读书，亦未始无劝学之用。

《征滇士入书院教》（鄂尔泰）：“滇旧有书院，使者分为三舍，课其优绌，以高下其廪饩。然使者窃忧之，虑其应上者之鲜实心，而操之无具，故奇才异能之士未尝数数睹也。……使者先已置二十一史诸书于院中，学者尚未及读，至是复取架上十三经及周秦以来之书若干部，各用图书印记，注之简册，贮之书院，掌之学官，传之永久。又将招致四方之善读书而能好古者，以充学舍，厚其廪饩，而以时亲课读之。……读书之法，经为主，史副之。《四书》本经、《孝经》，此童而习之者。外此，则先之以《五经》，其次如《左传》之淹博，《公》、《穀》之精微，《仪礼》之谨严，《周礼》之广大，《尔雅》辨晰毫芒，大至无外而细入无间。此十三经者，阙其一，即如手足之不备，而不可以成人者也。至于史，则先《史记》，次《前汉书》，次《后汉书》。此三史者，亦阙一不可。读本纪，可以知一代兴亡盛衰之由；读年表世家，可以知大臣创业立功之所自；读列传，可以知人臣邪正公私，即以关系国家得失利害之分；读忠孝、节义、隐逸、儒林、文学、方伎等传，可以知各成其德，各精其业，以各造其极，而得其或显当时、或传后世之故；读匈奴、大宛、南夷、西域诸传，可以知安内攘外、柔远绥边、恩威各得之用；读天官、律历、五行诸书志，可以观天，而并可以知天人相感之原；读河渠、地理、沟洫、郡国诸书志，可以察地，而并可以知险要之机；读礼乐、郊祀、仪卫、舆服等书志，可以知典礼掌故之因革，而有所参订；读艺文、经籍等志，可以知七略、九种、四部、六库著作之源流，而有所考稽；读平准、食货诸书志，可以知出入取予、制节谨度之大要，而有所规鉴；读刑法、兵营等志，可以知赏罚、征伐、惩恶、劝善、讨罪、立功之大法，而有所折衷。此读史之大要也。……读《左传》，以《史记》副之；读《公羊》、《穀梁》、《仪礼》、《周官》、《尔雅》，而以前后两《汉》副之。十三经与三史既读，此外如《家语》、《国语》、《国策》、《离骚》、《文选》、《老》、《庄》、《荀》、《列》、《管》、《韩》，以及汉、唐、宋、元人之文集，与《三国志》、《晋书》以下诸史，参读参看，择其尤精粹者读之，其余则分日记览。……如借书院为纳交声气之地，觞酒酬酢，庆贺往还，游荡门外，招摇市中，是尤不肖之甚，贻羞书院，耻笑士林，此使者之所深恶，毋过吾门也。”

其后如阮元之创诂经精舍及学海堂，

《阮文达公传》（刘毓崧）：“所至必以兴学教士为急，在浙江则立诂经精舍，在广东则立学海堂，选诸生知务实学者肄业其中，士习蒸蒸日上，至今官两省者皆奉为矩矱。”

《先正事略》：“阮元为浙江巡抚时，立诂经精舍，祀许叔重、郑康成两先生，延王述庵、孙渊如主讲席，选高材生读书其中。课以经史疑义及小学、天文、地理、算法，许各搜讨书传条对，不用扃试糊名法，刻其文尤雅者曰《诂经精舍集》。不十年，上舍士致身通显及撰述成一家言者，不可殚数，东南人才称极盛焉。”“调两广总督，立学海堂，以经古学课士，如在浙江时。”

黄体芳之建南菁书院，

《黄先生以周墓志铭》（缪荃孙）：“黄漱兰侍郎视学江苏，建南菁讲舍，延先生主讲。先生教以博文约礼，实事求是。”“宗湘文观察建辨志精舍于宁波，请先生定其名义规制，而专课经学，著录弟子千余人。”

以及俞樾、刘熙载、朱一新等之掌教各书院，

《俞先生樾行状》（缪荃孙）："先生历主讲苏州紫阳、上海求志、德清清溪、归安龙湖等书院，而主杭州诂经精舍至三十一年，为历来所未有。其课诸生，一禀阮文达公成法，王侍郎昶、孙观察星衍两先生之绪，至先生复起而振之。两浙知名之士，承闻训迪、蔚为通材者，不可胜数。"

《刘融斋中允别传》（萧穆）："其主讲龙门书院，与诸生讲习，终日不倦。每五日，必一一问其所读何书、所学何事，黜华崇实，祛惑存真，尝午夜周览诸生寝室，其严密如是。"

《朱君一新别传》（金武祥）："粤督张香涛尚书，延为肇庆府端溪书院山长，复延入广州，为广雅书院山长。广雅规模宏大，张公所新建者，储书甚富，山长专课诸生以经训性理及史事词章看用之学，两广东西高才生咸请业。"

皆以博习经史词章为主，与专试时文之书院固不同，亦与讲求理学之书院异趣焉。

书院之外，有社学、义学等，则为教育幼童及孤贫者而设。

《清通考》："康熙九年，令各直省置社学社师，凡府、州、县每乡置社学一，选择文艺通晓、行谊谨厚者，考充社师，免其徭役，给饩廪优膳，学政按临日，造姓名册，申报考察。""五十四年，谕直隶巡抚赵宏燮，畿辅之地，乃王化所先，宜于穷乡僻乡皆立义学，

延师教读，以勉厉孝弟，可望成人矣。”

《清会典》：“京师暨各省府、州、县，俱设义学。京师由顺天府尹慎选文行兼优之士，延为馆师。诸生中贫乏无力者，酌给薪水。各生由府、州、县董理，酌给膏火。每年仍将师生姓名，册报学政。直省、府、州、县、大乡、巨堡，各置社学，择学优行端之生员为师，免其差役，由地方官量给廪饩，仍报学政查核。”

其教课不过童蒙识字之书，间授以珠算，取足谋生而已。通常士商之子弟，则多学于家塾，或就师塾聚读。敏异者则授以经书及史鉴之类，愚钝者则学尺牍，习珠算，至年十四五，为商贾之徒弟焉。塾师之教，最重记诵。

《蒿庵闲话》（张尔岐）：“邢懋循尝言，其师教之读书，用连号法。初日诵一纸，次日又诵一纸，并初日所诵诵之，三日又并初日、次日所诵诵之。如是渐增引至十一日，乃除去初日所诵，每日皆连诵十号，诵至一周，遂成十周。人即中下，已无不烂熟矣。又拟目若干道，书签上，贮之筒，每日食后，拈十签，讲说思维，令有条贯。逮作文时，遂可不劳余力。”

然亦有注重启发者，观王筠教童子法，虽专为学生作文应试计，而其用心，未尝不与今之教育家言相近焉。

《教童子法》（王筠）：“蒙养之时，识字为先，不必遽读书。先取象形、指事之纯体教之，识日、月字，即以天上日、月告之；识上、下字，即以在上、在下之物告之，乃为切实。纯体字既识，乃教以合体字。又须先易讲者，而后及难讲者，讲文不必尽说正义，但须说入童子之耳，不可出之我口便算了事。如弟子钝，则识千余字后乃为之讲。能识二千字，乃可读书；读亦必讲。然所识之二千字，前已能解，则此时合为一句讲之。若尚未解，或并未曾讲，只可逐字讲之。八九岁时，神智渐开，则四声、虚实、韵部、双声、叠韵事事都须教，兼当教之属对，且每日教一典故。才高者，全经及《国语》、《国策》、《文选》尽读之；即才钝，亦《五经》、《周礼》、《左传》全读之，《仪礼》、《公》、《穀》摘抄读之。才高十六岁可以学文，钝者二十岁不晚。初学文，先令读唐、宋古文之浅显者，即全作论，以写书为主，不许说空话，以放为王，越多越好，但于其虚字不顺者少改易之。以圈为主，等他知道文法，而后使读隆、万文，不难成就也。……学生是人，不是猪狗，读书而不讲，是念藏经也，嚼木札也。钝者或俯首受驱使，敏者必不甘心。人皆寻乐，谁肯寻苦，读书虽不如嬉戏乐，然书中得有乐趣，亦相从矣。……凡每日属对，必相其本日所读，有可对者，而后出之，可以验其敏钝。即或忘之，亦教责之而无词也。……小儿无长精神，必须使有空闲，空闲即告以典故。但典故有死有活，死典故日日告之，如十三经何名，某经作注者谁、作疏者谁，二十四史何名、作之者姓名，日告一事，一年即有三百六十事。间三四日，必须告以活典故，如问之曰：两邻争一鸡，尔能知确是某家物否？能知者即大才矣，不能知而后告以《南史》。先问两家饲鸡各用何物，而后剖嗉验之，弟子大喜者，亦有用人也，自心思长进矣。……教弟子如植木，但培养浇灌之，令其参天蔽日。其大本可为栋梁，即其小枝亦可为小器具。今之教者，欲其为几也，即曲折其木以为几，不知器是做成的，不是生成底。迨其生机不遂而夭阏以至枯槁，乃犹执夏楚而命之，曰：是弃材也，非教之罪也。呜呼，其果无罪耶！……沂州张先生，筠之父执李刑原先生师也。尝言从学时，每日早饭后辄曰各自理会去，弟子皆出，各就陇畔畦间。比反，各道其所理者何经何文，有何疑义。张先生即解说之。吾安丘刘川南先生十余岁时，师为之讲书数行，辄请曰：如此则与某章反背。师令退思之，而复讲，如是者每日必有之。半年后，师遂不穷于答问，是谓教学相长。然此等高足那可多得，故为弟子讲授，必时时诘问之，令其善疑，诱以审问，则其作文时，必能标新领异矣。”

第八章　考证学派

满清中叶，考据之学大兴，当时号为汉学。

《近代汉学变迁论》(刘师培)："古无汉学之名，汉学之名，始于近代。或以笃信好古，该汉学之范围。然治汉学者，未必尽用汉儒之说；即用汉儒之说，亦未必用以治汉儒所治之书。是则所谓汉学者，不过用汉儒之训故以说经，及用汉儒注书之条例以治群书耳。"

江藩著《汉学师承记》，自康、雍至嘉庆间，学者略备。而道、咸以来之学者，其学派亦多演自乾、嘉，迄今犹有盛称汉学者，其渊源不可不考也。刘师培著《近儒学术统系论》，先举清国初之理学，后述雍、乾以降之经学，于各地方之风气，条分缕析，颇简而要。兹分录之，以见清代学术变迁之概。盖清初诸大儒，学行兼崇，固不分所谓汉、宋。

《近儒学术统系论》："明清之交，以浙学为最盛。黄宗羲授学蕺山，而象数之学兼宗漳浦，文献之学远溯金华先哲之传，复兼言礼制，以矫空疏。传其学者数十人，以四明二万为最著；而象数之学则传于查慎行。又沈昀、张履祥亦授学蕺山。沈昀与应抝谦相切磋，黜王崇朱，刻苦自厉。而履祥之传较远，其别派则为向璇。吕留良从宗羲、履祥游，所学略与履祥近，排斥余姚，若放淫辞。传其学者，浙有严鸿逵，湘人有曾静，再传而至张熙。及文狱诞兴，而其学遂泯。别有沈国模、钱德洪、史孝咸，承海门石梁之绪，以觉悟为宗，略近禅学。宗羲虽力摧其语，然沈氏弟子有韩当、邵曾可、劳史。邵氏世传其学，至于廷采，其学不衰。时东林之学有高愈、高世泰、顾培，上承泾阳、梁溪之传，讲学锡山。宝应朱泽沄，从东林子弟游，兼承乡贤刘静之之学，亦确宗紫阳。王茂竑继之，其学益趋于征实。又吴人朱用纯、张夏、彭珑，歙人施璜、吴慎，亦笃守高、顾之学。顺、康以降，其学亦衰。……孙奇逢讲学百泉，持朱、陆之平，弟子尤众，以耿介、张沐为最著。汤斌之学，亦出于奇逢，然所志则与奇逢异。……李颙讲学关中，指心立教。然关中之士，若王山史、李天生，皆敦崇实学。及顾炎武流寓华阴，以躬行礼教之说，倡导其民，故受学于颙者，若王尔缉之流，均改宗紫阳。颙曾施教江南，然南人鲜宗其学，故其学亦失传。……博野颜元，以实学为倡，精研礼、乐、兵、农。蠡县李塨，初受学毛大可，继从元说，故所学较元尤博。大兴王源，初喜谈兵，与魏禧、刘继庄友善，好为纵横之谈。继亦受学于元，故持论尤高。及元游豫省，而颜学被于南；塨寓秦中，而颜学播于西；及江浙之士，亦间宗其学。然一传以后，其学骤衰。惟江宁程廷祚，私淑颜、李，近人德清戴望，亦表彰颜、李之书。舍是，传其学者鲜矣。……太仓陆世仪，幼闻几社诸贤之论，颇留心经世之术，继受学马负图，兼好程朱理学。陈言夏亦言经世，与世仪同，世仪讲学苏松间，当时鲜知其学。厥后吴江陆耀、宜兴储大文、武进李兆洛，盖皆闻世仪之风而兴起者，故精熟民生利病，而辞无迂远……赣省之间，南宋以降，学风渐衰。然道原之博闻，陆、王之学术，欧、曾、王氏之古文，犹有存者，故易堂九子均好古文。三魏从王源、刘继庄游，兼喜论兵，而文辞亦纵横，惟谢秋水学宗紫阳，与陆、王异派。及雍、乾之间，李澂起于临川，确宗陆学，兼侈博闻，喜为古文词，盖合赣学三派为一途。粤西谢济世，党于李澂，亦崇陆黜朱，然咸植躬严正，不屈于威武。瑞金罗台山，早言经世，亦工说经，及伊郁莫伸，乃移治陆、王之学，兼信释典，合净土禅宗为一。吴人彭尺木、薛湘文、汪大绅，从台山游，即所学亦相近，惟罗学近心斋、卓吾。彭、汪以下，多宅心清净，由是吴中学派，多合儒、佛为一谈。至嘉、道之际，犹有江沅，实则赣学之支派也。……闽中之学，自漳浦以象数施教，李光地袭其唾余，兼通律吕音韵，又说经近宋、明，析理宗朱子，卒以致身贵显。光地之弟光坡，作《礼记述注》，其子钟伦，亦作《周礼训纂》，盖承四明万氏之学。杨名时受学光地，略师其旨以说经，而律吕音韵之奥，惟传于王兰生。又闽人蔡世远，喜言朱学，亦自谓出于光地。雷鋐受业于世远，兼从方苞问礼，然所学稍实，不欲曲学媚世，以直声著闻。……自此以外，则湘有王夫之，论学确宗横渠，兼信紫阳，与余姚为敌，亦杂治经史百家。蜀有唐甄，论学确宗陆、王，尤喜阳明，论政以便民为本，嫉政教礼制之失平，然均躬自植晦，不以所学授于乡，故当时鲜宗其学。别有刘原渌、姜国霖讲学山左，李闇章、范镐鼎讲学河汾，均以宗朱标其帜，弟子虽众，然不再传，其学亦晦。此皆明末国初诸儒理学宗传也。”

其后虽亦有祖述而私淑之者，然由理学而趋于考据。乾、嘉之际，汉学之帜，遂风靡一时，讲求修身行己治国成人者之风，远不如研究音韵、文字、校勘、金石、目录之学者之盛。虽经学家有古文、今文，西汉、东汉之区别，然亦承乾、嘉之风而演进，仍以汉学相高，一涉宋、明心性之谈，则相率而嗤之矣。

《近儒学术统系论》：“理学而外，则诗文之学，在顺、康、雍、乾之间，亦各成派别。然雕虫小技，其宗派不足言，其有派别可言者，则宋学之外厥惟汉学。汉学以治经为主，考经学之兴，始于顾炎武、张尔岐。顾、张二公，均以壮志未伸，假说经以自遣。毛大可解《易》说《礼》，多述仲兄锡龄之言。阎若璩少从词人游，继治地学，与顾祖禹、黄仪、胡渭相切磋。胡渭治《易》，多本黄宗羲。张弨与炎武友善，吴玉搢与弨同里，故均通小学。吴江陈启源与朱鹤龄偕隐，并治《毛诗》、《三传》。厥后大可《毛诗》之学，传于范家相。鹤龄《三传》之学，传于张尚瑗。若璩《尚书》之学，传于冯景。又吴江王锡阐、潘柽章，杂治史乘，尤工历数，柽章弟耒，受数学于锡阐，兼从炎武受经。秀水朱彝尊，亦从炎武问故，然所得均浅狭。……别有宣城梅文鼎，殚精数学，鄂人刘湘奎、闽人陈万策，均受业其门。文鼎之孙瑴成，世其家学。泰州陈厚耀，亦得梅氏之传，而历数之学渐显。……武进臧琳，闭门穷经，研覃奥义，根究故训，是为汉学之始。东吴惠周惕，作《诗说》、《易传》，其子士奇继之，作《易说》、《春秋传》。栋承祖父之业，始确宗汉诂，所学以掇拾为主，扶植微学，笃信而不疑。厥后掇拾之学，传于余萧客；《尚书》之学，则江声得其传。故余、江之书，言必称师。江藩受业于萧客，作《周易述补》，以续惠栋之书。藩居扬州，由是钟怀、李宗泗、徐复之流，均闻风兴起。……先是徽歙之地，有汪绂、江永，上承施璜、吴慎之绪，精研理学，兼尚躬行，然即物穷理，师考亭格物之说，又精于《三礼》。永学尤博，于声律、音韵、历数之学，均深思独造，长于比勘。金榜从永受学，获窥礼堂论赞之绪，学特长于《礼》。戴震之学亦出于永，然发挥光大，曲证旁通，以小学为基，以典章为辅，而历数、音韵、水地之学，咸实事求是，以求其原。于宋学之误民者，亦排击防闲不少懈。徽歙之士，或游其门，或私淑其学，各得其性之所近，以实学自鸣。由是治数学者，前有汪莱，后有洪梧；治韵学者，前有洪榜，后有汪有诰；治《三礼》者，则有凌廷堪及三胡。程瑶田亦深《三礼》，兼通数学，辨物正名，不愧博物之君子，此皆守戴氏之传者也。及戴氏施教燕京，而其学益远被。声音训故之学，传于金坛段玉裁。而高邮王念孙所得尤精；典章制度之学，传于兴化任大椿。而李惇、刘台拱、汪中，均与念孙同里。台拱治宋学，上探朱、王之传，中兼治词章，杂治史籍，及从念孙游，始专意说经。顾九苞与大椿同里，备闻其学，以授其子凤毛。焦循少从凤毛游，时凌廷堪亦居扬州，与循友善，继治数学，与汪莱切磋尤深。阮元之学，亦得之焦循、凌廷堪，继从戴门弟子游，故所学均宗戴氏，以知新为主，不惑于陈言，然兼治校勘、金石。黄承吉亦友焦循，移焦氏说《易》之词，以治小学，故以声为纲之说浸以大昌。时山左经生有孔继涵、孔巽轩，均问学戴震。巽轩于学尤精，兼工俪词。嗣栖霞郝懿行，出阮元门，曲阜桂馥，亦从元游，故均治小学。懿行治《尔雅》，承阮元之例，明于声转，故远迈邢《疏》。又大兴二朱、河间纪昀，均笃信戴震之说，后膺高位，汲引汉学之士，故戴学愈兴。别有大兴翁方纲，与阮元友善，笃嗜金石。河南之儒，以武亿为最善，亿从朱门诸客游，兼识方纲，故说经之余，亦兼肄金石，而金石之学遂昌。时江浙之间，学者亦争治考证。先是锡山顾栋高从李绂、方苞问故，与任启运、陈亦韩友善，其学均杂糅汉、宋，言淆雅俗。而吴人何焯，以博览著名，所学与浙西文士近。吴江沈彤承其学，渐以说经。嘉定钱大昕于惠、戴之学，左右采获，不名一师，所学界精博之间。王鸣盛与钱同里，所学略与钱近，惟博而不精。大昕兼治史乘，旁及小学、天算、地舆。其弟大昭，传其史学。族子塘、坫，一精天算，一专地舆，坫兼治典章训故。塘、坫之弟有钱侗、钱绎，兼得大昕小学之传，而钱氏之学萃于一门。继其后者，则有元和李锐，受数学于大昕；武进臧庸，传其远祖臧琳之学；元和顾千里，略得钱、段之传，均以工于校勘，为阮元所罗致。嗣有长洲陈奂，所学兼出于段、王。朱骏声与奂并时，亦执贽段氏之门，故均通训故。若夫钮树玉、袁廷祷之流，亦确宗钱、段，惟所学未精。……常州之学，复别成宗派。自孙星衍、洪亮吉，初喜词华，继治掇拾校勘之学，其说经笃信汉说近于惠栋、王鸣盛。洪氏之子饴孙，传其史学。武进张惠言久游徽歙，主金榜家，故兼言礼制，惟说《易》则同惠栋，确信谶纬，兼工文词。庄存与与张同里，喜言《公羊》，侈言微言大义，兄子绶甲传之，复昌言钟鼎古文。绶甲之甥，有武进刘逢禄、长洲宋翔凤，均治《公羊》，黜两汉古文之说。翔凤后从惠言游，得其文学，而常州学派以成。……皖北之学，莫盛于桐城。方苞幼治归氏古文，托宋学以自饰，继闻四明万氏之论，亦兼言《三礼》。惟姚范校核群籍，不惑于空谈。及姚鼐兴，亦挟其古文宋学，与汉学之儒竞名。继慕戴震之学，欲执贽于其门，为震所却，乃饰汉学以自固，然笃信宋学之心不衰。江宁梅曾亮、管同，均传其古文。惟里人方东树，作阮元幕宾，略窥汉学门径，乃挟其相传之宋学，以与汉学为仇，作《汉学商兑》。故桐城之学自为风气，疏于考古，工于呼应顿挫之文，笃信程、朱，有如帝天，至于今不衰。惟马宗琏、马瑞辰间宗汉学。……浙中之士，初承朱彝尊之风，以诗词博闻相尚；于宋代以前之书籍，束而不观。杭世骏兴，始稍治史学。赵一清、齐召南兴，始兼治地理。惟余姚、四明之间，则士宗黄、万之学，于典章文献，探讨尤勤。鄞县全祖望，熟于乡邦佚史，继游李绂之门，又从词科诸公游，故所闻尤博。余姚邵晋涵，初治宋明史乘，所学与祖望近，继游朱珪、钱大昕门，故兼治小学。会稽章学诚，亦熟于文献，既乃杂治史例，上追刘子玄、郑樵之传，区别古籍，因流溯源，以穷其派别。虽游朱珪之门，然所学则与戴震立异。及阮元秉钺越省，越人趋其风尚，乃转治金石、校勘，树汉学以为帜。临海金鹗，尤善言《礼》；湖州之士，亦杂治《说文》古韵，此汉学输入浙江之始。厥后仁和龚丽正，婿于段玉裁之门，其子自珍，少闻段氏六书之学，继从刘申受游，亦喜言《公羊》；而校雠古籍，又出于章学诚；矜言钟鼎古文，又略与常州学派近。特所得均浅狭，惟以奇文耸众听。仁和曹籀、谭献，均笃信龚学。惟德清戴望，受《毛诗》于陈奂，受《公羊》于宋翔凤，又笃嗜颜、李之学，而搜辑明季佚事，又与全、邵相同。虽以《公羊》说《论语》，然所学不流于披猖。近人俞樾、孙诒让，则又确守王、阮之学，于训故尤精。定海黄氏父子，学糅汉宋，尤工说礼，所言亦近阮氏，然迥与龚氏之学异矣。……江北、淮南之士，则继焦、黄而起者，有江都凌曙。曙问故张惠言，又游洪榜之门，故精于言《礼》，兼治《公羊》，惟以说《礼》为本。时阮元亦乡居，故汉学益昌。先大父受经凌氏，改治《左传》。宝应刘宝楠，兼承族父端临之学，专治《论语》。别有薛传均治《说文》，梅植之治《穀梁》，时句容陈立，丹徒汪芷、柳兴宗，旌德姚佩中，泾县包世荣、包慎言均寓扬州；山阳丁晏，海州许桂林，亦往来邗水之间。立受学凌氏，专治《公羊》。芷治《毛诗》。兴宗通《穀梁）。佩中治汉《易》。世荣治《礼》，兼以《礼》释《诗》。慎言初治《诗》、《礼》，继改治《公羊》。桂林亦治《穀梁》，尤长历数。晏遍说群经，略近惠栋。然均互相观摩，互相讨论，故与株守之学不同。甘泉罗士琳，受历数之学于桂林，尤精数学。时魏源、包世臣亦纵游江淮间，士承其风，间言经世，然仍以治经为本。……燕京为学士所荟萃。先是大兴徐松，治西北地理；寿阳祁韵士，兼考外藩史乘。及道光中叶，浸成风会。而韵士之子寯藻，兼治《说文》，骤膺高位。由是平定张穆、光泽何秋涛均治地学，以小学为辅，尤熟外藩佚事，魏源、龚自珍亦然。故考域外地理者，必溯源张、何。至王筠、许瀚、苗夔则专攻六书，咸互相师友，然斯时宋学亦渐兴。……先是赣省陈用光，传姚鼐古文之学派，衍于闽中粤西，故粤西朱琦、龙翰臣均以古文名。而仁和邵懿辰、山阳潘德舆均治古文理学，略与桐城学派相近。粤东自阮氏提倡后，曾钊、侯康、林伯桐均治汉学，守阮氏之传。至陈澧遂杂治宋学。朱次琦崛起，汉、宋兼采，学蕲有用。曾国藩出，合古文理学为一，兼治汉学，由是学风骤易。黔中有郑珍、莫友芝，倡六书之学，兼治校勘。至于黎庶昌，遂兼治桐城古文。闽中陈寿祺，确宗阮氏之学，其子乔枞杂治今文《诗》。至于陈捷南，则亦兼言宋学。湘中有邓显鹤，喜言文献。至于王先谦之流，虽治训故，然亦喜言古文，是皆随曾氏学派为转移者也。惟湘中有魏源，后有王闿运，均言《公羊》，故今文学派亦昌，传于西蜀、东粤。”

汉学家之弊，方东树《汉学商兑》言之详矣。要其人所自称许者，无过于征实。

《近代汉学变迁论》：“江、戴之学，兴于徽歙，所学长于比勘，博征其材，约守其例，悉以心得为凭。且观其治学之次第，莫不先立科条，使纲举目张，同条共贯，可谓无征不信者矣。即嘉定三钱，于地舆、天算各擅专长，博极群书，于一言一事必求其征；而段、王之学，溯源戴君，尤长训故，于史书诸子，转相证明，或触类而长，所到冰释；即凌、程、三胡，或条例典章，或诠释物类，亦复根据分明，条理融贯，耻于轻信而笃于深求。征实之学，盖至是而达于极端矣。”

近人尤盛称其治学之法，谓合于西洋之科学方法，实则搜集证佐，定为条例，明代学者已开其端，非清人所得专美。

《毛诗古音考序》（明陈第）曰：“列本证、旁证二条，本证者《诗》自相证也，旁证者采之他书也。二者俱无，则宛转以审其音，参错以谐其韵。”

《毛诗古音考序》（焦竑）：“李立作《古音考》一书，取《诗》之同韵者，胪列之，为本证，已取《老》、《易》、《太玄》、《骚赋》、《参同》、《急就》、古诗谣之类胪列之，为旁证。”

虽科条精密，后胜于前，然其能成为科学者，自文字、音韵外，初不多觏也。高邮王氏校订群书，最称精善，然其法大抵先取宋人所辑类书，如《太平御览》、《册府元龟》、《玉海》等书，比其异同，即据为己意，先立一说，而后引类书以证之。如《读书杂志·逸周书第二》（王念孙）：

“辟开修道。念孙案：辟开修道，文不成义。开本作关，辟关修道，皆所以来远人。故下文言远旅来至，关人易资也。俗书關字作開，開字作關，二形相似而误。《玉海》二十四、六十引此，并作辟关。”

又

“水性归下，农民归利。念孙案：此本作水性归下，民性归利。民性与水性对文，民字总承上文士农商贾而言，非专指农民而言。今本作农民者，即涉上农民归之而误。《玉海》六十引此，正作民性归利。……《世俘篇》：“凡武王俘商旧玉亿有百万。”念孙案：此文本作“凡武王俘商，得旧宝玉万四千、佩玉亿有八万”。亿有八万乃佩玉之数，非旧宝玉之数。抄本《北堂书抄·衣冠部》二引此，正作“武王俘商，得旧宝玉万四千、佩玉亿有八万”。《艺文类聚·宝部上》、《太平御览·珍宝部三》并同。……《周月篇》：“凡四时成岁，有春夏秋冬。”念孙案：岁下更有岁字，而今脱之。《太平御览·时序部二》引此，正作“岁有春夏秋冬”。

此类甚多，不可胜举。恃宋人之类书以讲汉学，谓是即超过宋人，不知在宋时其书本不误，自亦不必有校勘之学矣。汉学家所尚者考证，然其考证亦时有疏漏，观魏源讥纪昀之言可见。《古微堂集·书宋名臣言行录后》（魏源）：

乾隆中，修四库书，纪文达公以侍读学士总纂。文达故不喜宋儒，其总目多所发挥，然未有如《宋名臣言行录》之甚者也。曰：兹录于安石、惠卿皆节取，而刘安世气节凛然，徒以尝劾程子，遂不登一字。以私灭公，是用深懑，是说也，于兹录发之，于《元城语录》发之，于《尽言集》发之，又于宋如珪《名臣琬琰录》发之，于清江《三孔集》发之，于唐仲友《经世图谱》

发之，昌言抨击，讫再讫四，昭昭国门可悬，南山不易矣。虽然，吾不知文达所见何本也。兹录前集起宋初，后集起元祐，而刘公二十余事在焉……宋本今本，五百年未有改也，吾未知文达所见何本也。

未观原书，遽以己意妄下论断，是岂得为考证之法乎？盖汉学家所考证者，局部之考证，于唐以下之书率不屑读，尤鄙夷宋人，好事诋斥，此皆其所短也。汪家禧《东里生烬余集》卷二中《与陈扶雅第二书》论当时讲汉学者之谬最通：

近世雅重汉学，妄论真汉学亦不尽传。孟氏之学当时已有微论，况历久至虞氏，其中条例，断不能无增设，而必谓商瞿之传即此。阁下试思，《易》经四圣人手定，道冠诸经，必如虞氏云云，则按例推文，直如科曹检牍，比拟定详，恐经旨不如此破碎也。郑、荀同学费《易》，何以立说又不同？郑从马学，何以与马又不同？焦、京同原，而卦林灾异，何又不同？道无二致，一是必有一非。出奴入主，究何定论？《尚书》力辟古文，妄谓今时伏、郑本文，久以放失。近世复古者所本仍用伪孔，不过一二补缀，如交广人嵌螺钿盒，其本质乃漆也。即郑注无有者，仍不能不用孔义以通之，用其说而辟其书，何足令人信服？《诗》四家同本荀卿，何以诗旨殊，作诗之人殊，篇章次第又殊？阁下试思，一堂受业，纵有异同，又何致大相楚越？今世所传，未必尽经师本旨，而或出陋儒附益也。必欲一一信之，真所谓陈已弃之刍狗矣。妄谓汉儒经学以适用为贵，董子明阴阳五行，究天人之原；贾生明体达用，尽通变之术；刘更

> 生敷陈《七略》，辨官礼之条分，通立言之本旨；杨子云潜思性命，体退藏之旨，参黄老之微；许叔重诂字义，而六书之用彰；郑司农究典章，而三《礼》之要举，此六大儒之书，皆当各陈其宗旨，而不必割裂以附遗经，又不必曲说以添胶结。至于唐、宋以来，名儒接踵，各有精微，亦当一一参稽，断不可概为抹杀。如必限代读书，则太仓历下用其说于诗文者，今复用之于经学，恐千秋定论，断不能废程、朱而但遵伏、贾也。高明试思，狂言亦可择否？且今时最宜亟讲者，经济掌故之学。经济有补实用，掌故有资文献。无经济之才，则书尽空言；无掌故之才，则后将何述？高冠褒衣，临阵诵经，操术则是，而致用则非也。班史无韦贤，邺都无王粲，精专则是，而闳览则非也。开拓历古之心胸，推倒一世之豪杰，阁下有意乎，无意乎？放胆狂谈，幸勿以荒唐罪我。

世尊乾、嘉诸儒者，以其以汉儒之家法治经学也。然吾谓乾、嘉诸儒所独到者，实非经学，而为考史之学。考史之学，不独赵翼《廿二史劄记》、王鸣盛《十七史商榷》或章学诚《文史通义》之类，为有益于史学也，诸儒治经。实皆考史，或辑一代之学说，或明一师之家法，于经义亦未有大发明，特区分畛域，可以使学者知此时代此经师之学若此耳。其于三《礼》，尤属古史之制度，诸儒反复研究，或著通例，或著专例，或为总图，或为专图，或专释一事，或博考诸制，皆可谓研究古史之专书，即今文学家标举《公羊》义例，亦不过说明孔子之史法，与公羊家所讲明孔子之史法耳。其他之治古音，治六书，治舆地，治金石，皆为古史学尤不待言。惟限于三代语言、文字、制度、名物，尚未能举历代之典籍，一一如其法以治之，是则尚有待于后来者耳。

第九章　国际贸易与鸦片之祸

清初沿明例，许澳门葡人至广东市易。

《柔远记》(王之春)："顺治四年八月，佛郎机来广东互市。……广督佟养甲疏言，佛郎机国人寓居濠镜、澳门，与粤商互市，于明季已有历年，后每岁通市不绝。惟进入省会，遂饬禁止，请嗣后仍准番舶通市。自后每岁通市不绝，惟禁入省会。"

及平台湾，开海禁，设榷关，而西洋诸国商舶来者益众。

《柔远记》："康熙二十二年夏六月，开海禁。……时沿海居民虽复业，尚禁商舶出洋互市，施琅等屡以为言。又荷兰以曾助剿郑氏，首请通市，许之。而大西洋诸国因荷兰得请，于是凡明以前未通中国、勤贸易而操海舶为生涯者，皆争趋。疆臣因请开海禁，设粤海、闽海、浙海、江海榷关四，于广州之澳门、福建之漳州、浙江之宁波府、江南之云台山，署吏以莅之。"

康、雍间，英人屡来互市。

《柔远记》："康熙三十七年，置定海榷关，英吉利来互市。""浙海关在宁波，商船出入海港，往返百四十里，中多礁石，每回帆径去。英吉利货船时往来澳门、厦门，复北泊舟山。宁波海关监督屡请移关定海县，部议未许。至是监督张圣诏，以定海港澳阔深，水势平缓，堪容番舶，亦通各省贸易，请捐建衙署，移关以便商船。诏可。乃于定海城外，道头街西，建红毛馆一区，以安置夹板船水梢人等。此英吉利商船来定海之始。然时虽通市，亦不能每岁来华也。""雍正七年，英吉利复来通市……英吉利自康熙间通市后，亦不常来，至是始互市不绝。"

然未尝立约通商，其立约通商者惟俄罗斯。中、俄之立条约，始于康熙二十八年尼布楚之约。

《俄罗斯互市始末》（何秋涛）："俄罗斯国于顺治十二年，始遣使入贡。康熙十五年，贸易商人尼果赖等至，圣祖召见之，赐察罕汗书，谕边界事。时其国所属罗刹滋扰黑龙江境，出没于尼布楚、雅克萨诸地，屡经大兵剿抚，而盘踞如故。康熙二十一年，大臣马喇奏言，雅克萨城恃田禾为食，尼布楚与车臣汗部所属巴尔呼接壤，时以牲畜易貂皮，宜刈田禾，绝互市，以困之。乃诏车臣汗诺尔部，饬所属与绝市。迨二十七年，命以屡谕情由，作书付荷兰及西洋国转达俄罗斯察罕处。察罕汗寻上疏，乞撤雅克萨城之围。于二十八年，经内大臣索额图等赴尼布楚议定疆界，立约曰：和好既定以后，一切行旅，有准令往来文票者，许其贸易不禁。……三十二年定例，俄罗斯国准其隔三年来京贸易一次，不得过二百人，在路自备马驼盘费。一应货物，不令纳税；犯禁之物，不准交易。到京时，安置俄罗斯馆，不支廪给，限八十日起程还国，此在京互市著令之始也。”

《约章大全·俄罗斯部》：“黑龙江俄约六款，系康熙二十八年领侍卫内大臣索额图等与俄国使臣费岳多额里克谢在尼布楚议定，是为我国入本朝以来因界务而与他国立约之始。其时国势正盛，所定界线，尚以大兴安岭为限，厥后渐移而南，以黑龙江为限矣。”

至雍正五年，有恰克图之约。

《约章大全》：“恰克图界约凡十一款，立于雍正五年。”

《俄罗斯互市始末》：“恰克图名初不著，以互市故始大显。”“先是俄罗斯人只准隔三年来京一次，而喀尔喀土谢图汗部与俄罗斯接壤，其边界之民互相贸易。向惟士谢图汗自为经理，初未设官弹压，亦未著于功令也。康熙五十九年，理藩院议准哲布尊丹巴呼图克图库伦地方，俄罗斯与喀尔喀互相贸易，民人丛集，难以稽察，嗣后内地民人有往喀尔喀图、库伦贸易者，令该管官出具印文，将货物人数开明报院，给与执照。出何边口，令守口官弁验明院照放行。如带军器禁物，立即查拿送院，交该部从重治罪。由院委监视官一人，前往会合喀尔喀土谢图汗等弹压稽查，二年一次更代，是为库伦准互市之始。……雍正五年八月，遣郡王策凌、内大

> 臣伯四格、侍郎图理琛等，与俄罗斯使臣萨瓦，议定楚库河等处边界，安设卡伦，以恰克图为常互市所，人数不得过二百。设监视官一员，由理藩院司官内拣选，二年一代，是为恰克图准互市驻部员之始。诏，非市期毋许俄罗斯逾楚库河界。”

中数因事停止贸易。

> 《俄罗斯互市始末》：“乾隆二十九年，停止恰克图互市。”“三十三年，准市易如初。”“四十四年，再停恰克图互市。”“五十六年冬奉旨著理藩院檄行俄罗斯，准其所请，开关市易。”

乾隆五十五年，复立恰克图市约五条。观其约文，可以见清室是时之国威焉。

> 《约章大全》：“恰克图市约，凡五款，立于乾隆五十七年。（一）恰克图互市，于中国初无利益，因你萨那特衙门吁请，是以开市。（一）中国与你国货物，原系两边商人自相定价。你国商人，应由你国严加管束，彼此货物交易后，各令不爽约期，即时归结，勿令负欠，致起争端。（一）今你国守边官，皆恭顺知礼，我游牧官群相称好。你从前守边官皆能视此，又何致两次失和？嗣后你守边官，当慎选贤能，与我游牧官逊顺相接。（一）恰克图以西十数卡伦，你之布里雅特、哈里雅特不法，故致有乌呼勒咱之事。今你国宜严加禁束，杜其盗窃。（一）此次通市，一切仍照旧章，已颁

行你萨那特衙门矣。两边民人交涉事件，如盗贼、人命，各就查验缉获罪犯，会同边界员审讯。明确后，本处属下人由本处治罪，你处属下人由你处治罪，各行文知照示众。其盗窃之物，或一倍，或几倍罚赔，一切皆照旧例办理。”

清初与俄国交涉，恒用西洋教士，以其通两国之文字也。

《正教奉褒》（黄伯禄）：“康熙二十五年，上遣闵明我执兵部文，泛海，由欧罗巴洲往俄罗斯京，会商交涉事宜。”“二十八年，徐日昇、张诚奉命随同内大臣索额图等往塞外，与俄国会议两国边疆。”“二十八年，徐日昇、张诚奉命随内大臣索额图等往尼布楚会晤俄国使臣，勘议两国疆界。议定约章七条，书满、汉、拉提诺、蒙古、俄罗斯五体文字。两国使臣相会，日昇将约章当场宣读。毕，两国使臣俱画押盖印，各执一份。”“三十三年，闵明我回华复命，奏陈遵旨会商各情。”

其后虽因俄事，命翰林等习外国文字，然亦未闻精于俄文者。

《柔远记》：“康熙四十四年，大学士等以俄罗斯贸易来使赍至原文，翻译进呈。上阅之曰：此乃拉提诺（拉丁）、托多乌祖克（蒙古）、俄罗斯三种文也，此后翰林院宜学习外国文字。”

而俄国与中国通商，乃特遣子弟来学满、汉语言文字。

> 《俄罗斯盟聘记》(魏源):“俄罗斯国在大西洋,崇天主教,其南境近哈萨克者,崇回教,其东境近蒙古者,崇佛教。故尝遣人至中国,学喇嘛经典,以绥东方之众。并遣子弟入国子监,习满、汉语言文字,居于旧会同馆,十年更代为例。”

且以其书籍与中国交换佛经。

> 《俄罗斯盟聘记》:“道光二十五年,汗上表言:《丹珠尔经》,佛教所重,而本国无之,奏求颁赐。上命发雍和宫藏奉八百余册赐之。越数月,其汗因肄业换班学生进京,乃尽缮其国所有书籍来献,凡三百五十七号,有书有图,通体皆俄罗斯字。当事奏请存于理藩院,以俟翻译焉。”

盖其时清之国势强于俄,故文字随之而有轻重也。又其时海上航行未若后来之利便,俄之所需茶叶、大黄,皆借陆地输出,闭关停市,亦足以控制之。

> 《檐曝杂记》(赵翼):“中国随地产茶,无足异也。而西北游牧诸部,则恃以为命,其所食膻酪甚肥腻,非此无以清荣卫也。自前明已设茶马御史,以茶易马,外番多款塞,我朝尤以是为抚驭之资。喀尔喀及蒙古回部,无不仰给焉。大西洋距中国十万里,其番舶来,所需中国之物,亦惟茶是急,满船载归,则其用且极于西海以外矣。俄罗斯则又以中国之大黄为上药,病者非此不治,旧尝通贡使,许其市易。其入口处曰恰克图,后

有数事渝约，上命绝其互市，禁大黄勿出口，俄罗斯遂惧而不敢生事。”

道、咸以降，轮舶大通，其形势始变焉。

雍正中，西南洋诸国多来互市，

《柔远记》：“雍正七年，西南洋诸国来互市。先是康熙中虽设海关与大西洋互市，尚严南洋诸国商贩之禁。自安南外，并禁止内地人民往贩。比因粤、闽、浙各疆臣以弛禁奏请，是年遂大开洋禁，凡南洋之广南港口、柬埔寨，及西南之㛃仔、六坤、大呢、吉兰丹、丁噶奴、单咀、彭亨诸国，咸来互市。”

瑞典亦以此时始通中国。

《柔远记》：“雍正十年，瑞丁来互市。”（瑞丁国即瑞典，粤中呼为蓝旗国。）

乾隆中，苏禄欲以土地编入版图。

《柔远记》：“乾隆十九年，苏禄入贡，禁商民充外洋正副贡使。”“时苏禄国苏老丹嘛喊味安柔律噒，遣使附闽人杨大成船入贡，福建巡抚陈宏谋以闻。部议该国王遣使嘮独万喳喇等，赍捧表文方物来闽，应如所请，给夫马勘合，委员伴送来京。所带土产货物，听照例贸易，免征关税。惟该国以杨大成列为副使，杨大成即武举杨廷魁，缘事被斥，复借出洋贸易，冒充该国副使，若不严加惩儆，恐内地民人习以为常，出洋滋事，应请照例发黑龙江充当苦差。并行文该督抚知照该国王，嗣后凡内地在洋贸易之人，不得令承充正副使。至该国王愿以地上丁户编入天朝图籍，伏思我朝统御中外，荒夷向化。该国土地人民久在薄海臣服之内，该国王恳请来年专使赍送图籍之处，应毋庸议，从之。”

美利坚亦来市茶。

《柔远记》：“乾隆四十九年，米利坚来购茶。”“米利坚，粤东俗称花旗，北亚墨利加洲大国也。”“华盛顿甫立新国，即于是年遣船至中国购茶，是为米利坚来粤互市之始。”

清之国势之隆，正如日之方中，故于英使马加尼之来，痛挫折之，英人亦无如之何。

《石渠余记》（王庆云）：“乾隆五十七年冬十月，广东巡抚郭世勋奏称：英吉利国夷人至粤，译言国王以前年大皇帝八旬万寿，遣使臣马戛尔尼（George，Earl of Macartney）航海至京修贡，约明年二、三月可抵天津。……次年五月十二日，贡船始过澳门，二十七日泊定海，六月十三日过登州庙岛。船中夷官五十余人，从人水手八百余名，各疆吏次第以闻。时车驾驻热河，命盐政瑞徵护送以来……督臣梁肯堂宣旨，贡使但免冠竦立，瑞徵为言连日学习跪叩，乃使钦天监副索德超、贺清泰等至热河带领，以皆西洋人，便肄习也。八月，贡使至山庄。上谕：使臣礼节多未谙悉，朕心深为不惬。前此沿途款接过优，以致妄自骄矜，将来应由内河水路，前抵江南。由长江渡梅岭，再由水路至广东，供顿不可过丰。经过营汛墩台，务须完整严肃，以昭威重。寻军机大臣以训戒夷使，颇知悔惧闻。时外藩成集山庄庆贺，上连日御万树园大幄次及澹泊敬诚殿，马戛尔尼偕副使斯当东（George Staunton）等，卒随缅甸诸陪臣舞蹈跪叩，宴赉成礼而退。于是许令由宁波乘船回国。……及译出表文，则有派人留京照料买卖学习教化之请，有宁波、天津收泊交易之请，有照俄罗斯在京设立货行之请，有给珠山相近小海岛居住之请，有给广东省小地方一处之请，有澳门居住夷人出入自便之请，有广东下澳门由内河且减税之请，又使臣谩言请准夷人传教。上震怒，既责夷使以所请皆不可行，又于答给国王敕书之外，别为敕谕一道，前后二千六百余言，反复开谕。……乃定以九月三日，令侍郎松筠押带，由定海上船回国。马戛尔尼请改由内地至粤，松筠许之。"

然后来割地租地，传教通商，以及最惠条例，利益均沾之事，均萌芽于是时矣。

嘉庆中，禁英人传教，

《柔远记》："嘉庆十二年冬十一月，禁英人传教。先是乾隆间，英人斯当东随贡使至京，后贡使归，斯当东留住澳门，诱惑愚民甚众。至是降旨，闻有英吉利夷人斯当东，留住澳门已二十年，通晓汉语，夷人来粤者，大率听其教诱，日久恐至滋生事端，著蒋修銛等查明妥办。”

又却其贡使，

《柔远记》：“嘉庆二十一年六月，英吉利贡使罗尔美都（Lord Amherst）、副贡使马礼逊（Robert Morison）乘贡舟五，达天津。上命户部尚书和世泰、工部尚书苏楞额往天津，率长芦盐政广惠，料理贡使来京。一昼夜间，驰至圆明园。诘朝，上升殿受朝会，时正使已病，副使言衣车未至，无朝服，何以成礼？和世泰惧获谴，遂饰奏贡两使皆病。上怒，却其贡不纳，遣广惠伴押使臣回粤。”

而其测我内情益熟。至道光中，遂有鸦片之战。

鸦片产于印度，唐代译籍已载吸烟之事。

《癸巳类稿》（俞正燮）：“鸦片烟事述唐译《毗耶那杂事律》云：在王城婴病，吸药烟瘳损，苾刍白佛，有病者听吸烟。佛言，以两碗相合，底上穿孔，中著火置药，以铁管长十二指，置孔吸之。用了，用小袋盛挂杙笐竿上；复用时，置火中，烧以取净。不应用竹，不应水洗。此则西域古有之。”

明代南洋诸国多以之入贡。

《癸巳类稿》：“明四译馆同文堂外国来文八册，有译出暹罗国来文云：那侃备办金叶表文，差握坤大通事众头目，到广东布政使司，给文赴北京叩头皇帝。”“那侃进皇帝苏木二千斤、树香二千斤、马前二百斤、鸦片二百斤。进皇后苏木一千斤、树香一千斤、马前三百斤、鸦片一百斤。《大明会典》九十七、九十八：‘各国贡物：暹罗、爪哇、榜葛剌三国，俱有乌香，即鸦片。’翻文与会同馆册合，知三国明时已有鸦片，且入贡品，盖药物也。”

其价与黄金等。

《癸巳类稿》：“明徐伯龄《蟫精隽）云：成化癸卯，令中贵收买鸦片，其价与黄金等。其国自名合浦融。是成化时，市廛已有货卖者。”

而其以商品输入，则自澳门之葡人始。

《清朝全史》(稻叶君山)：“外国鸦片初入中国，由通商之葡人始。雍正七年，上谕发布之输入数，一年大约不出二百箱。此输入至乾隆三十八年，专在葡人手中。”“盖十八世纪时，外国输入鸦片，仅为医药用品，已经许可。明万历十七年，对于鸦片、没药、乳香、阿魏等商品之输入，课取关税。万历四十三年，及康熙二十七年、雍正十一年，制定税则，鸦片亦照样处置。乾隆十八年，广东税关之记录中，鸦片一担，取三两。自雍正七年起，外国鸦片输入，不受中国政府之关涉。至乾隆三十八年止，每年约加增二十箱。”

清乾隆中，英之印度公司专卖鸦片，输入日增，始为祸于中国。

> 《柔远记》："鸦片烟，一曰波毕（Poppy），一曰芙蓉，一曰阿片，本罂粟壳所造，产印度之孟加拉及麻打拉萨、孟买诸处，有公班白皮、红皮、大小土之分。明中叶始入中国，康熙初，以药材入口，每担税银三两，又每包加税二两四分五厘，时尚无吸食者。其入内地，附西洋诸商船，岁不过二百箱。自英吉利在孟加拉购片土，立市埔，至乾隆二十年，因构衅剪灭孟加拉，乘胜蚕食五印度诸部。其中东南三部，则全为所役属。地产棉花，又产鸦片，英人倍征其税，遂专擅印度鸦片之利。其运载亦附英人船旗，船名格拉巴，约载三百箧。每箱载两满，每满各重六十七棒，其价自一千三百至千五百鲁卑不等，以分售各处。乾隆季年，闽、粤吸食渐多，粤督奏禁入口，然官吏奉行有名无实。"
>
> 《清朝全史》："乾隆三十八年，英国东印度会社，获取由孟加拉、彼哇及俄利萨产出鸦片之专卖权。而英国商人最初输入鸦片即在乾隆三十八年，由加尔格达（Calcutta）送于广东。乾隆五十四年，由印度输出，渐次增加至四千零五十四箱。由是中国国内到处皆有鸦片，惟广东为最，因外国鸦片皆由此地进入，供给他处。"

其后英虽废公司专卖之权，而其国家仍许商人运售鸦片。输入之数，更甚于前。

> 《柔远记》："道光十三年，英商公司罢。""十四年，

英国遣领事律劳卑（Load Napier）来粤。”“十六年，继遣义律（Captain Charles Elliot）来粤，设审判衙门，专理各洋商交涉讼事，其贸易仍听散商自理。”“道光十八年，鸿胪寺卿黄爵滋奏：自鸦片流入中国，道光三年以前，每岁漏银数百万两。其初不过纨袴子弟，习为浮靡。嗣后上自官府搢绅，下至工商优隶，以及妇女僧尼道士，随在吸食。粤省奸商，勾通兵弁，用扒龙、快蟹等船，运银出洋，运烟入口，故自道光三年至十一年，岁漏银一千七百万两；十一年至十四年，岁漏银二千余万两；十四年至今，渐漏至三千万两之多。福建、浙江、山东、天津各海口，合之亦数千万两。以中土有用之财，填海外无穷之壑，为此害人之物，渐成病国之忧，日复一日，不知伊于胡底。查鸦片烟制自英吉利，严禁本国人勿食，专以诱他国之人，使其软弱，既以此取葛留巴，又欲诱安南，为安南严禁始绝。今则蔓延中国，槁人形骸，蛊人心志，丧人身家，实生民未有之大患，其祸烈于洪水猛兽。”

是实国际史上最大之污点也。

粤之通商，以洋行为之介，输出输入，悉由洋行，所谓官商也。

《南越笔记》（李调元）：“广州城南设有十三行。”“按十三行，今实止八行：为丰进、泰和、同文、而益、逢源、源泉、广顺、裕元云。”

《清朝全史》：“自十七世纪末年以前，在中国通商之外人，皆集中于广东。”“当时有所谓官商者，其性质实指定一人为经手人，外国人等购买茶绢，皆出于其手。又其时外货销入内地者，由彼购买物少数，以限制之。”“康熙五十九年，广东商人等组织一种机关，名曰公行。其目的，专为划定价格而设，即贩卖于欧人之货物，彼等定以正当之价格，不论卖者为何人，总之对于货物应得若干之纯利益。”“乾隆三十六年，公行解散。四十七年，又设立公行，对于外国通商，为唯一之经理者，又对于政府命令，保证其适当之服从，成为政府与外商之传递机关，又可作为介绍者。”“此后六十年间，公行所有特权及组织，毫无改变。”

而官吏因缘为奸，所损于外商者至巨。

《柔远记》：“嘉庆十五年，英商请减行用银，不许。行用者，每价银一两，奏抽三分，以给洋行商人之辛工也。继而军需出其中，贡项出其中，各商摊还洋行货亦出其中，遂分内用、外用名目。此外尚有官吏之需求，与间游之款接，亦皆出于入口、出口长落之货价，以故洋利渐薄。是年大班喇咈等诉于广东巡抚韩崶，略曰：始时洋商行用少，与夷无大损益，今行用日夥，致坏远人贸迁。如棉花一项，每石价银八两，行用二钱四分，连税银约四钱耳。兹棉花进口，三倍于前，行用亦多至三倍，每石约银二两，即二十倍矣。他货物称是。洋货其何以堪，伏恳酌量裁减。韩崶与总督及属僚核议，佥谓洋人无利可获，或可杜其偕来，遂不许。”

又倚国势之甚，时时凌辱之。

《道光二十年澳门新闻纸》："三十三年以来，我等所受之凌辱欺负，真系难以比较。中国人不独不准我等与中国官府相交，乃除洋商之外，亦不准我等与中国之人民有一些往来。即各洋商，因系与我等贸易往来，所以亦被中国人之轻忽鄙贱。即在中国人之示谕上，亦以红毛夷人、番鬼等名号，轻贱我等。"

鸦片之利，既可偿行用之损失，而内地之人，复与外商勾结，视为利薮。

《中西纪事》（江上蹇叟）："道光元年，申烟禁。二年，廷寄交广督阮元密查，奏请暂事羁縻，徐图禁绝。而其时鸦片趸船泊急水门、金星门等处，勾结内地奸民，往来传送，包买则有窑口，说合则有行商，私受土规，则有关汛为之奥援，包揽运载，则有快蟹艇资其护送，于是趸船之来，每岁骤增至数万箱。"

《致姚亮甫中丞书》（包世臣）："烟禁真行，则粤、闽之富人失业，而洋商尤不便此，势必怂恿英夷出头恫喝。又闻粤中水师皆食土规，一日有事，情必外向。内地既有谋主，沿海复多胁从，英夷亦难保其不生歹心。"

官吏欲禁而有所不能。又其时内治之窳敝，已多为外人所窥破。

《道光二十一年澳门新闻纸》："当林亲身看守销毁鸦片之时，亦有人将其鸦片成箱偷出，每箱卖银七百至一千元不等。林掌如此大权，尚有人胆敢违犯皇帝谕旨，若林一去以后，鸦片必定复兴。""中国人若可以依靠，北京皇宫内亦不致有鸦片之污秽。”“中国之兵，说有七十万之众，若有事之时，未必有一千合用，余皆系聚集下等之辈。其炮台却似花园之围墙，周围有窗，在海岸远望，亦是破坏。炮架亦不能转动，却似蜂巢。其师船之样，若得一只我等或咪唎嘡之兵船，在一点钟之久，即可赶散各师船。中国敌外国人，不过以纸上言语，真可谓之纸王谕国。”

虽以林则徐之公诚，焚毁烟土，罢英互市，卒不能申其志。

《柔远志》：“道光十九年春正月，钦差大臣林则徐至广东，查禁鸦片烟。夏四月，毁鸦片烟土。十一月罢英吉利互市。”“二十二年八月，英义律来天津要抚，以琦善为钦差大臣赴粤，罢两广总督林则徐。”

卒劫于英之武力，割香港，赔烟款，立五口通商之约焉。

《柔远记》：“道光二十一年春正月，琦善以香港许英。二月，英人寇虎门。四月，犯广州城。七月，陷厦门。八月，陷定海、镇海，进据宁波府。二十二年二月，攻慈溪。四月，犯乍浦。五月，陷宝山、上海，犯松江府。六月，陷镇江。七月，犯江宁。耆英、伊里布、牛鉴与英人成和。”

《约章大全》：“《中英江宁条约》十三款：（一）嗣后大清大皇帝、大英国君主，永存和平。所属华英人民，彼此友睦，各住他国者，必受该国保佑，身家安全。（一）自今以后，大皇帝恩准英国人民，带同所属家眷，寄居沿海之广州、福州、厦门、宁波、上海等五处港口，贸易通商无碍。英国君主派设领事、管事等官，住该五处城邑，专理商贾事宜，与各该地方官公文往来。令英人按照下条开叙之例，清楚交纳货税钞饷等费。（一）因英国商船远路涉洋，往往有损坏须修补者，自应给予沿海一处，以便修船及存守所用物料。今大皇帝准将香港一岛，给予英国君主，暨嗣后世袭主位者，常远主掌，任便立法治理。（一）因钦差大臣等，于道光十九年二月间，将英国领事官及民人等强留粤省，吓以死罪，索出鸦片以为赎命。今大皇帝准以洋银六百万元，补偿原价。（一）凡英国商民在粤贸易，向例全归额设行商，亦称公行者承办。今大皇帝准其嗣后不必仍照向例，凡有英商等赴各该口贸易者，勿论与何商交易，均听其便。且向例额设行商等，内有累欠英商甚多，无措清还者。今酌定洋银三百万元，作为商欠之数，由中国官为偿还。（一）钦差大臣等向英国官民人等不公强办，致须拨发军士，讨求伸理，今酌定水陆军费洋银一千二百万元，大皇帝准为偿补。惟自道光二十一年六月十五日以后，英国在各城收过银两之数，按数扣除。（一）以上酌定银数，共二千一百万元。此时交银六百万元；癸卯年六月间，交银三百万元，十二月间，交银三百万元，共银六百万元；甲辰年六月间，交银二百五十万元，十二月间，交银二百五十万元，共银五百万元；乙巳年六月间，交银二百万元，十二月间，交银二百万元，共银四百万元。自壬寅年起，至乙巳年止，四年共交银二千一百万元。倘按期未能交足，则酌定每年每百元应加息五元。（一）凡系英国人，无论本国属国军民等，今在中国所管辖各地方被禁者，大皇帝准即释放。（一）凡系中国人，前往英人所据之邑居住者，或与英人有来往者，或有跟随及伺候英国官人者，均由大皇帝俯降谕旨，誊录天下，恩准免罪。凡系中国人为英国事被拿监禁者，亦加恩释放。（一）前第二条内言明开关，俾英国商民居住通商之广州等五处，应纳进口出口货税饷费，均宜秉公议定则例，由部颁发晓示，以便英商按例交纳。今又议定，英国货物自在某港按例纳税后，即准由中国商人遍运天下。而路所经过税关，不得加重税例，只可照估价则例若干，每两加税不过某分。（一）议定英国住中国之总管大员，与中国大臣无论京内京外者，有文书来往，用照会字样，英国属员，用申陈字样，大臣批复，用札行字样。两国属员往来，必当平行照会。若两国商贾上达官宪，不在议内，仍用奏明字样。（一）俟奉大皇帝允准和约各条施行，并以此时准交之六百万元交清，英国水陆军士当即退出江宁、京口等处江面，并不再行拦阻中国各省商贾贸易，至镇海之招宝山亦将退让，惟有定海县之舟山海岛、厦门厅之鼓浪屿小岛，仍归英兵暂为驻守，迨及所议洋银全数交清，而前议各海口均已开关，俾英人通商后，即将驻守二处军士退出，不复占据。（一）以上各条，均关议和要约，应俟大臣等分别奏明大清大皇帝、大英君主，各用朱、亲笔批准后，即速行相交，俾两国分执一册，以昭信守。”

第十章　内治之腐败及白莲发捻之乱

自乾隆中叶，至道、咸间，清代内治之腐败，达于极度。虽无外患，亦不足以自保。盖高宗习于汰侈，务为夸大，金川、缅甸、安南诸役，俱以苟且蒇事。而朝野莫敢直言，相尚以欺诈蒙蔽，积之既久，如痈决疣溃，所在皆患。而继起者，复皆庸碌无能之辈，浸淫酝酿，愈引愈巨，清之祚几斩焉。借非汉族出死力以维之，清之亡久矣。然当时政治之腐败，不尽由于满人，大小官吏，贪墨狼藉，十九皆汉人也。要亦以劫于满人之威势，其明知其不可，而不得不为之者，观当时诸人之言论可见。

> 《圣武记》（魏源）："国朝军需，固皆发帑，无加赋，而州县吏私派之弊，实不能免，边省尤甚。乾隆征缅之役，调满洲索伦兵各五千，朝廷轸念民艰，每站夫马倍给雇价，然多供有司侵润，未必宽差徭以实惠也。其见于赵氏翼《檐曝杂记》者曰：镇安府应兵夫马，皆民间按田均派。每粮银一两，科至六两余，因藩库不先发，令有司垫办，有司亦令民垫办。俟差事毕，始给，及差毕而给否莫敢过问矣。至黔苗应徭役，一家出夫，则数家助之，故夫役尤多云云。此皆令典所无，甚有军需告竣，而已加之赋，吏不肯减，遂沿为成例者。"

此仅指边地言也，实则其时州县侵蚀贪冒，所在皆是。洪亮吉《征邪教疏》言之：

今日州县之恶，百倍于十年二十年以前。上敢隳天子之法，下敢竭百姓之资。以臣所闻，湖北之宜昌，四川之达州，虽稍有邪教，然民皆保身家，恋妻子，不敢犯法也。州县官既不能消弭化导于前，及事有萌蘖，即借邪教之名，把持之，诛求之，不逼至于为贼不止。臣请凡邪教所起之地，必究其激变与否，与起衅之由，而分别惩治之。或以为事当从缓，然此辈实不可一日姑容。明示创惩，既可舒万姓之冤，亦可塞邪民之口。盖今日州县，其罪有三：凡朝廷捐赈抚恤之项，中饱于有司，皆声言填补亏空，是上恩不逮下，一也；无事则蚀粮冒饷，有事则避罪就功，府县以蒙其道府，道府以蒙其督抚，甚至督抚即以蒙皇上，是使下情不上达，二也；有功则长随幕友皆得冒之，失事则掩取迁流颠踣于道之良民以塞责，然此实不止州县，封疆之大吏、统率之将弁，皆公然行之，安怪州县之效尤乎？三也。”

章学诚《上执政论时务书》言之：

近年以来，内患莫甚于蒙蔽，外患莫大于教匪，事虽二致，理实相因。……贼扬言官逼民反，九重既知之矣。夫由官逼民反观之，则吏治一日不清，逆贼一日得借口以惑众也。以良民胁从推之，则吏治之坏，恐亦有类于胁从者也。盖事有必至，理有固然。天下之患，莫患于知其不可，而群趋于不得不然之势，今之州县是也。……夫贼之反，以官逼为辞，而吏治之坏，又有不得不然之说。则吏治与寇患，相为呼吸，必当切究其故而急去之，斯非一切庶事可以从容待次第者比也。州县仓库空虚，缓急俱不可恃，此根本之说也。州县典守皆不可信，一切留存预备之项，多提贮于司库，此救弊而不揣其本者也。此犹未见寇患相与呼吸，其最与寇患相呼吸者，情知亏空为患，而上下相与讲求弥补，谓之设法。天下未有盈千百万已亏之项，只此有无出纳之数，而可为弥补之法者也。设法者，巧取于民之别名耳。……盖既讲设法，上下不能不讲通融。州县有千金之通融，则胥役得乘而牟万金之利；督抚有万金之通融，州县得乘而牟十万之利。……韦布书生，初膺民社，趋谒大吏，首请指挥，即令肩承前官累万盈千亏项，责以分卯限年，设法弥补。强者欲矫名节而无从，弱者欲退初服而无路。惟有俯就羁勒，驰驱于习俗之中，久且心与之化，而不肖者之因以为利，又无论矣。……侧闻所设之法，有通扣养廉，而不问有无亏项者矣。有因一州县所亏之大，而分累数州县者矣。有人地本属相宜，特因不善设法，上司委员代署，而勒本员闲坐县城，或令代摄佐贰者矣。有贪劣有据，勒令缴出赃金，而掩复其事者矣。有声名向属狼藉，幸未破案，而丁故回籍，或升调别省，勒令罚金若干，免其查究者矣。有膴腴之缺，不问人地宜否，但能担任弥补，许买升调者矣。……种种意料难测，笔墨难罄之弊，皆由设法而生。

而洪以直言被罪，章言之亦不见听。

《清先正事略》(李元度):“洪稚存先生初第时,大臣掌翰林院者,网罗人才,以倾动声誉。先生知其无成,欲早自异,遂于御试《征邪教疏》内,力陈中外弊政,发其所忌。又先生上书成亲王暨当事大僚言事,成亲王以闻,即日落职,交刑部治罪。奏上,免死,戍伊犁。”

盖清自和坤用事以来,上下相蒙,公私交困,非一日也。

《上执政言事务书》:“自乾隆四十五年以来,讫于嘉庆三年而往,和坤用事几二十年,上下相蒙,惟事婪赃渎货。始则蚕食,渐至鲸吞。初以千百计者,俄而非万不交注矣,俄而万且以数计矣,俄以数十万计、百万计矣。一时不能猝办,由藩库代支,州县徐括民财归款。贪墨大吏,胸臆习为宽侈,视万金呈纳,不过同于壶箪馈问。属吏迎合,非倍往日之搜罗剔括,不能博其一欢。官场如此,日甚一日,则今之盈千百万所以干而竭者,其流溢所注,必有在矣。道府州县向以狼藉著者,询于旧治可知。而奸胥巨魁,如东南户漕、西北兵驿,盈千累万,助虐肥家,亦必可知。督抚两司,向以贪墨闻者,询于廷臣可知。圣主神明洞鉴,亦必有知其概者,此辈蠹国殃民,今之寇患,皆其所酿;今之亏空,皆其所开。其罪浮于川陕教匪,骈诛未足蔽辜。”

由嘉庆至道光,迭经内外祸乱,而其弊依然不改,且加甚焉。刘蓉致某官书曾痛言之:

“今天下之吏亦众矣，未闻有以安民为事者，而赋敛之横，刑罚之滥，朘民膏而殃民命者，天下皆是……国家牧民之吏，其始取之也，以记诵词章，而不必有德行道艺之实；其职之也，以科条律令，而不必有慈祥仁爱之施；其课之也，以钱谷刑名，而不必有抚字教化之效，是固已失出治安民之本矣。况夫科目之外，又杂以捐纳之途，是驱之使责偿于民，而肆其贪婪之志也。法律之外，又加以条例之烦，是借之使挟以为奸，而制其死生之命也。考成之外，又责以苞苴之私，是教之使敛怨于下，而快其溪壑之欲也。是以才者既尽其所欲为，而不顾斯民之疾苦，不才者又茫然不省，一听猾胥之所欲为，而因以便其私计。……又有甚者，府史胥徒之属，不名一艺，而坐食于州县之间者，以千计。而各家之中，不耕织而享鲜美者，不下万焉。乡里小民，偶有睚眦之故，相与把持愚弄，不破其家不止。……今之大吏，以苞苴之多寡，为课绩之重轻，而黜陟之典乱。今之小吏，以货贿之盈虚，决讼事之曲直，而刑赏之权乖。……州县之中，稍有洁己自好者，不惟白首下僚，无望夫官阶之转，而参劾且随之。而贪污者流，既以肥身家、乐妻子，而升擢之荣，岁且数至。彼此相形，利害悬绝，彼廉吏者，名既无成，利亦弗就。而独舍天下之所甚利，犯当世之所甚忌，此岂其情也哉！宜乎竞通私贿，煽起贪风，虽或负初心，亏素守，然犹每顾而不悔者也。……民之黠者，既巧为规避，而非法律所得制；富者，又得以献纳鬻免，虽罹禁网而不刑。是以法之所及，止于愚鲁贫民；而豪猾者流，日寝馈于法禁之中，而常逍遥于文网之外。于是法律之施，不惟不足以整齐夫风俗，又且驱天下之风俗而益败坏之。……今天下僻远之邑，绿林深密之地，盗贼群聚而据焉。大者以千计，小者亦以百计，造栅置寨，屠狗椎牛，昼则群饮于市肆，赌博叫嚣，夜则劫掠于乡村，纵横骚扰。而乡里莫之敢发，州县莫之敢问，隶卒莫之敢撄者，诚畏其势而无可如何也。夫国家治盗之法亦严矣，然而令行而禁不止，此其弊有二：一则纵贼以为利，一则讳盗以为功。今穿窬小贼，每流乡里，惟强有力者，乃能自捕而解之县。县得民之资，而后系之，旋纳盗之贿，而又出之。是故盗以囹圄为逆旅，而吏视盗贼犹客商，此所谓纵贼以为利之弊也。至其大者，则又修好于乡里之民，以固其巢穴；缔交于豪强之吏，以广其羽翼。而势焰既张，有司者熟视而莫敢发，苟发而不能捕，捕而不能获，则参罚且随其后。今一讳之，苟不至于劫财害命，则固可以幸旦夕之安，而不病于考成之法，此所谓讳盗以为功者也。……往岁洋烟之禁初下，诏旨严切。有犯者，大则诛辟，小则流配，不三数日，而决遣已定。盖国家立法之严，大吏奉法之亟，未有捷于此者。然当时吏旨胥役之徒，边远偏僻之邑，肆然犯禁，莫敢过而问焉。不数日而法禁渐弛，纠察渐惰，则城市都会间，盖已有之。半年之后，上下相忘，而价值日廉于旧，若不知此之为禁者。则夫国家政令之不行，与其他良法美意之不克施于下，亦可见矣。……今时弊之积于下者，不必尽闻于上。其闻于上者，又必再四详慎，不甚关于忌讳，然后敢入告焉。公卿大臣，又必再三审处，不甚戾于成法，然后勉而行焉。则夫弊所及除之端，盖无几耳。而禁令之不行，抑又如此，则是天下之弊，终无厘革之日也。”

故白莲教、太平军、捻军之迭起为果，而官吏贪墨舞弊实为之因，此清室中叶以降之真相也。

白莲教者，《清朝全史》（稻叶君山）中谓：

“白莲教非始于清朝，元有乐城韩山童者，以其祖父所创之白莲教，煽惑人民，焚香诱众，倡言弥勒佛降生，白莲教之名自此始。……明天启五年，白莲会又蔓延于山东、直隶、河南、山西、陕西、四川等省。……清之白莲教教义，以祷告及念咒可以治病号召党徒，与前明不异。……白莲教之是否邪教，殊未易言。中国民间信仰颇杂，必非出于儒、释、道三教之一途，指人民之信仰即以为邪教，未得为当。究其真意，谓此种信仰稍带有政治意味，未始不可。然事多出于变动之结果，不能归罪于人民信仰，而在上者反卸其责而不问也。”

肇端起于乾隆四十年，至嘉庆九年而事平，

《圣武记》：“乾隆四十年，安徽刘松以河南鹿邑邪教事发，被捕，遣戍甘肃。复分遣其党刘之协、宋之清授教传徒，遍川、陕、湖北。日久，党益众，遂谋不靖，倡言劫运将至，以同教鹿邑王氏子曰发生者，诡明裔朱姓，以煽动流俗。乾隆五十八年，事觉，复捕获，各伏辜。嘉庆元年，湖北、四川教匪起，蔓延河南、陕西、甘肃，乘新政之宵旰，与五省环攻之兵力，且抚且剿，犹七载而后定。靖余孽者又二载，先后糜饷逾万万金。”

后又举事于清宫。

《清朝全史》：“嘉庆十八年，有极大胆之阴谋，破裂于北京宫廷。阴谋作于天理教徒，其时因政府对于白莲教之法律过严，此乃其变名，实则仍为白莲教也。”

是亦可见其时人民仇满之思想。而满清之兵力亦由此而显其不足恃，汉人之团练因之勃兴，是则满、汉势力消长之关键，实在嘉庆初年矣。

《清朝全史》：“嘉庆二年，德楞泰条呈坚壁清野之法。”“又有著名之合州知州龚景瀚条呈谓八旗官兵不可恃，其军纪废弛，所过地方受害甚于盗贼。”“嘉庆四年，尝诏征黑龙江之兵，往返数千里，供应浩繁，水土不服，不熟贼情。计调一黑龙江之兵，可以募数十乡勇，且可卫身家、免虏掠，当使嗣后乡勇有功者，如八旗官兵保奏议恤，以收敌忾同仇之效。可知清廷意在节省经费，募集乡勇，行德楞泰之策。自嘉庆元年至二年，四川一省乡勇之数已越三十万人。”“总之，无论为坚壁清野，或募集乡勇，皆可证明满洲常备军不足以保障国家、维持社会也。”

道光末年，各地土匪蜂起。而洪秀全所部，复明制，蓄发以示敌清，清人谓之“发逆”。洪起兵四年，遂都江宁，建号太平天国。

至同治三年六月，清兵克江宁，其事竟败。

《克复江宁折》(曾国藩)："洪逆倡乱粤西，于今十有五年，窃据金陵者十二年，其蹂躏竟及十六省，沦陷至六百余城之多。"

而其后复有捻军。

《湘军记》(王定安)："捻之患，不知其所自始。或曰：乡民行傩逐疫，裹纸然膏，为龙戏，谓之捻。其后报仇吓财，掠人勒赎，浸淫为寇盗。或数人为一捻，或数十百人为一捻，白昼行劫，名曰定钉。山东之兖、沂、曹，河南之南、汝、光、归，江苏之徐、淮，直隶之大名，安徽之庐、凤、颍、寿，承平时在在有之。""咸丰三年，洪秀全陷安庆，踞金陵，遣党徇临淮、凤阳，出归德以扰河朔，于是皖、豫捻患益炽。"

又越数年，始平。捻为流寇，无宗旨，与太平军殊。然其为清室政治不良造成祸乱之现象，则一也。

太平军之起，以推翻清室、倡行耶教为宗旨。

《湘军记》："洪秀全者，广东花县人。少饮博无赖，敢为大言，粗知书，卖卜为活。闻妖人朱九涛倡上帝会，与同邑冯云山往师之，以其术游广西。桂平曾玉珩延为塾师，武宣萧朝贵与贵县石达开、秦日纲，皆师事秀全。秀全诈死七日，复苏，谬众云，上帝召我，有大劫，拜天则免。遂托泰西人所称耶稣教者，造真言宝诰，谓天曰耶和华，耶稣为长子，秀全次子。其咒辞赞美上帝，以诳众敛钱，男妇多信事之。”

《清朝全史》：“洪秀全以嘉庆十八年生于广东花县，彼族实由嘉应州移来之客民也。身干长大，有雄姿，略识文字。其父名国游，母早死，颇信基督教。其后得香港美国宣教师罗把兹之教训，然尚未受洗礼。未几，彼忽组织上帝会，其党与为冯云山与洪仁玕。彼主张神圣之三位一体，即第一位为天父，第二位为基督，即天兄，而已则为天弟。”“咸丰元年正月，在大黄江自号太平王。闰八月，陷永安州，在此建立太平天国之国号，自称天王。”

世多称其制度，

《清朝全史》：“太平军之军制，其初甚为完备。洪王右手握剑，左手捧耶稣教之信条，专鼓吹全军之勇气。”“在 1858 年之末期，置籍太平军者，有五十万乃至六十万之男子，其女子在五十万以上。兵之训练，就定营规条观之，阵营中之教训，并不懈怠。恪遵天命，熟读天条赞美，男女两营有别，禁吸阿片饮酒，约法极严”“太平军初颁之规条如左：（一）恪遵天令。（二）熟识天条赞美，早晚礼拜，以感谢颁布之规矩及诏谕。（三）因欲练成好心肠，不得吸烟饮酒；宜公正和平，毋得弄弊徇情，顺下逆上。（四）同心合力，各遵有司，不得隐藏兵数及收匿金银器饰。（五）男营与女营有别，不得授受相亲。（六）宜熟请日夜点兵鸣锣吹角擂鼓之号令。(七)无事勿得过他营行别军，以荒误公事。(八)宜学习为官之称呼问答礼制。(九)各整军装枪炮，以备急用。(十)不许谎言国法王章，讹错军机将令。”

且谓其能行共产主义，

《清朝全史》：“统治军政，天京分设男馆女馆，分前、后、左、右、中五军。女馆分八军，军有女军师一人，下有女百长数十。此馆之创置，一面预防逃亡，一面便于布教。咸丰三、四年，收容此馆者共计二十四五万人。对于城南之一般住民，行门牌制，凡男子自十六岁至五十岁者，为牌面，其余曰牌尾，以便户口稽查。而土地分给之制，则彼等所创造者也。癸丑三年颁行之天朝田亩制度，分田为九等。每田一亩，以早晚二季出千二百斤者为上上田，出千一百斤者为上中田，以下递减，出四百斤者为下下田。上上田一亩，当下下田三亩，照人口分给。受田之标准，男妇一人，每十六岁以上，受田；十五岁以下，给其半。若一家六人，三人受好田，三人受劣田，以一年为定。关于此制之精神，确有所在。彼云天下之田，天下之人同耕之。此处不足，迁移彼处；彼处不足，迁移此处。又曰，凡天下之田，丰荒相通，此处若荒，移彼丰处以赈此荒处；彼处若荒，移此丰处以赈彼荒处，务使天下共享天父上主皇上帝之天福。有田同耕，有饭同食，有衣同穿，使地无不均匀，使人无不饱暖。此等理想之下，土地田亩不为私有，金钱不许私藏，故贮藏银十两、金一两者为私藏犯法，须处罚云。”

然其理想单简，务破坏中国从来一切制度，而未能得他国完美之法以为之导，故其法制可称者止此。其后据地广袤，日事兵争，救死不暇，亦无复建设之力矣。

因太平军之反动，而满洲之势力益衰。湘军崛起，以书生农夫，奋死与洪、杨角逐，而后满洲之兵权几完全归于汉人之手。

《湘军记》：“自洪、杨倡乱，大吏久不习兵。绿营呰窳骄惰，闻征调则惊号，比至前敌，秦、越、楚、燕之士，杂糅并进。胜则相妒，败不相救，号令歧出，各分畛域，迄不得一兵之用。于是诸路将帅，颇厌征调劳费，稍事招募。潮勇川勇，萌蘖渐起。然其人多游民剧盗，剽悍绎骚，民尤患苦之。江忠源初创楚军，刘长佑助之，挈其乡人子弟，慷慨赴敌。始讲节制，禁骚扰，义声日起。其时草昧缔构，实为湘军滥觞。迨曾国藩以儒臣治军长沙，罗泽南、王鑫皆起诸生，讲学敦气谊，乃选士人，领山农。滑弁游卒及市井无赖，摈斥不用。初立三百六十人为一营，已而改五百人为一营，营分四哨，哨官四人，统以营官。自两营迄数十营，视材之大小而设统领焉。”“一营之中，指臂相联，弁勇视营哨官，营哨官视统领，统领视大帅，皆如子弟之事其父兄焉。”“其后湘军战功遍天下，从戎者日益众。迨左宗棠、刘锦棠平秦、陇，率师出关，所部百数十营。虽号老湘营，间用他省人，错杂其间。然其营制薪粮，犹遵循未改也。”

淮军继之，参以西法，遂开近数十年军阀之统系焉。

《淮军平捻记》（周世澄）："淮军之始也，于同治元年，其营制一准楚勇。""淮军之精于炮火也，以李公之雇募英、法弁兵教练洋枪队始。李公初至上海，雇募英、法弁兵通习军器者，仿照制办，并令参将韩殿甲督率中国工匠，尽心学习。"

《清朝全史》："当时上海富商，组织一爱国会，各出军资，使欧人助之，以防太平军。美国人华尔及白齐文，受爱国会之嘱托，于1860年6月募集欧人一百、马尼亚人二百，攻击松江。""华尔转战浙江慈溪阵亡，白齐文后以不服从清吏而解职，英国陆军少将戈登代之，统率常胜军。"

世谓湘军之精神，在维持名教，

《清朝全史》："咸丰四年，曾国藩颁布讨粤匪檄……自唐、虞三代以来，历世圣人，扶持名教，敦叙人伦，君臣父子，上下尊卑，秩然如冠履之不可倒置。粤匪窃外夷之绪，崇天主之教，自其伪君伪相，下逮兵卒贱役，皆以兄弟称之，谓惟天可称父，此外凡民之父，皆兄弟也；凡民之母，皆姊妹也。农不能自耕以纳赋，谓田皆天主之田也；商不能自贾以取息，谓货皆天主之货也；士不能诵孔子之经，而别以所谓耶稣之说、新约之书。举中国数千年礼义人伦诗书典则，一旦扫地荡尽，此岂独我大清之变，乃开辟以来，名教之奇变，我孔子、孟子之所痛哭于九泉。凡读书识字者，又焉能袖手坐观，不思一为之所也。自古生有功德，没则为神，王道治明，神道治幽，虽乱臣贼子，穷凶极丑，亦往往敬畏神祇。李自成至曲阜，不犯圣庙；张献忠至梓潼，亦祭文昌。粤匪焚郴州之学宫，毁宣圣之木主，十哲两庑，狼藉满地。所过州县，先毁庙宇，即忠臣义士，如关帝、岳王之凛凛，亦污其宫室，残其身首，以致佛寺道院、城隍社坛，无庙不焚，无像不灭，此又鬼神所共愤怒，欲一雪此憾于冥冥之中者也。”“湘中主将，皆系书生，只知中国固有之学问名教。曾之檄文，实湘军之精神。彼指摘洪军焚郴州之学宫、孔子之木主及十哲之两庑等，谓孔子、孟子当痛哭于九泉，此语最为紧要。后日洪军之政策，亦许读孔孟书，以冀人心之和缓矣……湘军非勤王主义，亦非雷同性之侵略，意在维持名教。其最终之目的，即恢复异宗教之南京是也。是故湘军可称为一种宗教军。”

观彭玉麟之宗旨，固可以见湘军之动机。

《清朝全史》：“彭玉麟为长江水师之指挥者，三十余年之久。当从军之初，立二誓约：其一曰不私财，其二曰不受朝廷之官。咸丰十一年，授安徽巡抚，彼辞不受。同治三年，克复南京，赏一等轻车都尉世爵，加太子少保衔，续任为漕运总督，朝赏频至，彼亦不受。彼上痛切之辞表曰：‘臣本寒儒，佣书养母，咸丰三年母物故，曾国藩谬用虚名，强之入营。初次臣见国藩，誓必不受朝廷之官职，国藩见臣语诚实，许之。顾十余年来，任知府，擢巡抚，由提督补侍郎，未尝一日居其

> 任。应领收之俸给及一切银两，从未领纳丝毫，诚以朝恩实受，官犹虚也。’又曰：‘臣素无室家之乐、安逸之志，治军十余年，未尝营一瓦之覆、一亩之殖，受伤积劳，未尝请一日之假，终年于风涛矢石之中，未尝移居岸上，以求一人之安，诚以亲丧未终，出从戎旅也。既难免不孝之罪，又岂敢为一己之图乎！臣尝闻士大夫之出处进退，关于风俗之盛衰，臣既从军，志在灭贼，贼既灭而不归，近于贪位。夫天下之乱，不徒在盗贼之未平，而在士大夫之进无礼退无义。中兴大业，宜扶树名教，振起人心’云。……彼扩张长江水师，使至一万余人。一切兵饷，以盐税及长江厘金税充之，不烦户部。乱平后，尚余六十余万，报告两江总督，寄托于盐道之手，取其利息，加水师公费。彼曰：‘予以寒士来，愿以寒士归也。’观以上之事实，湘军组织之动机，非对于朝廷之义务，又不为赏爵所激动，全由自卫之必要而起。然则洪军之平定，枢纽于湘军，与朝廷无涉，而朝廷之设施，直隔靴搔痒而已。”

然亦足征吾国人之能力，虽以满清之压制，亦能崛起而大有为。惜乎，后来之淮军，无此风气也！

第十一章　外患与变法

清代之外患，虽自鸦片之战始，然壬寅立约后，朝野上下，一切如故，初未因外患而有所变革也。因外患而有所变革，自咸丰庚申始，而其事尤极可笑。初则以禁洋人入广东省城启衅，而有《天津和约》，继则以禁洋人入北京启衅，而有《北京和约》，而增开口岸，

《咸丰八年中英续约》第十款："长江一带各口，英商船只俱可通商。惟现在长江上下游均有贼匪，除镇江一年后立口通商外，其余俟地方平靖。大英钦差大臣与大清特派之大学士尚书会议，准将自汉口溯流至海各地，选择不逾三口，准为英船出进货物通商之区。"第十一款："广州、福州、厦门、宁波、上海五处，已有《江宁条约》旧准通商外，即在牛庄、登州、台湾、潮州、琼州等府城口，嗣后皆准英商亦可任意与无论何人买卖，船货随时往来。至于听便居住、赁房、买屋、租地、起造礼拜堂、医院、坟茔等事，并另有取益防损诸节，悉照已通商五口无异。"

《中法条约》第六款："中国多添数港，准令通商，屡试屡验，实为近时切要。因此议定将广东之琼州、潮州，福建之台湾、淡水，山东之登州，江南之江宁六

口，与通商之广东、福州、厦门、宁波、上海五口，准令通市无异。”

《咸丰十年中英续增条约》第四款：“大清大皇帝允以天津郡城海口作为通商之埠，凡有英国民人等至此居住贸易，均照经准各条所开各口章程比例画一无别。”

又《中法续约》第七款：“从两国大臣画押盖印之日起，直隶省之天津府克日通商，与别口无异。”

协定税率，

《中英续约》第二十六款：“前在江宁立约第十条内，定进出口各货税。彼时欲综算税饷多寡，均以价值为率，每价百两，征税五两，大概核计，以为公当。旋因条内载列各货种式，多有价值渐减而税饷定额不改，以致原定公平税则，今已较重。拟将旧则重修，允定此项立约，如有印信之后，奏明请派户部大员，即日前赴上海，会同英员迅速商夺。俾俟本约奉到朱批，可即按照新章迅行措办。”第二十七款：“此次新定税则，并通商各款，日后彼此两国再欲重修，以十年为限。期满，须于六个月之前，先行知照，酌量更改。若彼此未曾先期声明更改，税则税课仍照前章完纳，复俟十年，再行更改。以后均照此限此式办理，永行弗替。”

《中法条约》：“大法国人在通商各口贸易，凡入口出口，均照两国钦差大臣所定印押而附章程之税则，输纳钞饷。但因两国货物或土产或工艺，一时不同，而价值有低昂之殊，其税则有增减之别，每七年较订一次，以资允协。七年之内，已定税银，将来并不得加增，亦不得有别项规费。"《中国近时外交史》(刘彦):"独立国家，由主权发动，有制定税率之权，外国商人不可不服从之。以前俄、英商人不过哀求我国减税，朝廷以泽及远人之意，特从宽减。至此以外人之强制，由主客二国协定税率，是独立国大伤体面之事。且此协定税率并非用互惠条款，彼可得之于我，我不能求偿于彼，其损害及于我国财政上经济上尤甚大。"

领事有裁判之权，

《中英续约》第十六款:"英国民人有犯事者，皆由英国惩办；中国人欺凌害英民，皆由中国地方官自行惩办。两国交涉事件，彼此均须会同公平审断，以昭允当。"第十七款:"凡英国民人控告中国民人事件，应先赴领事官衙门投禀，领事官即当查明根由，先行劝息，使不成讼。中国民人有赴领事官告英国民人者，领事官亦应一体劝息，间有不能劝息者，即由中国地方官与领事官会同审办，公平讯断。"

《中国近时外交史》:"凡国家对于领土内行使主权，虽外国人不可不服从之，即国家独立权所在也。故外国人入领土内，必服从其法律，领事裁判权许与，则外人入我领土之内，不服从我国法律，即国际法上国家之独立权受制限是也。"

利益有均沾之例，

《中英续约》第五十四条款:"上年立约，所有英国官民，理应取益防损各事，今仍存之勿失。倘若他国今后别有润及之处，英国无不同获其美。”

《咸丰八年中美条约》第三十款：“现经两国议定，嗣后大清国有何惠政恩典利益施及他国或其商民，无论关涉船只、海面、通商、贸易、政事交往等事情，为该国并其商民从来未沾，抑为此条约所无者，亦当立准大合众国官民一体均沾。”

以及传教游历、

《中英续约》第八款：“耶稣圣教暨天主教，原系为善之道，待人如己。自后凡有传授习学者，一体保护，其安分无过，中国官毫不得刻待禁阻。”

《中法条约》第十三款：“天主教原以劝人行善为本，凡奉教之人，皆全获保佑身家，其会同礼拜诵经等事，概听其便。凡按第八款备有盖印执照、安然入内地传教之人，地方官务必厚待保护。凡中国人愿信崇天主教而循规蹈矩者，毫无查禁，皆免惩治。向来所有或写或刻奉禁天主教各明文，无论何处，概行宽免。”

《中美条约》：“耶稣基督圣教，又分天主教，原为劝人为善，凡欲人施诸己者，亦如是施于人。嗣后所有安分传教习教之人，当一体矜恤保护，不可欺侮凌虐。凡有遵照教规、安分传习者，他人毋得骚扰。”

《中英条约》第九款：“英国民人准听持照前往内地各处游历通商，执照由领事官发给，由地方官盖印。经过地方，如饬交出执照，应即随时呈验，无讹放行。雇人装运行李货物，不得拦阻。如其无照，其中或有讹误，以及有不法情事，就近送交领事官惩办，沿途止可拘禁，不可凌虐。如通商各口，有出外游玩者，地在百里，期在三五日内，毋庸请照。惟水手船上人等不在此例，应由地方官会同领事官，另定章程，妥为弹压。"

《中法条约》第八款："凡大法国人欲至内地及船只不准进之各埠头游行，皆准前往，然务必与本国钦差大臣或领事等官，预领中法合写盖印执照，其执照上仍应有中华地方官钤印以为凭。如遇执照有遗失者，大法国人无以缴送，而地方官员无凭查验，不肯存留，以便再与领事等官复领一件，听凭中国官员护送进口，领事官收管，均不得殴打伤害虐待所获大法国人。凡照旧约在通商各口地大法国人，或长住，或往来，听其在附近处所散步动作，毋庸领照，一如内地民人无异，惟不得越领事官与地方官议定界址。其驻扎中国大法国官员，如给执照之时，惟不准前往暂有匪徒各省分，其执照惟准给予体面有身家之人为凭。"

售卖洋药、

《中英通商章程》第五款："向来洋药、铜钱、米谷、豆石、硝磺、白铁等物，例皆不准通商，现定稍宽其禁，听商遵行纳税贸易。洋药准其进口，议定每百斤纳税银三十两。惟该商只准在口销卖，一经离口，即属中国货物，只准华商运入内地，外国商人不得护送，即《天津条约》第九条所载英民持照前往内地通商、并二十八条所载内地关税之例，与洋药无涉。其如何征税，听凭中国办理，嗣后遇修改税则，仍不得按照别货定税。”

《中西纪事》（江上蹇叟）：“壬寅约内，绝不提烟土一字。”“自通商议行，鸦片弛禁，于是利权操之于外洋，而烟土遂为各行之首业，此岂特漏卮之患而已哉！”“壬寅通商之后，鸦片之禁大开，直至咸丰八年，始定税则，是法穷则变也。”

禁书“夷”字、

《中英续约》第五十一款：“嗣后各式公文，无论京外内，叙大英国官民，自不得提书‘夷’字。”

自由建造等事，

《咸丰十年中法续约》第六款：“应如道光二十六年正月二十五日上谕，即颁示天下黎民，任各处军民人等传习天主教，会合讲道，建堂礼拜。且将滥行查拿者予以应得处分，又将前谋害奉天主教者之时所充之天主堂、学堂、茔坟、田土、房廊等件，应赎还，交法国驻扎京师之钦差大臣，转交该处奉教之人。并任法国传教士，在各省租买田地，建造自便。”

无往而不允其所请，正不独赔款割地之为国耻也。

咸丰八年，赔英商损害银二百万两、英国军费二百万两，赔法国损害费与军费共银二百万两。咸丰十年，改赔英款为八百万两，法款亦八百万两。咸丰十年，中英续增条约第六款，允以广东九龙司地方一区，付与大英君主。

清廷受此巨创，始渐有改革政法之意。首建总理各国通商事务衙门，

《柔远记》（王之春）："咸丰十年冬十月，建总理各国通商事务衙门。时各国交涉纷繁，军机处难以兼理，因议建总理衙门。奉谕，恭亲王等奏办理通商善后章程一折，即照原议办理，京师设立总理各国通商事务衙门。着即派恭亲王奕䜣、大学士桂良、户部左侍郎文祥管理，并着礼部颁给钦命总理各国通商事务关防。应设司员，即于内阁部院军机处各司员内满汉挑取八员，即作为定额，毋庸并兼军机处行走，轮班办理。侍郎衔候补京堂崇厚，着作为办理三口通商大臣，驻扎天津，管理牛庄、天津、登州三口通商事务，会同各该将军督抚府尹办理，并颁给办理三口通商大臣关防。其广州、福州、厦门、宁波、上海及内江三口，潮州、琼州、台湾、淡水各口通商事务，着江苏巡抚薛焕办理。新立口岸，惟牛庄一口，归山海关监督经管。其余登州各口，着该督抚会同崇厚、薛焕派员管理。所有各国照会，随时奏报，并将原照一并呈览，一面咨礼部，转咨总理衙门，并着各该将军、督抚互相知照。其吉林、黑龙江中外边界事件，并着该将军等据实奏报，不准稍有隐饰。"

《清会典》："总理各国事务衙门，亲郡王贝勒大臣大臣上行走，掌各国盟约，昭布朝廷德信，凡水陆出入之赋，舟车互市之制，书币聘覆之宜，中外疆域之限，

文译传达之事，民教交涉之端，王大臣率属定议，大事上之，小事则行。每日集公廨以治庶务，奏事日，则直朝房以待召见。”“凡各国使臣入觐，先奏请觐所定期，皇帝御殿阁，则导其使臣入。使臣行礼，如见其国君，使臣呈递国书，代陈御案，使臣陈词，皇帝宣慰毕，则帅以退。”“凡各国使臣以事期会，则入公廨，接以宾礼，纪问答，要事则录备进呈，往会亦如之。”“凡使臣来贺元旦令节，于岁首约期。部院堂官咸集，接以宾礼，往贺也如之。凡有约之国十有六：曰俄罗斯，曰英吉利，曰瑞典、那威，曰米利坚，曰法兰西，曰德意志，曰丹麻尔，曰荷兰，曰日斯巴尼亚，曰比利时，曰意大利亚，曰奥斯马加，曰日本，曰秘鲁，曰巴西，曰葡萄牙。分五股以理各国交涉事务：曰俄国股，日本附焉；曰英国股，奥斯马加附焉；曰美国股，德意志、秘鲁、意大利亚、瑞典、那威、比利时、丹麻尔、葡萄牙附焉；曰法国股，荷兰、日斯巴尼亚、巴西附焉；曰海防股。”

及同文馆。

《柔远记》：“同治六年春三月，设同文馆于京师。”“时京师有洋馆，乃议设同文馆，并招集士子学习推算及泰西文字语言，而雇西人教习，廷臣谏疏皆留中。”

《清会典》：“同文馆管理大臣，掌通五大洲之学，以佐朝廷一声教。”“考选八旗子弟与民籍之俊秀者，记名入册，以次传馆。”“设四国语言文字之馆，曰英文前

> 馆，曰法文前馆，曰俄文前馆，曰德文前馆，曰英文后馆，曰法文后馆，曰俄文后馆，曰德文后馆。”

其议盖发于文祥。

> 《文文忠公别传》(匡辅之)：“咸丰十年，拟善后章程六条:(一)京师立总理各国事务衙门。(一)分设南北口岸大臣。(一)新立税关，派员专理。(一)各省办理外国事件，将军、督抚互相知照，以免歧误。(一)广东、上海各择通外国语言文字者二人来京，仿俄罗斯馆教习例，选八旗子弟年十三四以下者学。习两年后，考其勤惰，有成者优奖。(一)各海口内外商情，并外国新闻纸，按月咨报总理各国事务衙门备核。”

而其时号为理学者，颇非之。

> 《倭文端公别传》(匡辅之)：“同治六年正月，同文馆招考天文、算学，由满、汉之正途出身五品以下京外各官考试录取，延聘西人在馆教习。公奏言：立国之道，尚礼义不尚权谋；根本之图，在人心不在技艺。今求诸一艺之末，又奉夷人为师，无论所学未必果精，即使教者诚教，学者诚学，其所成就，不过术数之士，未闻有恃术数而能起衰振靡者也。自耶稣之教盛行，无识愚民，半为所惑，所恃读书明理之儒，或可维持人心。今复举聪明隽秀、国家所培养而储以有用者，使之奉夷人为师，恐所习未必能精，而读书人已为所惑。夫术为六艺之一，本儒者所当知，非歧途可比。然天文、算

学，为益甚微，西人教习正途，所损甚大。伏望立罢前议，以维大局而弥隐患。事遂止。旋命公在总理各国事务衙门行走，公恳请收回成命。上不允，寻上疏固辞。”

比遣使出洋，稍识外情，

《柔远记》：“同治七年六月，遣使出洋与美国增订条约。……时外洋诸国公使领事等交错来华，周知内地虚实，而中国于外洋情事，仅得传闻，未亲历目睹。有以彼能来，我亦能往为言者，于是特派钦差为重任大臣，二品顶戴志刚、孙家谷均充办理中外交涉事务大臣，赴大东洋，抵华盛顿，与美国总理各国事务大臣增订条约八款。”

《初使泰西记》（满洲宜厚）：“大清同治六年丁卯十二月初二日，总理各国事务衙门，以军功花翎记名海关道总办章京志刚笃实恳挚器识宏通保奏，奉旨派充使臣，与本衙门章京候选知府孙家谷并赏给二品顶戴，偕同美国钦使蒲安臣、英国协理柏卓安、法国协理德善等，恭赍国书，前往西洋有约各国，办理中外交涉事件。”“初十日，使者与孙家谷诣乾清门，预备召见。衔前大臣带领进养心殿，皇太后问由何路行走，奏对由陆路到上海，上火轮船，经日本，过大东洋，到米里坚。由米里坚渡大西洋，到英吉利，过海，到法兰西。往北，顺路到比利时、荷兰、丹麻尔、瑞典、俄罗斯。往南，回路到布路斯，再南，仍经法兰西，到西班牙、意大利。由地中海，经大南洋，顺广东、福建、江、浙中国海面，自天津回京。谕：随从人务须管束，不可被外国人笑话。奏对：谨当严加管束，不准其在外滋事。”

《随使日记》（张德彝）：“中国既与海外诸国通商，于是各遣使臣来华驻扎，修和好，保商民，以期办事确切，通信迅速。光绪元年，皇上以华民出洋日众，非有重臣旬宣，不足以资镇抚，特准赍诏前往各国，以通和好。适值英人马嘉理在滇被戕一案，乃奉旨派花翎兵部右侍郎郭嵩焘为正使，花翎三品衔候补五品京堂刘锡鸿为副使，莅英吉利国。”

始知西洋立国自有本末，

《使西记程》（郭嵩焘）：“西洋立国自有本末，诚得其道，则相辅以致富强，由此而保国千年可也。不得其道，其祸亦反是。”

欲洗国中积弊而更张之。然其时国人犹蔽于故见，以不谈洋务为高，即有倡议改革者，率为群议所阻。观李鸿章答郭嵩焘书，可知其时之风气矣。

《李文忠朋僚函稿》卷十七《光绪三年复郭筠仙星使书》：“西洋政教规模，弟虽未至其地，留心咨访考究几二十年，亦略闻梗概。自同治十三年海防议起，鸿章即沥陈煤铁矿必须开挖，电线铁路必应仿设，各海口必应添设洋学格致书馆，以造就人才。其时文相目笑存之，廷臣会议皆不置可否。是年冬，晤恭邸，极陈铁路利益，请先试造清江至京，以便南北转输。邸意亦以为然，谓无人敢主持，复谓其乘间为两宫言之。渠谓两宫亦不能定此大计，从此遂绝口不谈矣。……人才风气之固结不解，积重难返。鄙论由于崇尚时文小楷误之，世重科目，时文小楷即其根本，来示万事皆无其本，即倾国考求西法，亦无裨益，洵破的之论。而中国上下，果真倾国考求，未必遂无转机。但考求者仅执事与雨生、鸿章三数人，庸有济耶！

光绪初年，外患之来，相续不绝。日夺琉球，俄割伊犁，法夺安南，英取缅甸。清之国势，已岌岌不可保，而清人犹泰然安之。虽时时仿效西法，以涂饰耳目，而根本实未尝变。

《原强》（严复）："中国知西法之当师，不自甲午有事败衄之后始也。海禁大开以还，所兴发者亦不少矣：译署一也，同文馆二也，船政三也，出洋肄业四也，轮船招商五也，制造六也，海军七也，海署八也，洋操九也，学堂十也，出使十一也，矿务十二也，电邮十三也，铁路十四也，拉杂数之，盖不止一二十事。此中大半皆西洋以富以强之基，而自吾人行之，则淮橘为枳，若存若亡，不能实收其效。"

及甲午之役，海军几尽，辽东几亡，韩国独立，台湾割让，偿金二亿，开埠四处，内江自由通航，内地从事制造，皆为从前军事所未有，交涉所未有。

《中国近时外交史》："光绪二十一年，马关媾和条约二十一款，其主要如左：（一）中国确认韩国为完全独立自主国，所有该国向中国修贡献典礼等，自后全行废绝。（二）中国将左开之地域，及在该地域之城垒兵工厂及一切官有物，永远割让与日本国。（甲）奉天省南部，即自鸭绿江口溯江至安平河口，从该河口北线至凤凰城、海城及营口而止，所有北线以南地方及辽东湾、东海、黄海北岸属于奉天省诸岛屿，概为割让地。（乙）台湾全岛及其附属诸岛屿。（丙）澎湖列岛，即英国格林尼址东经百九十度起，至百二十度，及北纬二十三度起，至二十四度间之诸岛屿。右割让地方之中国人民，愿迁居割让地方以外者，准于二年内任便变卖产业，迁居界外。但二年期满后，尚未迁徙者，即认为日本臣民。（三）中国赔偿日本军费库平银二万万两，内一万万两，自本条约批准后十二个月内，分二期交还，余一万万两，自本条约批准后七年内，分六次交还。未纳银每年付五厘利息。（四）两国从前之条约，一概作废。中国以与欧洲各国现行约章为基础，速与日本结通商航海及陆路交通贸易新条约，又遵行以下诸项：中国现今已通商口岸之外，为日本国臣民新开沙市、重庆、苏州、杭州为通商口岸，日本得置领事官，且享有中国已开市场之特典与便宜；自宜昌至重庆，自上海入吴淞江入运河至苏州、杭州间之航路，准日本汽船自由通航；日本臣民在中国内地购置货品及生产物，又向中国内地输入之运送品，皆有租栈房存货之权，免除税钞及一切派征诸费；日本臣民在中国各通商口岸，得自由从事各种制造业，又各种机器，仅纳进口税，便得自由装运进口；日本臣民在中国内地制造之货物，其一切税课及租借栈房之利益，均照日本臣民输入货物之例办理，并享受一切之优例豁免。”

清之朝野上下，始觉感受非常之痛苦，而病旧制之不适矣。未几而英、俄、德、法诸国踵起，强迫立约，割我土地，定彼范围。

《中国近时外交史》：“光绪二十四年，列国对中国形势一变，英结扬子江不割让与他国之约，德结租借胶州湾之约，俄租旅顺、大连，日本约福建不割让与他国，法亦租借广州。”

于是康有为等上书德宗，力请变法。

《上皇帝第一书》：“所欲言者三：曰变成法、通下情、慎左右而已。”《第三书》：“乞及时变法，富国养民，教士治兵，求人才而慎左右，通下情而图自强。”“富国之法有六：曰钞法，曰铁路，曰机器，曰轮舟，曰开矿，曰铸银，曰邮政。”“养民之法，一曰务农，二曰劝工，三曰惠商，四曰恤众。”“教有及于士，有逮于民；有明其理，有广其智。”“治兵之法，一曰汰冗兵而合营勇，二曰起民兵而立团练，三曰练旗兵而振满蒙，四曰募新制以精器械，五曰广学堂而练将才，六曰厚海军以威海外。”“凡此富国养民、教士练兵之策，所以审端致力者，则在于求人才而擢不次，慎左右而广其选，通下情而合其力而已。”《第四书》：“今当以开创治天下，不当以守成治天下；当以列国并争治天下，不当以一统无为治天下。”《请开制度局疏》：“立制度局以总其纲，十二局以分其事：一曰法律局，二曰度支局，三曰学校局，四曰农局，五曰工局，六曰商局，七曰铁路局，八曰邮政局，九曰矿务局，十曰游会局，十一曰陆军局，十二曰海军局。”

德宗遂诏定国是，废八股取士旧制，谕立学堂，译新书，奋然欲大革积弊，

《光绪政要》：“光绪二十四年四月，诏定国是。”“数年以来，中外臣工，讲求时务，多主变法自强。迩者诏书数下，如开特科、裁冗兵、改武科、创立大小学堂，皆经再三审度，筹之至熟，始定议施行。惟是风气尚未大开，论说莫衷一是，或狃于老成忧国，以为旧章应行墨守，新法必当摈除，众喙哓哓，空言无补，至今日时局如此。若仍以不练之兵，有限之饷，士无实学，工无良师，强弱相形，贫富悬绝，岂真能制梃以挞坚甲利兵乎？朕惟国是不定，则号令不行，极其流弊，必至门户纷争，互相水火，徒蹈宋、明积习，于实政毫无裨益。即以中国大经大法而论，五帝三王，不相沿袭，譬之冬裘夏葛，势不两存。用是明白宣示，尔中外大小诸臣，自王公以及士庶，各宜努力向上，忿然为雄。佩圣贤义理之学，植其根本，又须博采西学之切于时务者，实力讲求，以救空疏迂谬之弊。”“五月，诏改八股取士旧制。”“总理衙门会同军机处奏筹办京师大学堂事宜。”“谕各省府厅州县设立学校。”“六月，谕派康有为督办官报，饬各衙门删改则例。”“派梁启超办理译书局。”“七月，宣示变法之意，并准藩臬道府专折奏事。”

为孝钦后及诸守旧者所沮，不久咸复其旧，而维新者多诛窜焉。

《光绪政要》："光绪二十四年八月，御史杨深秀、军机章京谭嗣同、林旭、杨锐、刘光第、康广仁正法，并宣示康有为罪状。""谕复一切旧制。"

由戊戌变法之反动，而有庚子义和团之事。

《中国近时外交史》："光绪二十四年春，帝与师傅翁同龢谋，决计变法。适恭王以四月十日薨，帝遂于四月二十三日下更新国是之诏。五日后，龢召见康有为于颐和园仁寿殿，咨询革新政略。五月五日，废八股取士制，天下耳目一新。先是康有为于召见之前，开保国会于北京，士大夫热心集合者数百人。其时御史潘庆澜、黄桂鋆、李盛铎等屡加弹劾。召见之后，弹者益多，帝不为动，且擢康有为同志杨锐、林旭、刘光第、谭嗣同四人为四品京卿，参与新政。凡奏章皆经四人阅览，上谕皆依四人起稿。维新诏敕，日如雨下。又许天下士民皆得上封奏，维新政论，日益增势。而各省督抚热心改革者，以湖南巡抚陈宝箴为首，一时治绩，大有可观。且帝欲效康熙、乾隆之例，御懋勤殿，选英才，聘外国人，共议兴革制度。先草一诏，求太后谕允，乃事变莫测，未几遂有太后垂帘穷治党人之事。盖改革过急，其主意与利益皆相反对之守旧派王大臣等，厌帝之所为，竭全力妨碍之，劝皇太后训政。先以荣禄易王文韶为直隶总督，次黜翁同龢职。八月七日，太后垂帘听政。十三日，捕杨锐、林旭、刘光第、谭嗣同、杨深秀、康广仁六人，戮于市。政府实权，全归守旧派之手，诏天下万事皆复旧。康有为、梁启超逃海外，自是守旧派以帝在位恐与己不利益，阴有所谋。八月十一日，诏天下名医诊帝疾。”“二十五年十一月二十五日，忽下谨遵慈训立端郡王载漪之子溥儁为穆宗毅皇帝之子以继皇绪之谕。”“斯时端郡王以皇太子生父之故，势力增大。且性刚愎，有胆略，素富排外精神，而军机大臣刚毅、徐桐、荣禄等皆与之深相结托，端郡王遂隐然为北京排外派之大首领。适义和团起自山东，东抚毓贤，极言义和团忠君爱国，有驱逐洋人能力。端王与刚毅等迷信之，奏请保护，于是政府有与义和团一体之势。”

至八国联军入京，清皇室遁之陕西，赖李鸿章与各国订辛丑年和约，赔款四百五十兆两。

《中国近时外交史》：“光绪二十七年七月二十五日，北京和议成。“其条约第六项，中国皇帝允付诸国偿款海关银四百五十兆两。”

而守旧者夺气，不敢反对新政。于是刘坤一、张之洞等上变法之折，其言多见于施行。二十年来旧制之日趋消灭，新法之日有增益基于此也。

《光绪政要》二十七年五月《两江总督刘坤一、湖广总督张之洞第一次会奏变法事宜疏》：“中国不贫于财，而贫于人才；不弱于兵，而弱于志气。人才之贫，由于见闻不广，学问不实；志气之弱，由于苟安者无履危救亡之远谋，自足者无发愤好学之果力。保邦致治，非人无由。谨先就育才兴学之大端，参考古今，会通文武，筹议四条：一曰设文武学堂，二曰酌改文科，三曰停罢武科，四曰奖励游学。敬为圣主陈之:（一）设文武学堂并取士之法，自汉至隋为一类，自唐至明为一类，无论或用选举，或凭考试，立法虽有短长，而大意实不相远也。要之，皆就已有之人才而甄拔之，未尝就未成之人才而教成之。故家塾则有课程，官学但凭考校，此皆与三代学校之制不合。现行科举章程，本是沿袭前明旧制，承平之世，其人才尚足以佐治安民；今日国疊患深，才乏文敝，若非改弦易辙，何以拯此艰危？考《周官》司徒之职,《小戴礼·学记》之文，大率皆以德行道艺兼教并学，学成而后用之。此外见于经传者，乡国之学，皆兼六艺；大夫之职，必备九能。书礼干戈，司成并教；寄象鞮译，王制分官。海外图经，伯益所传；润色专对,《论语》所重。又按三代之制，庠序之称曰士，卒伍之称亦曰士，实为文武合一、文武并重之明征。若孔子兼通文武，学于四夷，尤圣人躬行垂教之彰彰者。今泰西各国学校之法，犹有三代遗意，'礼失求野'，或尚非诬。臣等谨参酌中外情形，酌拟今日设学堂办法，拟令州县设小学校，童子八岁以上，入蒙学，习识字，正语音，读蒙学歌诀诸书。除《四书》必读外,《五经》可择读一二部。家塾义塾，悉听其便，由绅董自办，官劝导而稽其数，每年报闻上司可也。十二岁以上，入小学校，习普通学，兼习《五经》。先讲解，后记诵，但解经书浅显义理，兼看中外简略地图。学粗浅算法，至开立方止；学粗浅绘图法，至画出地面平形止。习中国历代史事大略、本朝制度大略，习柔软体操，三年而毕业，绅董司之，官考察之。十五岁以上，入高等小学校，解经书较深之义理，学行文法，学策论词章，看中外详细地图，学较深算法，至代数几何止；学较深绘图法，至画出地上平剖面、立剖面、水底平剖面止。习中国历史大事、外国政治学术大略，习器具体操，兼习外国一国语言文字之较浅者。此学必设兵队操场，三年而毕业，官司之，绅董佐之。府设中学校，十八岁高等小学毕业者，入中学校，习普通学。此学温习经史地理，仍兼习策论词章，并习公牍书记文字。学精深算法，至弧三角航海驶船法止；学精深绘图法，至测算经纬度行军图目揣远近斜度止。习中国历史兵事，习外国历史法律格致等学。外国政治条约即附于律法之内，并讲明农工商等学之大略。习兵式体操，兼习外国一国语言文字之较深者。词章一门，亦设教习，学生愿习与否，均听其便。此学亦必设兵队操场，三年而毕业，学政考之，给予凭照，送入省城高等学校。省城应设高等学校一区，大省容二三百人，中小省容百余人。屋舍不便者，分设二三处亦可，但教法必须一律，非由中学校普通学毕业者不能收入。拟参酌中西学制，分为七专门：一经学，中国经学、文学皆属焉；二史学，中外史学、中外地理学皆属焉；三格致学，中外天文学、外国物理学、化学、电学、力学、光学皆属焉；四政治学，中外政治学、外国律法学、财政学、交涉学皆属焉；五兵学，外国战法学、军械学、经理学、军医学皆属焉；六农学，七工学，凡测算学、绘图学、道路、河渠、营垒、制造、军械、火药等事皆属焉，共七门。各认习一门，惟人人皆须兼习一国语言文字。此学亦必设兵队操场。至医学一门，以卫生为义，本为养民强国之一大端。然西医不习风土，中医又鲜真传，止可从缓。惟军医必不可缓，故附于兵学之内。并另设农工商矿四专门学校各一区，专以考验实事为主，机器药料试验所皆备，亦三年而毕业。其普通学成，愿入此四学者听。入此四学者，中国政学、文学皆令温习。无论何学，皆有兵队操场。其习武者，专设一武备学校，择普通毕业之廪生愿习武者送入。《四书》义、中国历史策论，人人兼习。其余悉依外国教课之法，并专习一国语言文字。或仿日本并设一炮工学校，专学制造枪炮之法，均三年而毕业。文学生高等学校毕业后，除农工商矿专门四学，另为章程外，此七门学生，学律法者，派入交涉局，学习实事，名曰练习学生；其余六门学生，均随其所愿，派入农工商矿等局，兼习实事，名曰兼习学生，均以实在局在营一年为度。农工商矿四专门学生，三年毕业后，农学派赴本省外县山乡水县考验农业，工学派赴本省外省华洋工厂考验制造，商学派赴南北繁盛口岸考验商务，矿学派赴本省外省开矿之山、炼矿之厂考验采炼，均名曰练习学生，亦均以实在出外游历练习一年为度。其武学生武备学校毕业后，令入营学习操练一年，半年充兵，半年充弁，以实在营一年为度。合计在学肄业及出外练习文武各门，均四年。学成，先由督抚学政考之，再由主考考之。取中者，除送入京师大学校外，或即授以官职，令其效用。大学校毕业又益加精，门目与省城所设高等专门学校同。三年学成，会试总裁考之，取中者授以官，此大中小学教法门目等级年限之大略也。（一）酌改文科并拟即照光绪二十四年臣张之洞奏变通科举奉旨允准之案酌办。大约系三场先后互易，分场发榜，各有去取，以期场场核实。头场取博学，二场取通才，三场归纯正，以期由粗入精。头场试中国政治史书，二场试各国政治、地理、武备、农工、算法之类，三场试《四书》、《五经》经义，经义即论说考辨之类也。头场十倍中额，原奏经礼部通行，陕西有案可查。惟声光化电等学，场内不能试验，拟请删去。此系原本朱子救弊须兼他科目取人之意，欧阳修随意去留鄙恶乖诞以次先去之法，而又略仿现行府县复试童生学政会考优贡之章，似乎有益无弊，简要易行。（一）停罢武科。武科硬弓刀石之拙，固无益于战征；弧矢之利，亦远逊于火器。至于默写武经，大率皆系代倩，文字且不知，何论韬略。以故军兴以来，以武科立功者，概乎其未有闻。凡武生、武举、武进士之流，不过恃符豪霸，健讼佐斗，抗官扰民，既于国家无益，实于治理有害。近年自故督臣沈葆桢以后，中外大臣，言武科改章者甚多。盖人已共知其弊，臣等揆之今日时势，武科无益有损，拟请宸断奋然径将武科小考乡会试等场一切停罢，此诚自强讲武之一大关键也。（一）奖励游学。查外国学堂，法整肃而不苦，教知要而有序。为教师者，类皆实有专长，其教人亦有专书定法。教法尤以日本为最善，文字较近，课程较速，其盼望学生成就之心，至为恳切。传习易，经费省，回华速，较之学于欧洲各国者，其经费可省三分之二。其学成及往返日期，可速一倍。江鄂等省学生，在日本学堂者多，故臣等知之甚确。此时宜令各省分遣学生出洋游学，文武两途及农工商学专门之学，均须分门认习，须择其志定文通者，乃可派往。学成后，得有凭照，回华加以复试，如学业与凭照相符，即按其等第，作为进士举贡，以辅各省学堂之不足，最为善策。此时日本人才已多，然现在欧洲学堂附学者尚数百人，此举之有益可知。并宜专派若干人，入其师范学堂，专习师范，以备回华充小学、中学普通教习，尤为要著。再官筹学费，究属有限，拟请明谕各省士人，如有自备资斧出洋游学，得有优等凭照者，回华后复试相符，亦按其等第，作为进士举贡。如此游学者众，而经费不必尽由官筹。盖游学外国者，但筹给经费，而可省无数之心力，得无数之人才，可谓善策矣。若自备资斧游学者，准给凭照录用，则经费并不必多筹，尤善之善者矣。此四条为求才图治之首务，其间事理皆互相贯通补益，故先以此四条上陈。”

光绪二十七年六月《两江总督刘坤一、两湖总督张之洞第二次会奏变法事宜疏》:“立国之道，大要有三：一曰治，二曰富，三曰强。国既治，则贫弱者可以力求富强；国不治，则富强者亦必转为贫弱。整顿中法者，所以为治之具也；采用西法者，所以为富强之谋也。谨将中法之必应整顿变通者，酌拟十二条，一曰崇节俭；二曰破常格；三曰停捐纳；四曰课官重禄；五曰去书吏；六曰去差役；七曰恤刑狱；八曰改选法；九曰筹八旗生计；十曰裁屯卫；十一曰裁绿营；十二曰简文法。敬备朝廷采择，胪陈于下:（一）崇节俭。今京畿凋残，秦、晋饥馑，赔款浩大，民生困穷，以后更不知如何景象。此时若欲挽回天意，激励人心，非贬损寅畏、力行节俭不可。拟请明降谕旨，力行节俭，始自宫廷，所有不急之务，一切停罢；无益之费，一切裁减。即不能不举之工，务从俭省核实，内务府诸臣，再有营私糜费者，必重惩之。并请谕饬内外大小臣工，务从节俭，力禁奢华。所有宫室舆服，力求朴素，应酬宴会，勿得浮糜。上官岁时之供亿，一概禁绝。督抚巡阅，学政按试，以及一切驰骋过境之贵官要差，所有舟车馆舍、厨传供张，严禁华侈，不准需索骚扰。宽于商民，严于职官，有违旨者，上司立予纠参。此不惟爱惜物力之心，乃所以昭不忘忧患之意也。（一）破常格。窃谓此时朝廷一切举动，宜视为草昧缔造之时，视为与民同患之时，将一切承平安乐之繁文缛节，量为简省变通。中外大小臣工，尤以除官气、达下情为主，应行破除常格之处甚多，兹先约举最要者三事：一曰敷奏。奏对之际，天威咫尺，往往战栗矜持，不能尽言。至于上疏陈言，每以不尽能称旨为虑，导之使言，犹多顾忌。若以折槛批鳞为戒，则虽至于颠覆，而无人为朝廷言之矣。拟请明谕中外，凡臣工奏疏召对，务以直言正谏、指陈利害为主，不必稍存忌讳。言事过于戆直者，体式稍有未合者，亦望朝廷曲予优容，以收从善纳规之益。一曰仪文。今日文武官员，官气最重，实为失人心、害政事之根。故大学士曾国藩、故巡抚胡林翼常切言之。文官贱视其民，罕与民接，炫之以仪从，威之以鞭扑，故罕通民隐；武将贱视其兵，罕与兵亲，驱为贱役，视为利薮，故罕识兵情。夫不得民心而能治，不得兵心而能胜，未之有也。应请切戒文武各官，务须屏除官气，不尚虚文，必其诚意感孚，然后兵民皆可用矣。一曰用人。承平用人多计资格，所以抑躁进；时危用人必取英俊，所以济时艰。今之仕途，不必其皆下劣也。同一才具，而依流平进者多骑墙，精力渐衰者惮改作，资序已深者耻下问。平日论吏才者，患更事之不多；今当变政之际，则惟患更事之太多。盖其所谓更事者，不过痼习空文，于中外时局，素未讲求，安有阅历？而迂谈谬论，成见塞胸，不惟西法之长，不能采取学步，即中法之弊，亦必不肯锐意扫除。古人有言：'老者谋之，壮者行之。'施之今日，似为有当。（一）停捐纳。捐纳有害吏治，有妨正途，人人能言之。户部徒以每年可收捐三百万，遂致不肯停罢，查常捐若衔封翎枝贡监等项，本不可停。若将常捐量为推广，但系虚与荣名、无关实政者，皆可扩充。拟请敕下户部，博采众议，量为推广，必可抵补损数大半。即或不敷百余万，然今日须筹赔款数千万，断不宜惜此区区，以致牵维，有妨自强要政。拟请俟此次秦、晋赈捐完竣后，即行永远停罢，以作士气而清治源。（一）课官重禄。方今事变日多，京外各衙门，断非仅通时文、翻查成例者所能胜任，欲济世用，非学无由。拟请京城设仕学院，外省设校吏馆，多备中外各种政治之书，凡中外舆图、公法、条约、学制、武备、天算、地理、农工、商矿各学之书，咸萃其中。选派端正博通之员为教习，令候备各员均入其中，分门讲习，严定课程，切实考核。进功者给予凭照，量才任用；昏惰者惩儆留学；不可教者，勒令回籍。其实缺各官，愿入馆讨论求益者，亦听其便。惟善教以培其材，尤须重禄以养其廉。查京职俸银俸米，为数无多，加以银贱物贵，实不足以自给。而科道为风宪之官，翰詹为储才之地，俸银尤宜从优。光绪八年户部奏定，令各省关筹解京官津贴银二十六万两，乃行之一年，旋将此项拨充饷需。且原定数目较少，大小各官不能遍及，其分给者，为数亦不敷用度。今日亟宜另筹办理，至三品以上大员，用度较繁，关系甚重，必应一并筹及。其名目即称为养廉，勿庸再称津贴，方为名正言顺。大约必须筹款百万，方足敷各衙门办公之需，杜乞货苞苴之习。至外省各府县等官，甘苦亦不一致，州县有民社之寄，知府有表率之责，断不可令其苦累。州县瘠区则科派鬻狱而病民，冲繁则亏挪库款而病国，不得已而为调剂调署之策，则传舍无常，而国与民交病。其号称优缺者，不过隐匿税契杂税，减削驿站经费，甚至捏报例灾。盖州县官卑事繁，科场考棚之摊捐，解役缉捕之繁费，驿路大差之供亿，委员例差之应酬，其养廉万不足以给用，不得不迫而出此。故州县多一分之繁费，则国帑暗伤一分之进款。知府公费，无非取给州县，然公费多少不一，往往借端挑剔，格外诛求。故府州县皆须令其办公有资，然后能尽心于国事，应请饬下各省，体察本省情形。省州县之繁费，禁上司之需索，州县既无累可言，则可令其久任，责以实政。设遇地方有重要难办之事，只可因择人而量移，不准因恤累而更调。一切公款，责令切实报解，不得借口侵欺。知府办公竭蹶者，亦为等增公费，至增加养廉公费以后，京外各官，如再有贪墨败检者，除参革外，仍行追罚充公。果使贤才无北门贫窭之忧，当官有公而忘私之志，则为国家所省者多矣。（一）去书吏。蠹吏害政，相沿已二千年。臣等历年来所见部文，不过查叙旧案、核算数目，从未论及事理。下等司官皆优为之，其准者不过曰与某案尚属相符，尚属实在情形。其驳者不过曰与旧案不合，窒碍难行，间有援据古今、发为议论、指陈事理、语有断制者，则必系司官秉笔，或经堂官改定，一望而知决非经承稿书所能为。然则此辈一无所长，但工作弊索贿。至外省各衙门书吏，弊窦亦多。若督抚衙门之兵房，藩司之吏房、户房，州县之户粮、房税、契房，皆所不免，而州县为尤甚。缘兵燹以后，鱼鳞册多已无存，催征底册，皆在书吏之手。缓欠飞洒，弊混极多，把持州县，盘剥乡民，税契一项，包揽隐匿，官无如何。其实无论大小衙门，书吏伎俩皆极庸劣，凡紧要奏牍咨札详禀，或本官亲自属稿，或委员幕友拟稿，从无书吏能动笔者。所能为者，不过例行公事，依样壶卢而已。若各局文件，多非循例之事，则皆系委员办稿，至亲书则满纸俗别，谬说脱落，尤为恶劣，实于公事有妨。兹拟将各省书吏一律汰除，改用委员。其额设办稿经承，督抚、司道、知府、直隶州衙门用本省候补佐贰杂职为之，称为稿委。缮写清书，用本省生员为之，称为写生。督抚、司道衙门书吏，向有饭食津贴各项银两，即以拨充稿委、写生薪水之用。州县等衙门应就地筹款，惟各州县户房粮房，藏匿收征底册，以为居奇，最为藐法可恶。拟请将各省州县户房粮房应分为数年裁汰，由督抚体察情形，一年先办六七县或十余县，择其易于清理者办起。如该吏有敢抗匿销毁粮册者，即行奏请正法。俟办有规模，即可一律推行，永除要官朘民之弊矣。（一）去差役。差役之为民害，各省皆同，必乡里无赖始充此业。传案之株连，过堂之勒索，看管之陵虐，并相验之科派，缉捕之淫掳，白役之助虐，其害不可殚述。民见差役，无有不疾首蹙额，视如虎狼蛇蝎者。差役扰民之事，其报官者不过什之一，其报官而惩办者不过什之五，师徒相承，专习为恶之事，良由换官不换差役。故根株蟠结，党羽繁滋，斥革旋复，虽有良吏，只能遇事惩儆，稍戢其暴而已，而终不能令种种扰民害民之弊一概杜绝。盖官署事事需差，州县不皆久于其任，势不能锄而去之，别筹良法。今钦奉明谕，令将差役、白役分别裁汰，此诚恤民图治之要端也。此事自当转饬有司，钦遵实办。惟州县之听讯理刑催科缉捕等事，不能不需人以供驱使，若繁剧州县，人少亦不敷用，例定役食无多，不足以资雇募。拟令州县自行募勇，以供驱遣，大县百余名，小县数十名，以供上项各种驱使。此勇既由官选募，必自择妥实可信之人，去留在官，自然不能把持，习气未深，作弊不能甚巧，但使本官约束严明，即可不为民害。各国清查保甲、巡街查夜、禁暴戢奸，皆系巡捕兵之责，其人并非下流猥贱之人，其头目即系武弁。日本名为警察，其头目名为警察长，而统之以警察部，其章程用意，大要以安民防患为主，与保甲局及营兵堆卡略同。然警察系出于学堂，故章程甚严而用意甚厚，凡一切查户口、清道路、防火患、别良莠、诘盗贼，皆此警察为之。闻京城现拟设立巡捕，将来自可仿办。兹拟州县用勇，即与用巡捕兵之意相近，当于繁盛城镇，采取外国成法，并参酌本地情形，先行试办，以次推行。警察若设，则差役之害可以永远革除，此尤为吏治之根基，除莠安良之良策矣。（一）恤刑狱。州县有司，政事过繁，文法过密，经费过绌，而实心爱民者不多。于是滥刑株累之酷，囹圄凌虐之弊，往往而有。虽有良吏，不过随时消息，终不能尽挽颓风。外国人来华者，往往亲入州县之监狱，旁观州县之问案，疾首蹙额，讥为贱视人类。驱民入教，职此之由。今酌拟九条：一曰禁讼累。每有诉讼，差役家丁必索讼费，视其家道以为多少。至少者制钱四千，薄有田产者任意诛求，不满其欲者，则诡曰案未传齐，致官不能过堂。即恤民之官，为之酌减定数，不准多索。然一官所禁，后任复然，差役不革，此弊不除，至传案株累，最为民害。其中有原告诬攀者，亦有吏役怂恿本官者，亦必须裁去吏役，方能杜绝。二曰省文字。承审之例限处分太严，而命盗案之报少，必俟犯已认供而后详报。盗案之例限开参太严，且必获犯过半，兼获盗首，方予免议。而讳盗之事多，讳有为无，讳劫为窃，讳多为少，各省从无一实报人数者。命案罕报罕结，则多私和人命及拖毙证人之事，民冤所以不伸也。盗案不早报，不实报，则萑苻已起而上官不知，寇乱所以潜伏也。此事关系甚大，非宽减例处，断无禁绝拖延命案、讳饰盗案之法。至于上控之案，其官吏偏私，实有冤抑者，自应彻底严惩；乃近来上控，往往有讼棍主持，意图攀累讹索，图准而不图审，以致被告羁系日久而原告不到案。虽有原告两月不到、将案注销之例，而两月之久，拖累已多，即由省押发，或已经逃匿，或中途潜逃，诬累害人，情尤可恶。应请明定例章，如上控案已经批发而两月后并不到案者，除照例注销外，并将上控之人通缉治罪。以后再将此案上控者，亦即驳斥治罪，究出架讼之人，一律严办。并将上控承审迟延之处分，分别情节办理，此亦省拖累之一端也。三曰省刑责。敲扑呼号，血肉横飞，最为伤和害理，有悖民牧之义，地方官相沿已久，漠不动心。拟请以后除盗案命案证据已确而不肯供认者，准其刑吓外，凡初次讯供时，及牵连人证，断不准轻加刑责。其笞杖等罪，应由地方官体察情形，酌量改为羁禁，或数日，或数旬，不得凌虐久系。四曰重众证。外国问案，专凭证人；众证既确，即无须本犯之供。查例载众证明白，即同狱成，不须对问。然照此断拟者，往往翻控，非诬问官受贿，即诋证人得赃，以故非有确供，不敢详办。于是反复刑求，则有拷虐之惨；多人拖累，则有瘐毙之冤。拟请以后断案，除死罪必须有输服供词外，其军流以下罪名，若本犯狡供，拖延至半年外者，果系众证确凿，其证人皆系公正可信，上司层递亲递复讯皆无疑义者，即按律定拟，奏咨立案。如再京控上控，均不准理，此即省酷刑拖累之大端也。五曰修监羁。州县监狱之外，又有羁所，又有交差押等名目，狭隘污秽，凌虐多端，暑疫传染，多致瘐毙，仁人不忍睹闻，等之于地狱，外人尤为痛诋，比之以番蛮。夫监狱不能无，而酷虐不可有。宜令各省设法筹款，将臬司府厅州县各衙门内监外监，大加修改，地面务须宽敞，屋宇务须整洁，优给口粮及冬夏调理各费，禁卒凌虐，随时严惩。至羁所一项，所以管押窃贼地痞，及案情干涉甚重而供情未确、罪名未定、保人未到者，定例虽无明文，而各省州县无处无之。盖此等案犯，若取保则什九潜逃，断不能行，若令还住客店，交差看守，则勒虐更甚，无从稽考。故羁所一项，其势不能不设。拟请明定章程，各处羁所，务须宽洁整净，不能虐待，亦不准多押。至传质者归入候审所，各省多已设立，其余差带官店等事，务须禁绝。此事之实办与否，有房屋可验，不能掩饰。六曰教工艺。近年各省多有设立迁善所、改过所者，亦间教以工艺等事，然行之不广，且教之亦不认真。应令天下各州县有狱地方，均于内监中，必留一宽大空院，修工艺房一区，令其学习，将来释放者可以谋生改行，禁系者亦可自给衣履。七曰恤相验。凡有命案应相验者，验尸棚厂官吏夫马之费甚多，均取之被告家，不足则派之族邻，小村单户，则派之一半里外之远邻。间有恤民之吏，自备夫马帐棚，严禁差役科派，然亦不过百之一二，终无禁绝之法。查四川有三费局，由绅民粮户捐出，一为招解费，一为相验费，一为夫马费，民甚便之，行已三十年。此事似宜令各州县就地筹款，务以办成为度，仍责令州县轻骑简从，不准纵扰，违者严参。八曰改罚锾。赎罚之刑，古经今律皆同有之，惟其途尚隘。查命案盗案应按律治罪，窃贼、地痞、恶棍伤人、诈骗讼棍，宜量予扑责监禁，借以儆其悍暴，晓示良民，此数项应不准罚赎。此外如户婚田土家务钱债等类之案，其中多系绅衿，且两造必系亲戚乡邻，不宜苦辱过甚，致本人有碍上进，并使两造子孙永为仇隙，除按其曲直审断外，其曲者按其罪名轻重，酌令罚缴赎罪银若干，以为修理监狱经费。举贡生监职员封职犯事罪不致军遣者，除递革外，并罚缴修理监狱经费，看管数月，免其刑责，似于化民善俗之义有合。罚缴之数，令其详报上司，私罪及入己者罪之。九曰派专官。监羁一事，固须屋宇广洁，尤须随时体恤，禁绝凌虐，必有专官司之，方有实济。吏目典史，卑于州县，不能考察。查各府皆有同知通判，所司清军盐捕水利等事，久成具文，一无事事。按今之通判，宋亦名通判，或名签判，明曰推官，皆兼管狱囚诉讼，故文人称为司李，俗人称为刑厅。拟请著为定章，每府即派实缺同知，专司稽察各属监狱之事，同知不同城者，派同城通判，每两月遍赴所属外县稽察一次。同城兼有同通者，两员分任，一月稽察一次。同城县监，十日稽察一次。监狱不善，凌虐未禁者，准其据实禀明督抚臬司，比照滥刑例参处，稽察府监责成本道司监，由督抚随时委员稽察。要之，事事皆有确实办法，庶可以仰裨圣朝尚德缓刑之治，而驱民入教之患可渐除矣。(一)改选法。明季以来，部选之官，皆系按班依次选用，查册之外，辅以掣签，并无考核贤否之法。候选人员，多系遣人投供，必托部吏查探选期已近，始行亲自入都。选缺到省，必令赴任，间有留省学习，不过一年数月。其中多有纨绔子弟、乡僻寒儒，罕能通晓吏事，至本省情形，则更茫然。每出一缺，或应外补，或应内选，或一咨一留，或两咨一留，班次纠纷，章程繁细。各官但算计得缺之迟早、班次之通塞，心思识解，日趋鄙俗。窃议略为变通，以后州县同通，统归外补。无论正途保举捐纳，皆令分发到省，补用试用，令其学习政治。上官亦得以考核其才识之短长，遇有缺出，按照部章，应补何班，即于本班内统加酌量拟补，不必拘定名次。惟到省未满一年者，除本班无人外，不得请补。(一)筹八旗生计。京外八旗生齿日繁，饷额有定，且银价渐低，物价日贵。国家虽费巨款，而旗兵旗丁仍不免拮据之忧，殊鲜饱腾之乐。拟请将京外八旗饷项，仍照旧额开支，惟照旧法略为变通，宽其约束。凡京城及驻防旗人，有愿至各省随宦游幕、投亲访友以及农工商贾各业，悉听其便。侨寓地方、愿寄籍应小考乡试者，亦听其便。准附入所寄居地方之籍，一律取中，但注明寄居某旗人而已。有驻防省分，或即附入驻防之额，其自愿归入民卷者，必其自揣文艺可与众人争衡，即不为之区别，寄籍者即归地方官，与民人一体约束看待。惟出京寄籍自谋生理之人，其钱粮即行开除，不必另补。但将马步甲兵，豫定一至少减至若干之额，省出饷银饷米，即以专充八旗广设学堂之费，士农工商兵五门，随所愿习。惟习武备，须择年在二十岁以下者，如系当兵者，既入学堂，则寻常旧例操演勿庸再到，以免分其学堂之日力。其习武备者，留以供禁旅之用。习他项者，令其为谋生之资。所学未成，不能营生之时，饷项照旧给发。五年以后，省饷日巨，学堂日增。十年以后，充兵者可以御侮，则不患弱，改业者各有所长，则亦不患贫矣。（一）裁屯卫。漕运一事，种种有名无实，亟应设法变通。查有漕各省。屯田本为赡运军而设；各卫所守备千总，本为征屯饷押漕运而设。今日无论折漕与否，运漕皆系轮船，民船运军，久无其人，卫官一无所事。而屯田屯饷，弊窦尤多。一卫所属屯田，有隔在别府者，有跨在别省者，卫官并不知其田在何处、数有若干，其册皆在该卫数书吏之手。至于荒熟丰歉，更无影响可寻，卫官但向书吏索取年例陋规而已。此等积弊，各省皆同。臣等查之甚悉，计十年之中，江南、湖北各卫官，以争利谋缺讦讼滋闹之案甚多，谬妄离奇，直不知官场为何事，不文不武，形同赘疣。若屯田屯饷改归所隶州县征收，则每年丰歉完欠皆有可考矣。（一）裁绿营。绿营之无用，自嘉庆初年川、楚教匪之乱而已著，自发、捻之乱而大著。调派出征，则闻风推诿，其不能当大敌御外侮，固不待言，即土匪盐枭，亦且不能剿捕。三十年来，以裁汰绿营为言者，不止数十百人。自光绪十一年，奉懿旨，令裁汰绿营。光绪二十二年，又奉上谕，裁汰绿营，各省虽已分别裁汰，然现存者尚复不少，合计各省原营额饷挑练加饷岁费饷银饷米马干，照光绪十一年八月二十二日懿旨绿营兵饷一千五百万两之数核算，此时尚需银一千万两以外，物力艰难，年年巨耗，真不知何所底止也。裁汰之要义有二：一则宜筹从容消散之方，一则宜筹抵补弹压地方之具。拟请将各省绿营，不论挑练之兵、原营之兵，分马步战守，限每年裁二十分之一，计百人裁五，统限二十年裁竣。应裁者每名发给恩饷一年，责成各省督抚藩司。每年饷银饷米，就现在应发之数，于二十成中扣发一成，其何营应开除几名，令各该营自行按数开除。惟是此项省出之饷，只能改为养缉勇设警察之费，不能指为充裕库储之计。盖精练备战之营，只可屯扎省城及要隘重镇两三处，断不宜各处分扎，又蹈营汛之失。省外府县，亦未便听其空虚，可即以此项省出之饷，酌营缉捕勇营，派赴外府，择要分防。并设警察之勇，归州县调度，不过改募勇丁，则整顿去留，其权在地方官。勇可随时裁募，兵可随时更换，于弭乱安民既有实际，而经费可免另筹，此即与新增巨款无异矣。（一）简文法。约有三端：一曰省虚文。凡部院文移，外省公牍，多有陈陈相因、无益实政者，有册籍浩繁、无关利弊者，有末节细故、往返驳查、稽延时日者，有循旧具报出结、并无实事者，此类不可殚述。拟请敕下京外各衙门，通行彻查，酌量省罢。至于无谓仪节，徒致废务妨要者，亦请查核，酌改从简。一曰省题本。查题本乃前明旧制，既有副本，又有贴黄，兼须缮写宋字，繁复迟缓。我朝雍正年间，谕令臣工将要事改为折奏，简速易览，远胜题本。五十年来，各省已多改题为奏之案。上年冬间，曾经行在部臣，奏请将题本暂缓办理。此后拟请查核详议，永远省除，分别改为奏咨。一曰宽例处。范仲淹之言曰：士大夫公罪不可无，私罪不可有。洵为名论。方今吏议繁密，京外各官，殆无一人无一日不干吏议者，而州县为尤甚。治民之本，全在州县，救过不暇，何暇论及教养乎？牵缠既多，于是遇事诿卸，多方弥缝，上官亦知其情多为难，不肯苛求，姑从掩覆。既明知为无益劝惩之事，何必存此虚文？应请敕下吏部、兵部、都察院，查核处分旧例，分别公私轻重，量加宽减删除。如此则臣下之于朝廷，僚属之如上官，可以进实言，办实事矣。以上十二条，皆中国积弱不振之故，而尤为外国指摘诟病之端。臣等所拟办法，或养民力，或澄官方，或作士气，前人论及此者多矣，特以误于弊去太甚之言，怵于诸事更张之谤，律令文告，都成具文，小有设施，不规久远。今日外患日深，其乐因循、务欺饰者，动以民心固结为言，不知近日民情，已非三十年前之旧。羡外国之富，而鄙中土之贫；见外兵之强，而疾官军之懦；乐海关之平允，而怨厘局之刁难；夸租界之整肃，而苦吏胥之骚扰。于是民从洋教，商挂洋旗，士入洋籍，始由否隔，浸成涣散，乱民渐起，邪说乘之，邦基所关，不胜忧惧。必先将以上诸弊一律铲除，方可冀民心固结永远，然后亲上死长，御侮捍患，可得而言矣。”

光绪二十七年《两江总督刘坤一、两湖总督张之洞第三次会奏变法事宜疏》：“西法纲要，更仆难终，情形固自有异同，行之亦必有次第。臣等谨就切要易行者胪举十一条：一曰广派游历，二曰练外国操，三曰广军实，四曰修农政，五曰劝工艺，六曰定矿律路律商律交涉刑律，七曰用银圆，八曰行印花税，九曰推行邮政，十曰官收洋药，十一曰多译东西各国书。大要皆以变而不失其正为主。”

第十二章　译书与游学

译书之事，盛于明季，清初译者渐少。穆尼阁之《天步真原》，蒋友仁之《地球图说》，无大影响于学者也。

> 《畴人传》（阮元）："穆尼阁，顺治中寄寓江宁，喜与人谈算术而不招人入会，在彼教中，号为笃实君子。青州薛凤祚尝从之游，所译新西法曰《天步真原》。""穆尼阁新西法，与汤、罗诸人所说互异。当时既未行用，而薛凤祚所译，又言之不详，以故知其术者绝少。""钱大昕官赞善时，适西洋人蒋友仁以所著之《地球图说》进。奉旨翻译，并诏大昕与阁学何国宗同润色。"

道光中，海疆事棘，学者欲通知四裔之事，始竞编译地志，若《海国图志》、《瀛环志略》、《朔方备乘》等书，皆杂采诸书为之，非专译也。

> 《海国图志序》（魏源）："《海国图志》六十卷，何所据？一据前两广总督林尚书所译西夷之《四洲志》，再据历代史志及明以来岛志及近日夷图夷语，钩稽贯串，创榛辟莽，前驱先路。大都东南洋、西南洋增于原

书者十之八，大小西洋、北洋、外大西洋增于原书者十之六，又图之经之，表以纬之，博参群议以发挥之。何以异于昔人海图之书？曰：彼皆以中土人谈西洋，此则以西洋人谈西洋也。”（原刻仅五十卷，嗣增补为六十卷，道光二十七年，增为百卷，重刻于扬州，仍其原叙，不复追改。）

《山西通志·徐继畬传》：“继畬官福建巡抚，入觐，宣宗询以各国风土形势，奏对甚悉。爰命采辑为书，书成曰《瀛环志略》。”

《何秋涛传》（张星鉴）：“尝考东北边疆之要，成书百卷，尚书某公为进呈，赐名《朔方备乘》。”

咸丰中，海宁李善兰客上海，与英人艾约瑟、伟烈亚力等游，译述重学、几何、微积等书，于是译事复兴。

《畴人传》：“李善兰，字壬叔，号秋纫，海宁人。咸丰初，客上海，识英吉利文士伟烈亚力、艾约瑟、韦廉臣三人，从译诸书。”“《几何原本》后九卷续译序云：泰西欧几里得（Euclid）撰《几何原本》十三卷，后人续增二卷，共十五卷。明徐、利二公所译，其前六卷也，未译者九卷。”“自明万历迄今，中国天算家愿见全书久矣。道光壬寅，国家许息兵，与泰西各国定约，此后西士愿习中国经史、中士愿习西国天文算法者听，闻之心窃喜。岁壬子，来上海，与西士伟烈君亚力约，续徐、利二公未完之业。伟烈君无书不览，尤精天算，且熟习华言。遂以六月朔为始，日译一题，中间因应试避兵诸役，屡作屡辍。凡四历寒暑，始卒业。是书泰西各国皆有译本，顾第十卷阐理幽玄，非深思力索，不能骤解，西士通之者亦鲜。故各国俗本，掣去七八九十四卷，六卷后即继以十一卷，又有前六卷单行本，俱与足本并行。各国言语文字不同，传录译述，既难免参错，又以读全书者少，翻刻讹夺，是正无人。故夏五三豕，层见叠出，当笔受时，辄以意匡补。伟烈君言：异日西士欲求是书善本，当反访诸中国矣。”“《重学》二十卷附《曲线说》三卷序云：艾君约瑟语余曰：西国言重学者，其书充栋，而以胡君威立所著者为最善，约而该也。先生亦有意译之乎？余曰诺。于是朝译几何，暮译重学，阅二年，同卒业。”“《代微积拾级》十八卷序云：罗君密士，合众之天算名家也，取代数、微分、积分三术，合为一书。分类设题，较若列眉，嘉惠后学之功甚大。伟烈君亚力闻而善之，亟购求其书，请余共事，译行中国。译既竣，即名之曰《代微积拾级》，时《几何原本》刊行之后一年也。”“《谈天》十八卷序云：余与伟烈君所译《谈天》一书，皆主地动及椭圜立说。”“又京卿所译西书，尚有《植物》一种，凡八卷。”“论曰：李京卿邃于数理，专门名家，用算学为郎，王公交辟，居译署者几二十年。”

同治初，总理衙门设同文馆，并设印书处，以印译籍。吴人冯桂芬倡议，上海、广东均应仿设。其《显志堂稿·上海设立同文馆议》云：

互市二十年来，彼酋类多能习我语言文字之人，其尤者，能读我经史，于朝章国政吏治民情，言之历历。

而我官员绅士中，绝无其人，宋聋郑昭，固已相形见绌。且一有交涉，不得不寄耳目于所谓通事者，而其人遂为洋务之大害。上海通事，人数甚多，获利甚厚，遂于士农工商之外，别成一业。广州、宁波人居多，其人不外两种：一为无业商贾，凡市井中游闲跅弛、不齿乡里、无复转移执事之路者，以学习通事为逋逃薮。一为义学生徒，英、法两国，设立义学，广招贫苦童稚，与以衣食而教督之，市儿村竖，流品甚杂，不特易于湔染洋泾习气，且多传习天主教，更出无业商贾之下。此两种人者，声色货利之外，不知其他，惟借洋人之势力，狐假虎威，欺压平民，蔑视官长，以求其所欲。……又其人质性中下，识见浅陋，叩其所能，仅通洋语者十之八九，兼识洋字者十之一二。所识洋字，亦不过货名银数与俚浅文理，不特于彼中政治张弛之故，瞢焉无知，即间有小事交涉，一言一字，轻重缓亟，展转传述，往往影响附会，失其本指，几何不以小嫌酿大衅。……夫通习西语西文，例所不能禁，亦势所不可少，与其使市井无赖独能之，不若使读书明理之人共能之。前见总理衙门文，新设同文馆，招八旗学生，聘西人教习诸国语言文字，与汉教习相辅而行，此举最为善法，行之既久，能之者必多，必有端人正士奇尤异敏之资出于其中。然后得西人之要领而驭之，绥靖边陲之原本，实在于是。惟是洋人总汇之地，以上海、广州二口为最，种类较多，书籍较富，闻见较广。凡语言文字之浅者，一教习已足，其深者，务其博采周资，集思广益，则非上海、广州二口不可。……愚以为莫如推广同文馆之法，令上海、广州仿照办理，各为一馆。募近郡年十五岁以下之颖悟诚实文童，聘西人如法教习，仍兼聘品学兼优之举贡生监，兼课经史文艺，不碍其上进之路。三年为期，学习有成，调京考试，量予录用。遇中外交涉事件，有此一种读书明理之人，可以咨访，可以介绍，即从前通事无所施其伎俩，而洋务之大害去矣。至西人之擅长者，历算之学，格物之理，制器尚象之法，皆有成书，经译者十之一二耳，必能尽见其未译之书，方能探赜索隐，由粗迹而入精微。

苏抚李鸿章从其议，遂就上海敬业书院地址，建广方言馆，教西语西学，以译书为学者毕业之证。

《墨余录》："同治建元，岁次壬戌，苏抚李鸿章题准就上邑设立广方言馆。时新移敬业书院于学宫旧址，乃即院西隙地，起造房廊，制极宏敞。官绅冯桂芬等拟定章程十二条，禀准颁行。""肄业生额设四十名，延英士中之有学问者二人，为西教习；以近郡品学兼优绅士一人，为总教习；举贡生员四人，为分教习。分教经学、史学、算学、词章为四类。""诸生于三年期满后，有能一手翻译西书全帙，而文理亦斐然成章者，由中西教习移道，咨送通商衙门考验，照奏定章程关会学政，作为附生。以后通商各衙门应添设翻译官，承办洋务，督抚即可遴选承充，不愿就者听，其能翻译而非全帙者，作佾生，一体出馆。"

后又移并于制造局，

《瀛壖杂志》："广方言馆向设于旧学宫之西偏，同治己巳，应敏斋方伯于南门外制造局，大拓基地，以建书院。庚午春间，广方言馆移附于此。"

而制造局的翻译馆，尤专以译述为事。

《江南制造局记》："翻译馆，同治六年设，翻译格致、化学、制造各书。提调一人，口译二人，笔述三人，校对图画四人。"

《瀛壖杂志》："广方言馆，后为翻译馆，人各一室，日事撰述。旁为刻书处，乃剞劂者所居。口译之西士，则有傅兰雅、林乐知、金楷理诸人；笔受者则为华若汀、徐雪村诸人。自象纬、舆图、格致、器艺、兵法、医术，罔不搜罗毕备，诚为集西学之大观。"

《清稗类抄》："无锡徐雪村寿，精理化学，于造船造枪炮弹药等事，多所发明，并自制镪水、棉花药、汞爆药。我国军械既赖以利用，不受西人之居奇抑勒，顾犹不自满，进求其船坚炮利工艺精良之原，始知悉本于专门之学，乃创议翻译泰西有用之书，以探索根柢。曾文正公深韪其言，于是聘订西士伟力亚利、傅兰雅、林乐知、金楷理等，复集同志华蘅芳、李凤苞、王德均、赵元益诸人以研究之，阅数年，书成数百种。"

西人之来华传教行医，亦恒以图书为鼓吹之具，虽其译笔不佳，要亦可以新当时之耳目，然论者恒病之。

《西学书目表序例》："曾文正开府江南，创制造局，首以翻译西书为第一要义。数年之间，成者百种，而同时同文馆及西士之设会教干中国者，相继译录，至今二十余年，可读之书约三百种。”“译出各书，都为三类：一曰学，二曰政，三曰教。今除教类之书不录外，自余诸书，分为三卷：上卷为西学诸书，其目曰算学、曰重学、曰电学、曰化学、曰声学、曰光学、曰气学、曰天学、曰地学、曰全体学、曰动植物学、曰医学、曰图学。”“中卷为西政诸学，其目曰史志、曰官制、曰学制、曰法律、曰农政、曰矿政、曰工政、曰商政、曰兵政、曰船政。下卷为杂类之书，其目曰游记、曰报章、曰格致、曰西人议论之书、曰无可归类之书。”“官局所译者，兵政类为最多。盖昔人之论，以为中国一切皆胜西人，所不如者，兵而已。西人教会所译者，医学类为多，盖教士多业医也。制造局首重工艺，而工艺必本格致，故格致诸书，虽非大备，而崖略可见。惟西政各籍，译者寥寥，官制、学制、农政诸门、竟无完帙。”

《论译书之弊》(叶瀚)：“自中外通商以来，译事始起。京师有同文馆，江南有制造局，广州有医士所译各书，登州有文会馆所译学堂使用各书，上海益智书会又译印各种图说，总税务司赫德译有西学启蒙十六种，傅兰雅译有格致汇编、格致须知各种。馆译之书，政学为多，制局所译，初以算学、地学、化学、医学为优，兵学、法学皆非专家，不得纲领；书会税司各学馆之书，皆师弟专习，口说明畅，条理秩然；讲学之书，断推善本，然综论其弊，皆未合也。(一)曰不合师授次第。统观所译各书，大多类编专门，无次第，无层级，无全具文学卷帙，无译印次第章程，一也。(一)曰不合政学纲要。其总纲则有天然理数测验要法，师授先造通才，后讲专家。我国译书，不明授学次第，余则或只零种，为报章摘录之作，为教门傅翼之书，读者不能观厥会通，且罔识其门径。政学则以史志为据，法律为纲，条约章程案据为具，而尤以哲学理法为本。我国尤不达其大本所在，随用逐名，实有名而无用，二也。（一）曰文义难精。泰西无论政学，有新造之字，有沿古之字，非专门不能通习。又西文切音，可由意拼造，孳乳日多；汉字尚形，不能改造，仅能借用。切音则字多诘屈，阅者生厌；译义则见功各异，心志难齐，此字法之难也。泰西文法，如古词例，语有定法，法各不同，皆是创造不如我国古文骈文之虚抚砌用，故照常行文法，必至扞格不通。倘仿子史文法，于西扞文例固相合，又恐初学难解，此文法之难也，三也。（一）曰书既不纯，读法难定。我国所译，有成法可遵者，有新理琐事可取者，有专门深纯著作前尚有数层功夫，越级而进、万难心解者。取材一书，则嫌不备；合观各书，又病难通。起例发凡，盖甚难焉，四也。坐此四弊，则用少而功费，读之甚难；欲读之而标明大要，以便未读之人，又难之难也。”

马建忠尝议设翻译书院，其言亦未能实行。

（一）书院之设，专以造就译才为主。入院者分两班：一选已晓英文或法文，年近二十，而资性在中人以上者十余名，入院，校其所造英法文之浅深，酌量补读，而日译新事数篇，以为功课。加读汉文，如唐、宋

> 诸家之文，而上及周、秦、汉诸子，日课论说，务求其辞之达而理之举。如是者一年，即可从事翻译。一选长于汉文，年近二十而天资绝人者二十余名，每日限时课读英、法文字，上及拉丁、希腊语言，不过二年，洋文即可通晓。盖先通汉文，后读洋文，事半功倍，为其文理无间中外，所异者事物之称名耳。（一）请一兼通汉文之人，为书院监理，并充洋文教习。（一）请长于古文词者四五人，专为润色已译之书，并充汉文教习。（一）应译之书，拟分三类：其一为各国之时政，外洋各国内治之政，如上下议院之立言；各国交涉之件，如各国外部往来信札、新议条款、信使公会之议。其原文皆有专报，此须随到随译，按旬印报。书院初设，即应举办者也。其二为居官者考订之书，如行政、治军、生财、交邻诸大端所必需者也，为书甚繁，今姑举其尤当译者数种，如《罗玛律要》，为诸国定律之祖，诸国律例异同，诸国商律考异，民主与君主经国之经，山林渔泽之政，邮电铁轨之政。《公法例案》，备载一切交涉原委，条约集成，自古迄今宇下各国凡有条约无不具载。其为卷甚富，译成约可三四百卷。《东方领事便览》，生财经权之学，国债消长，银行体用。《方舆集成》，凡五洲险要皆有详图，为图三千余幅，乃舆图中最为详备之书。罗玛总王贵撒尔（Julius Caesar）行军日记，法王那波伦第一行军日记，此两王者，西人称为古今绝无仅有之将材，所载攻守之法，至为详备。他书应译者，不可胜记。

甲午以后，学者多学日语，以译日本所译著之书，其浅劣殆更甚于官局及教会之译籍焉。

近世译才，以侯官严复为称首。其译赫胥黎《天演论》标举译例，最中肯綮：

> （一）译事三难：信、达、雅。求其信，已大难矣；顾信矣，不达，虽译，犹不译也，则达尚焉。海通已来，象寄之才，随地多有，而任取一书，责其能与于斯二者，则已寡矣。其故在浅尝，一也；偏至，二也；辨之者少，三也。（一）西文句中，名物字多随举随译，如中文之旁支，后乃遥接前文，足意成句。故西文句法，少者二三字，多者数十百言，假令仿此为译，则恐必不可通。而删削取径，又恐意义有漏，此在译者将全文神理融会于心，则下笔抒词自然互备。至原文词理本深，难于共喻，则当前后引衬，以显其意。凡此经营，皆以为达，为达即所以为信也。（一）信达而外，求其尔雅，此不仅期以行远已耳。实则精理微言，用汉以前字法句法，则为达易；用近世利俗文字，则求达难。往往抑义就词，毫厘千里，审择于斯二者之间，夫固有所不得已也。……又原书论说，多本名数格致及一切畸人之学，倘于之数者向未问津，虽作者同国之人，言语相通，仍多未喻，矧夫出以重译耶！

嗣译斯密亚丹之《原富》，穆勒约翰之《名学》、斯宾塞尔之《群学肄言》、孟德斯鸠之《法意》、甄克思之《社会通诠》等书，悉本信、达、雅三例，以求与晋、隋、唐、明诸译书相颉颃。于是华人始知西方哲学、计学、名学、群学、法学之深邃，非徒制造技术之轶于吾土，是为近世文化之大关键。然隋、唐译经，规模宏大，主译者外，襄助孔多。严氏则惟凭二人之力，售稿于贾竖，作辍不恒，故所出者亦至有限，此则近世翻译事业之远逊前人者也。严复之外，若林纾之译《拿破仑本纪》、《布匿第二次战纪》特史部之简本，虽文笔雅洁，实不足与复相比。故舌人口授，纾笔述之，法颇近古，又其属文甚速，所出小说不下数百种，亦能使华人知西方文学家之思想结构焉。

与译事并兴者，为印刷术。铅印石印之类，皆兴于同、光间。

《瀛壖杂志》："西人设有印书局数处，墨海其最著者。以铁制印书车床，长一丈数尺，广三尺许，旁置有齿重轮二，一旁以二人司理印事，用牛旋转，推送出入。悬大空轴二，以皮条为之经，用以递纸，每转一过，则两面皆印，甚简而速，一日可印四万余纸。字用活板，以铅浇制，墨用明胶煤油合搅煎成。印床西头有墨槽，以铁轴转之，运墨于平板，旁则联以数墨轴，相间排列，又揩平板之墨，运之字板，自无浓淡之异。墨匀则字迹清楚，乃非麻沙之本。印书车床，重约一牛之力。""墨海后废，而美士江君，别设美华书馆于南门外，造字制板，悉以化学，实为近今之新法。按两国印书之器，有大小二种，大以牛运，小以人挽，人挽者亦殊便捷，不过百金可得一具云。"

《淞南梦影录》："石印书籍，用西国石版，磨平如镜，以电镜映像之法，摄字迹于石上。然后傅以胶水，刷以油墨，千百万页之书，不难竟日而就。细若牛毛，明如犀角，剞劂氏二子，可不烦磨厉以须矣。英人所设点石斋，独擅其利者已四五年。近则宁人之拜石山房，粤人之同文书馆，与之鼎足而立。”

中国旧籍，亦资以广为传播，又进而有铜版、玻璃版之类，影印书画，不下真迹，实为文化之利器焉。又其借印刷之速而日出不穷者，有新闻纸及杂志。

《瀛壖杂志》：“西人于近事，日必刊刻，传播遐迩，谓之新闻纸，有似京师按日颁行之邸报。特此官办，彼则民自为之耳。沪上设有专局，非止一家，亦聚铅字成版，皆系英文，排印尤速。同治初年，字林印字馆始设《华文日报》，嗣后继起者，一曰《申报》，倡于同治十一年，英人美查主之；一曰《汇报》，倡于同治十三年，美人葛理主之。皆笔墨雅饬，识议宏通，而字林遂废。”

《沪游杂记》：“《申报》，美查洋行所售也，馆主为西人美查，秉笔则中华文士。始于壬申三月，除礼拜，按日出报。每纸十文，京报新闻各种告白，一一备载，各省码头风行甚广。先有上海字林洋行之《上海新报》，继有粤人之《汇报》、《彙报》、《益报》等馆，皆早闭歇。”“《万国公报》，出林华书院，摘录京报及各国近事，逢礼拜六出书一卷。本名《中西新报》，周年五十本，售洋一元。”“《格致汇编》，秉笔者为英国傅兰雅（John Fryer），编内详论格致工夫及制造机器诸法，绘图集解，月出一卷。周年价值半元，在格致书院印售。”

《清稗类钞》：“江海关道译英国蓝皮书，送之总署及通商大臣各督抚，借以略通洋情，然人民多不得见，曰《西国近事汇编》，月出一册。此我国报章之最古者，是为月报之始。”

始则仅通消息，继则讨论政治，表示民意，提倡学术，指导社会之法，一寓于其间。

《清稗类钞》：“《申报》创行于同治时，是为日报之始。盖英人美查、耶松二人相友善，来华贸易，美查创办《申报》，延山阴何桂笙、上海黄梦尘主笔政。特所载猥琐，每逢试年，必载解元闱艺，与外报之能开通知识、昌明学术者，相去霄壤。时天南遁叟王紫诠韬颇有时名，间撰时务论说，弁之报首，销数遂以渐推广，获利亦不赀。耶松设一船厂，开创之始，连年折阅，美查遂以《申报》所获，补助耶松船厂，得以维持永久。而《申报》馆因之大受影响。光绪中叶改组，添招商股，由吴县席裕福经理之，旋由江海关道蔡乃煌出资收买，后又展转售与沪人。是报为吾国之首创者，至于今沪市卖报人，于所卖各报，必大声呼曰‘卖《申报》’。是《申报》二字，在沪已成为新闻纸之普通名词。继《申报》而起者，在南洋叻埠曰《叻报》，在上海曰《字林沪报》。癸巳冬，电报沪局总办上虞经元善，纠股设一报馆曰《新闻报》，往往用二等官电传递紧要新闻，消息较灵捷。甲午之役，痛诋当局失计，直言不讳，一时风行沪上。以其销数之多，广告云集，至今商家广告仍以《新闻报》为最。若夫预闻政事之报，当以《时务日报》为首。是报为光绪戊戌汪康年、梁启超所经营者，旋改为《中外日报》，始终有官费补助，所谓半官报者也。《中外日报》记载中外大事，评论时事得失，凡政治学术风俗人心之应匡正、应辅翼者，无不据理直陈，颇为士大夫所重视。……至于反对政府、鼓吹革命者，前惟《苏报》，后惟《民呼》、《民吁》二报。宣统辛亥秋，则各报一律排满，而《民立报》声价尤高，贩卖居奇，较原价昂至十倍。”“光绪戊戌之变，康有为、梁启超既出走，乃设《清议报》于日本之横滨，诋毁孝钦后党，不遗余力。是时唐才常亦设置《亚东时报》于上海，以翼《清议》。庚子唐死，梁之同志复创办《新民丛报》，以言论自效。当是时，京朝士夫及草野志士，咸思变法图强，喜得《新民丛报》之为指导也，故其销数乃达十万以上。……戊戌以后，内地革命思潮既以流转各地，而东瀛留学界更为狂热，乃各集乡人，刊行杂志。于是湖北有《湖北学生界》，浙江有《浙江潮》，湖南有《湖南》以及《游学译编》、《民报》之类，殆皆以鼓吹革命为宗旨。”

为文者务极痛快淋漓，以刺激人之心目，又欲充实篇幅，不惮冗长，而近世文字之体格乃大变，其以觉世牖民为主者，则用通俗之语，述浅近事理，期略识文字之人亦能阅览，而白话文学遂萌芽焉。

近世输入西方之文明，自译书外，以游学为一大导线。初各国订约，未有及游学者，同治七年，志刚、孙家谷等使美，订《中美续约》始立专款。

《中美续约》第七款：“嗣后中国人欲入美国大小官学学习各等文艺，须照相待最优国之人民，一体优待。

美国人可以在中国按约指准外国人居住地方，设立学堂，中国人亦可在美国一体照办。”

曾国藩、李鸿章等，遂议遣幼童出洋肄业。

《李文忠译署函稿》卷一《论幼童出洋肄业函》：“拟派员在沪设局，访选各省聪颖幼童，每年以三十名为率，四年计一百二十名，分年搭船赴洋，在外国肄习。十五年后，按年分起挨次回华。计回华之日，各幼童不过三十岁上下，年力方强，正可及时报效。通计费用，首尾二十年，需银百二十万两。然此款不必一时凑拨，分析计之，每年接济六万两，尚不觉其过难。”“英国威使来京，告以此事，亦颇欣许，谓英国大书院极多，将来亦可随便派往。”

初次率领学生赴美者，为刑部主事陈兰彬、江苏同知容闳。学生抵美，多在哈佛（Hartford，Conn.）各校肄业。

《新大陆游记》（梁启超）：“哈佛者，中国初次所派出洋学生留学地也。中国初次出洋学生，除归国者外，其余尚留美者约十人。内惟一郑兰生者，于工学心得甚多，有名于纽约，真成就者此一人也。次则容骙，在使馆为翻译，文学甚优，亦一人也。其余或在领事署为译员，或在银行为买办，人人皆有一西妇。”

《留美中国学生会小史》：“同治末年，湘乡曾国藩奏请派幼童出洋留学，议成于1870年，使丰顺丁日昌募集学生。翌年，适吴川陈兰彬出使美国，遂命香山容闳率学生同来，以高州区谔良为监督，新会容增祥副之，学生即唐绍仪、梁诚、梁敦彦、容骙、欧阳庚、侯良登、詹天佑、郑兰生等，此为中国学生留美第一期。各生初到时，清政府在干拿得杰省（Connecticut）之哈佛埠（Hartford），购置一室为留学生寄宿舍。”

其后沈葆桢督办福州船政局，又请选派生徒出洋肄业。

《沈文肃公政书》中《船工将竣谨筹善后事宜折》：“臣窃以为欲日起而有功，在循序而渐进，将窥其精微之奥，宜置之庄狱之间。前学堂，习法国语言文字者也，当选其学生之天资颖异、学有根柢者，仍赴法国，深究其造船之方及其推陈出新之理。后学堂，习英国语言文字者也，当选其学生之天资颖异，学有根柢者，仍赴英国，深究其驶船之方及其练兵制胜之理。速则三年，迟则五年，必事半而功倍。”（按此议至光绪二年，文肃始与李文忠会奏实行。当时所定章程，选派制造学生十四名、制造艺徒四名，赴法国学制造，选派驾驶学生十二名，赴英国学驾驶兵船，均以三年为限。）

此游学之第一时期也。赴美幼童，先后都百五十人，嗣遂停止。

《留美中国学生会小史》：“光绪六年，南丰吴惠善为监督，其人好示威，一如往日之学司。接任之后，即招各生到华盛顿使署中教训，各生谒见时，均不行拜跪礼，监督僚友金某大怒，谓各生适异忘本，目无师长，固无论其学难期成材，即成亦不能为中国用。”“具奏请将留学生裁撤，署中各员均窃非之，但无敢言者。独容闳力争无效，卒至光绪七年遂将留学生一律撤回。”

光绪十六年，总理衙门奏请出使英、法、俄、德、美五国大臣，每届酌带学生两名，后又各增两名，为数既少，功效亦未大彰。甲午以后，游学之风复盛，人取速化，不求深造。官私学生，多往日本游学。（据《光绪二十五年总理衙门奏折》，光绪二十一年，南北洋及鄂省派赴日本学校学生各二十名，又浙江四名，费由各省筹给。）辛丑变法，各省创办学校，赴日本学师范者尤夥，其议实张之洞倡之。日本高等师范学校校长嘉纳治五郎为之特设速成师范班于弘文学院，有数月毕业者，有一年毕业者，略讲教授管理之法，即归国创办学校，而陆军学生亦多。光绪末年，提倡教育、改革军制者，大抵皆日本留学生也。光绪三十一年，考试出洋学生，予以进士、举人出身，并授以检讨、主事等官。

《光绪政要》：二十九年八月《湖广总督张之洞奏陈约束鼓励出洋游学章程疏》：“查日本学生，年少无识，惑于邪说，言动嚣张者，固属不少，潜心向学者亦颇不乏人。自应明定章程，各一通。”“计拟定约束章程十款，鼓励章程十款。”“三十一年六月《予出洋学生出身谕》云，本日引见之出洋学生金邦平、唐宝锷，均着给予进士出身，赏给翰林院检讨。张锳绪、曹汝霖、钱承鋕、胡宗瀛、戢翼翚，均着给予进士出身，按照所习科学，以主事分部学习行走。陆宗舆，着给予举人出身，以内阁中书用。王守善、陆世芬、王宰善、高淑琦、沈琨、林棨，均着给予与举人出身，以知县分省补用。”

利禄之途大开，人人以出洋为猎官之捷径，而日本之中国学生多至数万，是为游学之第二时期。

当赴日学生极盛时，留学于欧美者亦不乏人；有由官吏派送者，有由教会资给者，有由自费而远游者。观于游日者之足以得官，亦争归而应考试，故光绪三十二年考试出洋学生，其予出身而授官者，大都留学于欧、美各国者也。

《光绪政要》光绪三十二年九月《赐游学生毕业出身谕》云：“本日学部带领引见之考验游学毕业生陈锦涛着赏给法政科进士，颜惠庆赏给译科进士，谢天保赏给医科进士，颜德庆赏给工科进士，施肇基赏给法政科进士，徐景文赏给医科进士，张煜全赏给法政科进士，田书年赏给法政科举人，施肇祥赏给工科举人，陈仲篪赏给医科医士，王季点赏给工科举人，廖世纶赏给工科举人，曹志沂赏给医科举人，黎渊赏给法政科举人，李应泌赏给医科医士，王鸿年赏给法政科举人，胡振平赏给法政科举人，王荣树赏给农科举人，路孝植赏给法政科举人，薛锡成赏给法政科举人，王宏业赏给法政科举人，陈威赏给法政科举人，权量赏给商科举人，董鸿祎赏给法政科举人，嵇镜赏给法政科举人，富士英赏给法政科举人，陈耀典赏给农科举人，罗会垣赏给农科举人，傅汝勤赏给医科医士，陈爵赏给商科举人。”

然其人数究不逮在日本者之多，故其灌输西洋文化，较之由日本间接而得者，势反有所不敌。光绪三十四年，美国国会议决退还庚子赔款，清廷议以其款按年派学生百人往美国留学。逾年，遂设游美学务处于北京，并建游美生肄业馆于清华园，于是游美之学生日多。

《留美中国学生会小史》："光绪季年，国家多难，于是设立学堂、派学生之议再起。是时盛杏荪选北洋学堂毕业生九人，派来美国留学，以傅兰雅为监督。此时学生即王宠惠、王宠祐、张煜全、陈锦涛、严锦镕、胡栋朝、吴桂龄、陆耀廷等，同时有游学会派出数名，如谭天池、王建祖等，多留西美之加拿宽省。""自 1909 年、1910 年之后，中美之密西根、芝加谷、威士干臣、衣里内等大学，中国学生渐多。""自 1911 年留美中国学生会成立后，各埠中国学生多隶会籍，当时会员约八百余名。翌年，清华派百人来，而自备资斧者亦日多。民国成立后，中央政府及各省选派者亦日来日众。至 1914 年夏间，会员数将达千三百名，今则千五百以外。按留学生数已达千五百余名，若照官费生经费每人每年九百六十圆美金为例，则我国每年共输出美金一百四十四万圆，合华币将及三百万圆，倘能以此在国内兴办大中小学，事半而功倍。况造就人材，为数十倍于千五百名耶。"

女学生亦踵武远游，不限于日本一国。

《留学生中国学生会小史》："前清晚季，我国女子渡东洋求学者，盛极一时。但来美者尚无其人，留学美国毕业于大学者，殆自江西康女士及湖北石女士二人

> 始。然继两女士而来者，实繁有徒，去年留美学生名录中，已有一百五十九人，今数将及二百矣。”

民国以来，学术思想多采美国之风尚，以此也。

美国之广收吾国学生，始于国务卿海约翰之建议，美人见其成绩之佳，辄叹其用心之善。《纽约星期报·论华人留学美洲之今昔》中言之：

> “华人之最初来美留学者，为已故之容闳博士。容君于1859年返华，力劝当局派学生来美，竟费十二年之游说，始能动心量较大者之听，卒奏闻清廷，得俞允，派生赴美肄业。然当日华人不知外国教育之价值，多踌躇不愿报名，历一年之久，招集学生三十名。1872年来美国，其后三年间，又续派数批，每批各三十名。诸生在美受监督极严，须穿华服，保存辫发，守祀孔之古礼。然虽有此等禁令，后仍嫌诸生中有违背古训、效法美俗、就近外人者，而尤恶其接近美国女子、信仰耶教，遂一概命之归国。……至1908年，始复派学生来美，盖从当日美国国务卿海约翰之建议。美国以中国应付之庚子赔款给还一半，即作中国学生来美留学之经费焉。……是年招考此邦学生，投考者六百余人，录取四十七名。翌年派送来美，先入中学，旋升入著名各大学，如哈佛、耶鲁、康耐尔、里海、波杜及麦塞邱塞工业学校。诸生学业皆优良，尤以麦塞邱塞工校为最。……综计现分布于由大西洋至太平洋间美国各校之中国学生，共一千一百七十人。凡被派来美之学生，均经竞争试验录取者，亦有政府未经录取而由亲友私费资

送来美者，是可见中国人留学外国之热忱矣。分别计之，由赔款供给之留美学生计三百七十人，由各省官费供给约二百人，其余私费生近六百人。……综而论之，海约翰氏之主张，其识见之远，关系之大，不止一端：第一，此法拯救中国，不至破产；第二，以中国之款，供给一种新用途，有裨于中国政府与人民之进步。夫美国退还中国之款，固仍以补助美国学校，然此区区利益，与中美二国将来之亲密联结较之，又何足比数耶？学成归国之中国少年，一日在中国教育商政诸界具有势力，即美国之势力一日将在中国历史上为操纵一切之元素，此在今日尤有特别意味。盖日本目前正执亚洲之牛耳，然不得谓日本将永执此牛耳也。就近事观之，中国终非容易受人指挥者，真正之指挥，或有一日转操之于中国，诚未可知。而此中国，乃一部分受训练于美国之中国也。”

然近年美人对于中国学生，颇致不满。民国十一年五月十一日《时报世界周刊·欧美特约通信》称：

美国自由思想派新闻记者班佛先生，近应中国的留美学生月报记者之请，著为《归国留学生》一篇，以真诚恳切之词，发为愤慨惋惜之调，对于中国留美学生之已往成绩，多所抱憾。

华人之激烈者，责备之词尤严焉。

《论留学生》（马素）：“本期《留美学生月报》，载班佛先生论文，颇惹余之注意，余亦学生之一，未敢议论留学生，但余观西人之归自东方者，往时多说，救中国者惟有留学生，而今则改变其辞曰：祸中国者，官僚之外，即留学生。前后结断，截然不同。余从实际观察，不得不佩班佛先生之眼光过人。今请稍举浅鲜事实，以明班佛先生之未尝过诬我留学生。留学生败德之不可掩塞者：一曰虚浮。归国留学生，往往妄自高大，不屑以硕士、学士之资格，与未出国门者同列。未先尝试，即求大用，宁为高等游民，不肯屈就卑职微俸。外国学生，于大学毕业后，皆从小事练起，而中国留学生，则多数好高夸大，岂非误于虚浮？……官费学生，多数来自清华；自费学生，大半出身教会学校。清华与教会学校向来偏重英文，对于中国学术漠不关心，故留美学生，大半国文不通，国情不懂，不作中国文章，不看中国报纸。见有新从中国来者，辄向探听消息，偶闻一二，则转相传述，正误不辨，新旧不分。……去年留美学生内哄，有所谓某联合会长者，投函纽约华字报纸，不能自写中文信，余闻而异之。后见美国书肆刊一巨册，即出此人手笔，英文非常可观。此等学生，从外国人皮相观察，能不视为中国之救星，然由我国人自视则何如？此等丧失民族固有文明之怪象，实不能全归咎于留学生，盖中国教育当局，于选派毫无根蒂之青年出洋时，即种恶因也。……留美学生因犯虚浮与蔑视国学之病，当然缺乏深沈的思虑与独立的精神，模拟而不创造，依人而不自主。故治国则主亲美，经商则为买办。服务社会，则投降教会机关；办理教育，则传播拜金主义。怠惰苟且，甚少建白。辛亥革命，无留美学生之流血，五四运动，无留美学生之牺牲。人家吃尽辛苦，而留美学生安享其成。彼不明华事之美国人，动辄称许留美学生为改造中国之发动机，其实此等浮夸之谀词，适足消磨留美学生之志气而已。”

第十三章　机械之兴

中国近世之事变，原因非一，其最大之一因，则欧美之发明机械也。自西历 1769 年苏格兰人瓦特（James Watt）发明蒸汽机，而世界之变更即肇于是。1807 年美人富尔登（Robert Fulton）发明汽船，1825 年英人史蒂芬森（George Stephenson）发明汽车，1837 年美人摩尔斯（H.B.Morse）发明电报，皆若与吾国邈不相涉也。而其后鸦片之战，天津、北京联军之役，胥此等机械成之。咸、同之交，吾国深识之士，知世局既变，吾国不可墨守故技而不之变，故以仿制机械为立国之要图，而五千年闭关自守之国，乃崛起而与世界日新焉。

仿造机械，始于曾国藩，

《曾文正公奏议》同治七年《轮船工竣并陈机器局情形疏》："中国试造轮船之议，臣于咸丰十一年七月复奏购买船炮折内，即有此说。同治元、二年间，驻扎安庆，设局制造洋器，全用汉人，未雇洋匠，造成一小轮，而行驶迟钝，不甚得法。"

《清稗类钞》："无锡徐寿，专究格物致知之学。曾文正公檄委创机器局于安庆。同治丙寅三月，造成木质轮船一艘，长五十余尺，每小时能行二十余里，文正锡名'黄鹄'。"

李鸿章继之，创建江南制造总局于上海。

《李文忠公奏稿》同治四年八月《置办外国铁厂机器折》："御史陈廷经奏：夷情叵测，恃有战舰机器之精利，逞其贪纵。然彼机巧之器，非不可以购求学习，以成中国之长技。请于广东等处海口设局，行取西洋工匠，置造船炮等语，与臣所筹议不谋而合。兹经收买上海虹口地方洋人机器铁厂一座，改为江南制造总局。此项铁厂所有，系制器之器，无论何种机器，逐渐依法仿制，即用以制造何种之物，生生不穷。目前未能兼及，仍以制造枪炮，借充军用为主。"

《曾文正公奏议·轮船工竣并陈机器局情形疏》："同治二年冬间，派令候补同知容闳，出洋购买机器，渐有扩充之意。四年五月，在沪购买机器一座，派委知府冯焌光、沈保靖等开设铁厂。适容闳所购之器亦于是时运到，归并一局。""六年四月，奏请拨洋税二成，以一成为专造轮船之用，仰蒙允准。于是拨款渐裕，购料渐多，苏松太道应宝时及冯焌光、沈保靖等朝夕讨论，期于必成。从前上海洋厂自制轮船，其汽炉机器，均系购自外洋，带至内地装配船壳，从未有自构式样，造成重大机器、汽炉全具者。此次创办之始，考究图说，自出机杼。本年七月初旬，第一号告竣，命名曰'惠吉'轮船。其汽炉、船壳两项，均系厂中自造。船身长十八丈五尺，阔二丈七尺二寸，先在吴淞口外试行，由铜沙直出大洋，至浙江舟山而旋，复于八月十三日驶至江宁。臣亲自登舟试行至采石矶，每一时上水行七十余里，尚属坚致灵便，可以涉历重洋。原议拟造四号，今第一号系属明轮，此后即续造暗轮，将来渐推渐精。即二十余丈之大舰，可伸可缩之烟囱，可高可低之轮轴，或亦可苦思而得之。”又曰：“该局向在上海虹口暂租洋厂，诸多不便，六月夏间，乃于上海城南兴建新厂，购地七十余亩，修造公所。其已成者，曰汽炉厂，曰机器厂，曰熟铁厂，曰洋枪楼，曰木工厂，曰铸铜铁厂。”

《江南制造局记》：“同治四年创办之初，厂中机器均未全备。先就原有机器推广，造成大小机器三十余座，用以铸造枪炮炸弹。六年始造轮船。十三年仿制黑色火药。光绪四年仿造九磅子、四十磅子前膛快炮。五年更造前膛四十八磅、八十磅各种开花实心弹。七年造筒式一百磅药、碰电、热铁浮雷及生铁沉雷。十年造林明敦中针枪。十一年停造轮船，专修理南北洋各省兵轮船只。十六年仿造新式全钢后膛快炮。十七年改造快利新枪，试炼钢料，又造各种新式后膛快炮，及五十二吨、四十七吨大炮。十九年仿制栗色火药。二十一年试造无烟火药。二十四年造七密里九口径新毛瑟枪。三十年添造铜元，旋归江宁合办。三十一年将船坞及轮船锅炉机器三厂，划归海军商厂办理。”

同时南京、天津亦设立机器局，

《续纂江宁府志》：“机器制造总局，在南门外扫帚巷东首，同治四年兴工，五年七月告竣。”《李文忠公奏稿·奏报机器局经费折》：“天津机器局，自同治六年四月开局，前任三口通商大臣崇厚等创办。”

《津门杂记》：“机器局，制造局，一在城南三里海光寺，以机器制造洋枪炮架等物，兼制小大轮船；一在城东八里直沽东北，人称东局，专制火药及各种军械水雷。水师电报各学堂并附于东机器局。”

福建则设立船政局，

《东方杂志》第十四卷《马江船坞之历史》：“船政之设，在同治五年。湘乡左宗棠总制闽浙，实创是局，相地之宜，以马尾为最。议既定，宗棠移督陕甘，举侯官沈葆桢以代。聘订法员日意格、德克碑为正副监督，并法员匠数十人以为导。同治八年，第一号万年青轮船告成。十二年，华匠徒于制造之技渐能悟会，遂于是年遣散洋员匠回国。计九年之间，成大小兵商轮船十五号，洋人所经理全成者十二号，余三号则皆华人完全成之。后此续制各船，截至光绪三十三年，共成船四十号。”

虽多以制造船械为主，偏重于海、陆军之用，然始意未尝不为生利计也。

《李文忠公奏稿·置办铁厂机器折》：“洋机器于耕织、印刷、陶埴诸器皆能制造，有裨民生日用，原不专为军火而设。惟其先华洋隔绝，虽中土机巧之士，莫由凿空而谈。逮其久，风气渐开，凡人心智慧之同，且将自发其覆。臣料数十年后，中国富农大贾，必有仿造洋机器制作以自求利益者。”

其时学者如徐寿、华蘅芳及寿子建寅等，皆殚心研究，具有成效。

《清稗类钞》："文正设江南制造局，令雪村总理局务。时百事草创，雪村于制造船枪炮弹等事，多所发明。建寅字仲虎，寿之仲子也，从寿精研理化制造之学。寿与华蘅芳谋造黄鹄轮船时，苦无法程，日夕凝思，仲虎累出奇思以佐之，黄鹄遂成，旋于上海制造局助成惠吉、操江、测海、澄庆、驭远等船。光绪庚子春，在汉阳药厂，配合棉质无烟药轰毙。"

光绪初，山东设立机器局，建寅实主其事。

《光绪政要》："光绪元年，山东巡抚丁宝桢奏设机器局，咨调徐建寅来东商办，就省城外泺口地方买民地设局，先造子药，次造枪炮。"

朝鲜之变法，且遣人至天津学造机械焉。(《李文忠公奏稿》光绪六年《妥筹朝鲜制器练兵折》具载其事。)

通商之始，各国轮船麕至，吾国航业之利，几尽为所夺，于是议者思倡行商船，

《李文忠公奏稿》同治十一年《试办招商轮船折》："同治六七年间，曾国藩、丁日昌在江苏督抚任内，叠据道员许道身、同知容闳创议华商置造洋船章程，分运漕米，兼揽客货。经总理衙门核准，饬由江海关道晓谕各口试办。"

同治十一年，始设局招股，购置轮船。

《李文忠公奏稿·试办轮船招商折》：“购集坚捷轮船三只。”“光绪元年《轮船招商请奖折》计有自置轮船并承领闽厂轮船八号，现又添招股分，向英国续购两号，分往南北洋日本、吕宋、新加坡等处贸易。”

《邮传部第一次统计表》：“该局资本，先后拨用直隶、江苏、江西、湖北、东海关等处官款，计一百九十万八千两，自光绪六年起，分期缴还。迄今并无官款，惟商股四百万两。”

光绪二年，收买美国旗昌公司船只，其业始盛。

《邮传部第一次统计表》：“光绪二年，两江总督沈葆桢，奏拨浙江等省官款，买并旗昌公司，增大小轮船十八号，而外洋船舶尽力排挤。李文忠于光绪三年二月，奏明沿江沿海各省，遇有海运官物，统归商船经理，并请苏浙海运漕米，分四五成，拨给该局承运，以顾商本，免为外人倾轧。赖此扶助，局基益坚定矣。”

迄今数十年，招商局船凡三十一艘，载重六万六千余吨，资本八百四十万，为吾国航业公司之巨擘。其内河商轮，亦年有增设。民国五年，统计各省内河商轮，凡一千零七十七艘，载重七万余吨。较之咸、同以前，航行江海专恃帆船者，其敏钝霄壤矣。然外人在华之航业，实远过于吾国。民国五年夏季江海关进出之航海汽船，凡一千八百三十余艘，三百一十七万余吨。日本船，七百二十八艘，一百二十二万余吨；英国船，五百四十九艘，一百零七万余吨；中国船则仅有四百一十九艘，五十三万余吨，是则相形而见绌者也。欧战以来，各国商船缺乏，制造亦有所不及，美国航务部乃向吾国船厂定造四艘，其大者至一万四千余吨，制造家诧为未有焉。

《东方杂志》十七卷十二号："战时，美国航务部因商船缺乏，特向我国上海江南造船厂定造商船四艘，其最大者为官府号，计重一万四千七百五十吨，排水量一万吨，速率每小时十海里半，于民国九年六月三日下水，美国公使克兰夫人行命名典礼，计中国所建商船，以此船最大矣。"

次于船舶者为电机，同治十三年，日本觊觎台湾，沈葆桢奏请设立电报，以利军备，事寝不行。光绪五年，李鸿章于大沽北塘海口炮台设线以达天津，极言其便。翌年，遂试设南北两洋电线。

《李文忠公奏稿》光绪六年《请设南北洋电报片》："俄国海线可达上海，旱线可达恰克图，其消息灵捷极矣。即如曾纪泽由俄国电报到上海只须一日，而由上海至京城，现系轮船附寄，尚须六七日到京。如遇海道不通，内驿必以十日为期，是上海至京仅二千数百里，较之俄国至上海数万里，消息反迟十倍。""同治十三年，日本犯台湾，沈葆桢等屡言其利，而因循迄无成就。臣上年曾于大沽北塘海口炮台试设电报以达天津，号令各营，顷刻响应，现自北洋以至南洋，调兵馈饷，在在俱关紧要，亟宜设立电报，以通气脉。”

初由官办，光绪八年，改归商办，陆续展设水陆各线，遍及南北各省，以逮新疆、蒙古，综计线路十余万里。光绪二十八年，清廷议收电报为国有，嗣因商情不协，允各股商悉仍其旧，而为商股官办之局。

《邮传部第一次统计表》：“南北洋电报既成，由盛宣怀招集商股，于八年三月起，接归商办。自时厥后，行之二十年，历办无异。二十八年改归官办，特设电政大臣以督之。三十九年设立邮传部，归部直辖。中国新政完全属于中国主权，无外人权力羼杂其中者，惟电报一事耳。”

旧传江慎修能为传声机，而其法不传，

《清稗类钞》：“江慎修永尝置一竹筒，中用玻璃为盖，有钥开之。开则向筒说数千言，言毕即闭。传千里内，人开筒侧耳，其音宛在，如面谈也；过千里，则音渐渐散不全。慎修乾隆壬午年卒，则其法发明之时，尚在留声机电话之前也。”

通商以后，海上始有电话机，

《淞南梦影录》：“上海之有德律风，始于壬午季夏。其法，沿途竖立木杆，上系铅线，线条与电报无异，惟其中机括不同。传递之法，只须向线端传语，无异一室晤言。”“其初有英人皮晓浦，在租界试行，分设南北二局，嗣以经费不敷，不久遂废。癸未春，经天主教司铎能慕谷重设，由徐家汇达英、法各界。闻此法由欧人名德律风者所创，故即以其名名之。”

光绪末年，各省竞设电话局。

《邮传部第一次统计表》：“上海电话局，系光绪三十二年十二月分开办。”“太原电话局，系光绪三十二年十月分开办。”“北京、天津、广东、奉天、河南各地电话局，表不载创办年月。”

民国初年，设京津长途电话，近又议设宁沪长途电话，传达消息，日捷于前矣。

电之为用极广，电报、电话之外，电灯、电车之属，皆兴于光绪中。

《清稗类钞》：“电灯始于光绪中叶，创办者为西人德里。创议之初，华人闻者以为奇事，一时谣诼纷传，谓将遭电击，人心汹汹不可抑制。当道患其滋事，函请西官禁止，后以试办无害，其禁乃开。”“沪上通行电车，始于光绪戊申。”“上海电车乃西人所经营，华人虽亦投资，而实权皆为彼所握。初开时，华人虑或触电，多望而却步，西人广为招徕，不及一年，其营业日益发达。”

始自上海，继则及于各地，电气事业，殆有方兴未艾之势。然自外人观之，则其程度较日本犹远逊焉。

《最近中国经济》（善生承助）："据最近调查，中国电气事业经营之现在数，凡八十有七，其所在地，则中国本部二十二，满洲二十五。""依其性质分类，则业电气供给等八十，制造电气机械者三，供给电力与电气铁道合并经营者四。""中国本部开没电气铁道之市街，仅上海三，香港、天津各一，北京则屡议敷设而未成。其大连、抚顺之电气铁路，则日本满铁会社之所经营也。""中国全体动力用之电力，使用高现仅三万三千马力，比之日本北海道之三万五千马力，尚有不逭。又电灯全部之烛力，亦不过百三十七万五千烛光，比之日本东京市电气局与东京电灯株式会社所有设备之百九十万烛光，亦远不及云。"

近年海陆军多用无线电机，

《世界年鉴》："北京南苑、天津、保定陆军用无线电，乙巳年设立。北京、南京海军用无线电，辛亥年设立。"

且拟设西安至喀什噶尔之无线电。

据《东方杂志》，民国七年交通部与马可尼无线电报公司订立合同，政府为设西安、喀什噶尔间安全之通信，拟购买并建设三台无线电报机器，向该公司订购马可尼弧光最新式无线电板机三台。

上海交通大学亦设无线电机，以供试验而通消息，异时无线电信当代有线者而日兴矣。

按民国十三年北京《交通日报》载中国境内无线电台，为中国自办者凡十三所：即北京、张家口、武昌、吴淞、福州、广州、崇明、上海、南苑、保定、天津、烟台、大沽等处，又为外国所经营者凡二十处：计日本八、法国五、美国四、英国二、俄国一，大抵皆在使馆及领事馆、兵营中。

光绪二年，英商自上海租界造铁路达吴淞，行驶火车，是为外人侵我路权之始。两江总督沈葆桢购其路而毁之，盖其时舆论，不仅以为损失主权，且于铁路火车，特具一深恶痛绝之意，故不惜重资以求消毁其萌蘖也。

《中国铁路史》（袁德宣）："同治五年七月，英怡和洋行创设上海江湾间铁路。光绪二年，上海江湾间铁路延长至吴淞口，长三十里，名淞沪铁路。时风气未开，国人视为异物，两江总督沈葆桢以银二十八万五千两购回淞沪铁道，毁拆弃诸河。"

其后以外患日亟，思造铁路以助军用。

《光绪政要》光绪六年《刘铭传请开铁路以图自强疏》："俄自欧洲造铁路，渐近浩罕，又将由海参崴铁路以达珲春，不出十年，祸将不测。日本一弹丸国耳，师西洋之长技，恃有铁路，藐视中华，亦遇事与我为难。臣每私忧窃叹，以为失今不图自强，后虽欲图，恐无及矣。练兵造器，固宜次第举行，然其机括则在于急造铁路。铁路之利于漕务、赈务、商务、矿务、厘捐、行旅者，不可殚述。而于用兵一道，尤为急不可缓之图。中国要道，南路宜开二条：一条由清江经山东，一条由汉口经河南，俱达京师。北路宜由京师东通盛京，西通甘肃，惟工费浩繁，急切未能并举。拟请先修清江至京一路，与本年议修之电线相表里。”

而开平煤矿之铁路，遂为全国铁路之嚆矢。

《中国铁路史》：“光绪四年，美国留学生唐景声，请于直督李鸿章，创办唐山开平煤矿，聘英人全达为技师长，筑铁路以便运输，初用马车，继改用小机关车。光绪十二年改筑，轨广四尺八寸半，为中国铁路轨道定例。”

光绪十五年，张之洞奏办芦汉铁路，

《光绪东华录》：“张之洞奏：铁路之用，以开通土货为急。中国物产之盛，甲于五洲，然腹地奥区，工艰运贵，其生不蕃，其流不广，且土货率皆质粗价廉，非用机器化学，不能变粗贱为精良，化无用为有用。苟有铁路，则机器可入，笨货可出，本轻费省，山乡边郡之产，悉可致诸江岸海壖，而流行于九洲四瀛之外，民之利既见，而国之利因之。臣愚以为宜自京城外之芦沟桥起，经行河南，达于湖北之汉口镇，自保定、正定、磁州，历彰、卫、怀等府，在清化镇以南，荥泽口以上，作桥以渡黄河，自河以南，则由许、郑、信阳驿路以抵汉口。”

虽定议而未实行。总计甲午以前，中国铁路仅成榆关内外七百零五里。

《中国铁路史》：“光绪十三年，直督李鸿章募集股本，敷设由天津经大沽至滦州之古冶线，长三百十一里，谓之商路。光绪十六年，又延长古冶至关外之中后线，长三百九十四里，谓之官线，共长七百零五里。”

中日战后，朝野上下，始知筑造铁路为不容缓之事，遂设铁路总公司于上海，先造芦汉干路，次及苏、沪、粤、汉等，

《光绪政要》：“光绪二十年，直督王文韶、鄂督张之洞会陈芦汉铁路办法，并保津海关道盛宣怀督办，宣怀请设铁路总公司，先造芦汉干路。其余苏、沪、粤、汉等处，亦准公司次第展造。”

于是借款购料，一切仰给于外人，而各国争我路权者纛起。

《约章大全》：“光绪二十三年《芦汉铁路商订比国借款合同》第一条：除总公司已有成本银一千三百万外，并准总公司向比国银行工厂合股公司借款四百五十万金镑。二十四年续订《比国借款详细合同章程》第二十五款：全路所需材料，除汉阳各厂所能造者

先尽购办外，皆归比公司承办。”《中国铁路史》：“时各国铁路政策怀抱已久，一闻募外债之议，无不踊跃争先。首请者为美公司，次为英、德两公司，惟比利时公司以轻便条约，商定于政府。”“比利时者，受俄、法之指使而来者也。俄、法势力潜伏于比公司之下，比营之，即俄、法营之也。英闻之，恐碍其扬子江一带势力，遂扼榆营铁路监督权，遮断东清铁路，弗与京汉联络。德闻之，又与英协商握津镇铁路敷设权，沿运河，出扬子江，以与京汉颉颃。”

光绪二十九年，商部奏定铁路简章，以奖励华商、抑制洋股为主。各省绅民，乃议自办铁路，潮汕、滇川、常辰、江西、江苏、福建、浙江、安徽分省自筑之路，同时均见于奏报，而粤汉、京汉亦次第借款赎回。然各省自办铁路，多鲜实力，其成者，仅潮汕、新宁、沪浙数路，而其材料机器，仍须购之国外，无完全自办之路也。辛亥革命，起于铁路国有之议，而民国成立以后，商办铁路次第收为国有，盖民力不充，仍不能不资外力也。

铁路附设之学校，以唐山工业专门学校为最著。

《民国行政统计汇报·交通类》：“唐山工业专门学校，创始于前清光绪三十一年。原由津榆铁路筹资设立，民国元年，改为唐山铁路学校。三年，改名为工艺专门学校，其学科专以铁路工程为主。”

而制造厂亦以唐山为巨。

《铁路协会报·京奉路线始末记》："唐山有极大极完备之工厂，工人约三千名。该厂从前或装配车辆，或建造客货车及装配机车，现在该厂能自行建造机车及车辆，但特别之部分仍须购自外洋。沟邦子地方有一修理车辆厂，从前机车均向英国北方机车公司购买，其余或向美国之保鲁敦或比国购买，然该厂近年亦能制造机车。"

据民国三年京奉铁路报告，唐山厂自造机平转车、盘车、顶湾梁汽机、起重机等，并代道清、京张、吉长各路造车辆、汽筒、锅炉等凡数千具，是则机械工学进步之征也。

吾国采矿，多恃人工，其用机械开采化炼，亦自同、光间始。

《李文忠公奏议》光绪七年《直境开办矿务折》："从前江西之乐平及山西、湖南等省，皆以土法开采煤、铁等矿，近来如台湾之基隆、湖北之荆门、安徽之池州，经营煤矿，渐用洋法。然或因创办伊始，或因经费未敷，尚难骤得大效。光绪元年，闻滦州所属之开平镇煤铁矿产颇旺，饬候选道唐廷枢驰往察勘。唐廷枢勘得滦州所属，距开平西南十八里之唐山，山南旧煤穴甚多。光绪四年，钻地探试，深六十丈，得有高烟煤六层，计所得之煤，足供六十年之用。旋于五年购办机器，按西法开提煤贯风抽水，水井开深六十丈。就所得之煤论之，可与东洋头号烟煤相较，将来愈深愈美，尤胜东洋。开煤既旺，则炼铁可以渐图。"

开平之煤，漠河之金，

《光绪政要》："光绪十二年黑龙江将军恭镗招集商股开办漠河金厂。"

大冶之铁，萍乡之煤，

《汉冶萍公司纪略》："光绪十六年，张文襄公督鄂，创办汉阳铁厂，采炼大冶之铁。大冶铁矿，据英伦钢铁会史戴德化验之报告，为世界不多觏之佳矿。就浮面之铁测算，年采一百万吨，足供百年。光绪二十二年，盛宣怀接办，于萍乡发现一大煤田，其面积长三十里、宽十里。技师赖伦言，每年采取百万吨，可继五百余年。"

《中国工艺沿革史略》："汉阳铁政局，为中国最大之制铁所，其铁路在湖北武昌大冶县属之铁山铺，其坑之重要者，在下陆雌雄狮子山、铁山等处。其地产铁，自古有名。光绪十六年，两湖总督张之洞，派德国技师至大冶县采矿。十八年，乃创立汉阳铁政局，一切机械，均由比利时购入。本年始开始制炼，初以管理非人，财政困难，改聘比国人为管理，至二十二年，乃让于盛宣怀。盛氏大招股本，改为股本公司，现今之汉冶萍煤铁矿厂有限公司，即是物也。其矿石之种类：一为磁铁矿及赤铁矿床，二为褐铁床。光绪二十八年，每月磁铁矿产二千七百吨，褐铁矿六百吨。其产出矿石，除供给汉阳铁厂外，每年尚有千余万吨，输出于日本之八幡制铁所。其制成铁料，自光绪二十六年，与日本有输出之特约，每年不下六万余吨。”

为世所艳称。而山西、河南之煤、铁，四川、云南之铜、锡，湖南之锑，延长之石油，亦相继而以西法开采。

《约章大全》光绪二十五年《总署奏湘省严禁私运锑沙折》：“湘省各属所在多锑，足供制造机器之用，因招粤商大成公司来湘，就近提炼。”“光绪二十八年，豫抚锡良奏开河南矿务，并派豫丰公司总办。光绪二十九年，晋抚赵尔巽奏请山西矿务先尽丰公司办理。光绪三十三年，度支部奏兴复云南旧矿，均可考见各省矿产之历史。”

《中华矿产调查记》（赖继光）：“四川彭县磺铜矿，于清光绪三十一年归矿政局拨款开采。”

《中国工艺沿革史略》：“光绪三十二年，有湖南洪某者，服官陕西，颇识新学，请之当道，筹资千余万，购买机器，并聘日本技师，在延长开采石油。凡凿四井，内二井出油甚旺，陕西省城各机关所有灯油，皆此矿所出，因此延安石油渐为世人所注意。”

其沿铁道之矿，为外人攫取，若抚顺、淄川各地之煤，更无论矣。

清代货币，兼用铜、银，铜曰制钱，银曰元宗。而广东与外人互市，多用墨两哥银元。光绪十六年，张之洞督粤，设银元局，自铸银币，其后各省亦相继仿铸。

《约章大全》光绪三十二年《财政处奏顿圜法折》：

“中国铸造银圆，始于广东，嗣后湖北、江南、直隶、浙江、安徽、奉天、吉林等省，亦陆续购机制造。”

而铜元之制，亦倡于广东，福建继之。辛丑以后，各省竞铸铜元，制钱之用遂微。光绪三十一年，户部设造币厂于天津，兼铸铜、银各币，民国因之，虽未能统一中国钱币，而其规制特宏焉。

《财政月刊·天津造币总厂报告书》：“北洋银圆局，踵机器局而成立。总厂既建，购机美厂，不足，调于宁、鄂各省。民国肇兴，鲁、豫、闽各省旧设铜圆局，相继停办，其机械亦先后运致，动机改用电力，以期利用。”

甲午以前，官办局厂之用机械者虽多，而商民之创办公司、经营制造者，尚未大盛。自《中日条约》明订装运机器进口，任便从事各项工艺制造之条，于是土货益为洋货所制，而商民始知自奋，

《约章大全·中日马关条约》第六款第四项：“日本臣民，得在中国通商口岸城邑，任便从事各项工艺制造，又得将各项机器任便装运进口。日本臣民在中国制造一切货物，其于内地运送税内地钞课杂派以及在中国内地沾及寄存栈房之益，即照日本臣民运入中国之货物一体办理。”

纺织、印刷、酿造、陶瓷、纸革、茶糖、淀粉、玻璃、肥皂、火

柴之类，靡不购机设厂，竞师西法。以民国三年农商统计表观之，各省工厂用原动力者，凡三百五十九厂；蒸汽机三百五十七具，电机三百三十二具，其他机关四百七十六具。虽较之他国尚属幼稚，而二十年间，由手工而日趋于机械工业，是实文化之一大进步也。

机械工业之兴，不过数十年耳，论者谓其历史可分为四时期。

> 《中国之工业》（东亚同文会编纂）曰："自中国固有之工场进一步而洋式机械工业之发生者，同治初年，即距今约五十年以前之事也。尔来经几多之变迁，渐次举中国工业界革命之实，以及今日。试回顾其历史，可分为下之时期：（一）官督商办时代，（二）外人企业时代，（三）利权收回时代，（四）国货维持时代。"

其变迁盖亦多矣。顾自欧战以来，西人鉴于机械工业之害，乃转以吾国之工业未开发为幸，盖机械工业之害，在以人为机械，较之手工之时代，其违反人道殊甚。

> 《杨端六记罗素未开发国之工业演说文》："所痛恨于工业主义者，乃以其逼迫老幼男女，使之违反其本性，从事于不自然的不自发的人为的生活。果使工业发达至极，则人类将不复见有青草之地，新雨之后，不复嗅得泥土之气。惟促处于数尺之地方，四围嚣而尘上，不得不竭一日多数时间之力，以营单一无趣之机械工作。妇女则大率不得不于工厂中谋生，舍其子女，求他人顾。儿童苟不入工厂，则留作学校之中，十分督责其

功课，聪颖子弟，受害尤大。凡此违反本性之生活，足使从事工业之人民，日为社会所轻蔑，而激动杀人战争之事，将不绝于人间矣。”

然以经济竞争之所驱迫，目前之状况，仍不能不随欧、美之轨辙以进行也。

第十四章　法制之变迁

清季迄今，变迁之大，无过于法制。综其大本，则由德治而趋法治，由官治而趋民治，漩洑激荡，日在蜕变之中。而世界潮流，亦以此十数年中变动为最剧。吾民竭蹶以趋，既弃吾之旧法以从欧美之旧法，又欲弃欧美之旧法而从彼之新法，思想之剧变，正日进而未有艾。虽其功效之若何及其归宿之若何，目前未易预测，而过去之事迹，固亦有可述也。

清季变法，首在司法制度，其起源则以修改商约。外人不慊于吾国法律，不得已，而变通法律，以期从同。

《光绪政要》光绪三十年《伍廷芳、沈家本奏疏》："光绪二十八年四月初六日，奉上谕：现在通商交涉，事益繁多，著派沈家本、伍廷芳将一切现行律例，按照交涉情形，参酌各国法律，悉心考订，妥为拟议，务期中外通行，有裨治理等因。当经臣等酌拟大概办法，并遴选谙习中西律例司员，分任纂辑，延聘东西各国精通法律之博士律师，以备顾问。复调取留学外国卒业生，从事翻译；请拨专款，以资办公等因在案。计自光绪三十年四月初一日开馆以来，各国法律之译成者，德意志曰刑法、曰裁判法，俄罗斯曰刑法，日本曰现行刑法、曰改正刑法、曰陆军刑法、曰海军刑法、曰刑事诉讼法、曰监狱法、曰裁判所构成法、曰刑法义释；校正者曰法兰西刑法。至英美各国刑法，臣廷芳从前游学英国，夙所研究，该两国刑法虽无专书，然散见他籍者不少，饬员依类辑译，不曰亦可告成。复令该员等比较异同，分门列表，展卷了然，各国之法律已可得其大略。臣等以中国法律与各国参互考证，各国法律之精意，固不能出中律之范围。第刑制不尽相同，罪名之等差亦异，综而论之，中重而西轻者为多。盖西国从前刑法，较中国尤为惨酷。近百数十年来，经律学家几经讨论，逐渐改而从轻，政治日称美善。中国之重法，西人每訾为不仁，其旅居中国者，皆借口于此，不受中国之约束。夫西国首重法权，随一国之疆域为界限，中国之人侨寓乙国，即受乙国之裁判，乃独于中国不受裁判，转予我以不仁之名，此亟当幡然变计者也。方今改订商约，英、美、日、葡四国，均允中国修订法律，首先收回治外法权，实变法自强之枢纽。臣等奉命考订法律，恭译谕旨，原以墨守旧章，授外人以口实，不如酌加甄采，可默收长驾远驭之效。现在各国法律既已得其大凡，即应分类编纂，以期克日成书。”

始设法律馆起草，继经宪政编查馆核订，资政院第一期议会议决，而刑律遂逐渐变迁。《大清新刑律释义序》（秦瑞玠）：

我国自有历史以来，向崇道德、宗教、礼仪、政治，而不言法律。故一般法制，几无历史沿革之可言，惟刑名则与礼制相出入，与政术同作用，又与兵事类列，较之一般法制史，其沿革起原为最早。始自唐虞，迄于前明，以至今日。就刑法上沿革论之，略可分为两大时期：第一期，自虞夏至前明，此时期可分之为二：（甲）自虞夏至隋唐；（乙）自唐以后至前明。第二期，自国初以至今日，其间又可细分为三时代：（甲）旧律时代，自国初至光绪二十八九年间为止。所奉行者，为原有之《大清律例》，实悉本《唐律》及《明律》之旧，分吏、户、礼、兵、刑、工等总目而为六，又分名例职制公式，至断狱、营造、河防等门目为三十，更分子目为四百三十有六，以律为本，例各随之。（乙）现律时代，自光绪二十九年后至宣统三年为止。所奉行者，为《大清律例》已修改之现行律例。盖旧律承自前明，实始有唐，历千余年，多不合于现时之应用。如流囚家属、私出外境、违禁下海、封禁矿山、朝见留难、文官不许封公侯等条，均成虚设。官制既改，又不得不废六律之名，而废凌迟、枭首、戮尸等惨酷之刑，及免缘坐、除刺字，尤为仁政所暨。笞杖改为罚金，徒流均免实发，改为工作。废死罪之虚拟，改并律定之笞、杖、徒、流、死及例定之军遣，而为死、遣、流、徒、罚之五种，禁人口卖买。废关于奴婢奴仆之条例，改减蒙古例，订满汉通行刑律，删除旗籍与民人轻重互异之条。变通秋审之制，又另增私铸银元、窃毁铁路物件及揭损邮票等各专律，均为此数年间刑法上沿革之大略。（丙）新律时代，自豫定宣统四年实行以后，至于将来均属之。新刑律草案，由修订法律馆起草，自光绪三十三年八月告成。经各部及各省签注，加以修正，复经宪政编查馆核订，经资政院第一期议会议决通过总则，而分则不及议毕，于宣统二年十二月一并奉旨颁布。虽声明仍可提议修正，而大致无甚变更。其调查考订之事，虽出于日本冈田朝太郎者为多，而归安沈公实始终主持其事，沟合新旧，贯通中外，为现时最新最完备之法典。

迄于民国，仍行援用。民国元年三月十日《临时大总统令》：

现在民国法律未经议定颁布，所有从前施行之法律及新刑律，除与民国国体抵触各条，应失效力外，余均暂行援用，以资遵守。

当资政院议决刑律草案时，尝发生极大之争执，后卒从新党之议。

《大清新刑律释义序》："自新刑律草案出，而礼教之争议生。主进化者，谓新刑律与礼教并不相妨；主国粹者，谓新刑律于礼教显有违背。彼此相持，争议甚剧。""议者一则曰，全弃中律，概从外邦；再则曰，专摹外人，置本国风俗于不顾；三则曰，不为本国数万万人计，专为外国流寓之数千人计。""宪政编查馆核订刑律原奏有云：刑律之是非，但论收效之治乱为何如，不必以中外而区畛域，且必上折衷于唐、虞、夏、商刑措之盛，而不容指秦、汉以后之刑律，为周、孔之教所存。"

其于官制，则改刑部为法部，大理寺为大理院，定四级三审之制，于京外次第设立各级审判厅。民国仍之，时以司法独立为言。

《中国年鉴》："民国之司法制度，袭用前清之法院编制法，为四级三审制。京师设大理院及总检察厅，为全国上诉最高机关，又设高等以下各级厅，管理京兆属县及京师地方之诉讼，各省省城设高等厅，县乡镇设地方及初级厅。"

然未设审检各厅之处，县知事仍得审理诉讼，

《现行法令全书》："民国三年四月五日，颁行县知事审理诉讼暂行章程。"

未能尽行独立。而华盛顿会议，我国提议取消治外法权，各国复以调查为口实，于清季改法律以保国权之目的尚未达焉。

《华盛顿会议记事》(黄惟志)："治外法权案，由代表王宠惠提出，远东委员会议定。八国政府各派代表，调查中国现行治外法权之现状，此项委员会，于大会闭幕后之三月完全成立，一年内缮具报告。各国有自由接受或拒绝建议全部或一部分之权，惟无论如何，不得借中国许诺任何利益特权而接受之。此案吾国亦愿派委员一人加入治外法权委员会，且亦有接受拒绝之权，在第四次大会正式通过。"

清季修改刑律，同时议订民律及商律，

《光绪政要》光绪三十三年《民政部奏请厘订民律疏》："东西各国法律，有公法、私法之分。公法者，定

国与人民之关系，即刑法之类是也。私法者，定人民与人民之关系，即民法之类是也。二者相因，不可偏废。而刑法所以纠匪僻于已然之后，民法所以防争伪于未然之先，治忽所关，尤为切要。各国民法，编制各殊，而要旨宏纲，大略相似。举其荦荦大者，如物权法，定财产之主权；债权法，坚交际之信义；亲族法，明伦类之关系；相续法，杜继承之纷争：靡不缕析条分，著为定律。”“中国律例，民刑不分。而民刑之称，见于《尚书》孔《传》。历代律文户婚诸条，实近民法，然皆缺焉不完。李悝六篇不载户律。汉兴，增厩户为三，北齐析户婚为二，国家损益明制，户例分列七目，共八十二条，较为完密。然第散见杂出于刑律之中，以视各国列为法典之一者，犹有轻重之殊。因时制宜，折衷至当，非增删旧律，别著专条，不足以昭画一。”“光绪二十九年三月谕派载振、袁世凯、伍廷芳先订商律，作为则例，俟商律编成奏定后，即行特简大员开办商部。”

民律迄未编定，仅有民事诉讼法一种。

《光绪政要》光绪三十二年《修律大臣伍廷芳、沈家本奏呈刑事民事诉讼法疏》：“中国旧制，刑部专理刑名，民部专理钱债田产，微有分析刑事民事之意。若外省州县，俱系以一身兼行政司法之权，官制攸关，未能骤改。然民事、刑事性质各异，虽同一法庭，而办法要宜有区别。臣等从事编辑，悉心比絜，考欧美之规制，款目繁多，于中国之情形未能尽合。谨就中国现时之程度，公同商定简明诉讼程序，分别刑事、民事，探讨日久，始克告成。”“综计全编分为五章，凡二百六十条。”

民国十年，修订法律馆复加修正，仅以期其应用耳。(《现行法令全书》民事诉讼法草案十年七月二十二日公布，凡七百五十五条。) 商律，则清季已定商人通例、公司律、破产律等。

《光绪政要》：“光绪二十九年十二月，商部疏称，订立商人通例九条，公司律一百三十一条。”“三十二年，商部疏称，订立破产律六十九条。”

民国初年，张謇任农商总长，首以乞灵法律为政见。

《农商公报·张謇政见宣言》：“(一) 当乞灵于法律。世界以大企业立国，而中国以公司法、破产法不备之故，遂败坏不可以拾。”“故农林工商部第一计画，即在立法，拟提出关于农工商法案，若耕地整理法、森林保护法、工场法及商人通则、公司法、破产法、运输保险等规则。”

陆续颁行权度法、森林法、商会法及商人通例、公司条例、公司保息条例、矿业条例等，视民法较详备。然其影响于商业者，亦未大见进步也。

清季行政制度，自辛丑议和后，陆续改变。首改总理各国事务衙门为外务部，次设商部、学部。嗣议行宪政，明定行政之权，以为预备立宪之基，遂定内阁及各部官制。

《光绪政要》光绪三十二年九月《庆亲王等奏改内

阁部院官制疏》："行政之事，专属之内阁各部大臣，内阁有总理大臣，各部尚书亦为内阁政务大臣。故分之为各部，合之皆为政府，而情无隔阂；入则参阁议，出则各治部务，而司事贯通。""司法之权，则专属之法部，以大理院任审判，而法部监督之。""此外有资政院以持公论，有都察院以任纠弹，有审计院以查滥费，亦皆独立，不为内阁节制。""分职之法，首外务部，次吏部，次民政部，次度支部，次礼部，次学部，次陆军部，次法部，次农工商部，次邮传部，次理藩部。专任之法，内阁各大臣同负责任，除外务部载在公约，其余均不得兼充繁重差缺。各部尚书只设一人，侍郎只设二人，皆归一律。""特设承政厅，使左右丞任一部总汇之事；设参议厅，使左右参议任一部谋议之事。其郎中、员外郎、主事以下，视事之繁简，定额缺之多寡，要使责有专归，官无滥设。"

其外省地方官制，亦以次递改。

《光绪政要》光绪三十二年《编制馆拟定外省官制疏》："我朝承明制，管官官多，管民官少。州县以上，府道司院，层层钤制，而以州县一人，萃地方百务于其身，又无分曹为佐，遂致假手幕宾，寄权胥役，坏吏治，酿祸乱，皆由于此。今拟仿汉、唐县分数级之制，分地方为三等：甲等曰府，乙等曰州，丙等曰县。每府、州、县各设六品至九品官，分掌财赋、巡警、教育、监狱、农工商及庶务，同集一署办公。""每省以督抚经管外务、军政，兼监督一切行政司法；以布政司专

> 管民政，兼管农工商；以按察使专管司法上之行政，监督高等审判厅。另设一财政司，专管一省之财政，兼管交通事务，秩视运司。均酌设属官，佐理一切。此外学盐粮关河各司道，仍旧制。”

宣统三年四月，颁行内阁官制。内阁设总理大臣、协理大臣及外务、民政、度支、学务、陆军、海军、司法、农工商、邮传、理藩十大臣，号称责任内阁，盖仿日本之制，而变通满清旧制以就之。民国肇建，官制官规，时有改变，其实大体亦循清季官制，第变大臣之名为总理、总长，变内阁为国务院耳。民国初年，地方官制仅存两级，即一县之长官及一省之长官，其名称亦时有变更。自民国三年以来，设置道尹，地方行政官复为三级制。然行政实权仍在一县及一省省长，道尹几等骈枝；又以军阀暴横，司民政者恒仰司军政者之鼻息。近方争议废督，其制故无足述也。

清代财政，素不公布。甲午以后，刘岳云辑光绪会计表，李希圣辑光绪会计录，世始稍知其出入之概。然学者所纂录，固非法定之案牍也。光绪末叶，赵炳麟请定预算决算表，整理财政。

> 《光绪政要》：“光绪三十二年十二月，度支部议复御史赵炳麟奏制定预算决算表事宜。”

至宣统中，始由政府及地方官吏编制预算，交资政院及咨议局议决岁出岁入，乃由黑暗而渐趋于光明。民国之法，国家行政费由国会议决，地方行政费由省议会议决，逐年预算亦有可稽。然国会屡散，政局不定，迄未议及决算，即预算亦多等于具文，其审计院虽专司决算，而钩稽琐碎，逐年积压，于大宗用费之不当者，反多不能审核，第存其法而已。

《现行法令全书·审计院编制法》："审计院直隶于大总统，依审计法，审定国家岁出岁入之决算。""审计院于每会计年度之终，须以审计成绩呈报于大总统。""审计院对于各官署职官，于出纳事项，有违背法令或不正当之情事者，须呈报于大总统。""审计院对于预算及财政事项，得依其审计之经验，陈述意见于大总统。"

光绪末叶，宪政编查馆设立统计局，并请立各省调查局，以为编制法规统计政要之助，是为统计初桄。

《光绪政要》光绪三十三年《宪政编查馆请令各省设立调查局疏》："臣馆职司编制、统计二局，亟当预筹京外通力合作之办法，以期推行尽利。""仿东西各国成法，令各省分设调查局，以为编制法规、统计政要之助。开办之始，必须事事先求其简明确实，断不可参以虚饰之词、敷衍之见，乃可望由疏而至密，祛伪以存真。"

宣统初，颁定表式，邮传部之路、电、邮、航四政，学部之各学校，遂均制成统计表，而他部阙然。

《宣统新法令》宣统元年二月《宪政编查馆奏拟定民政财政统计表式疏》："臣馆遵旨设立统计局，奏定办事章程，并由各部院分设统计处，各省分设调查局，搜集各种事项，汇齐办理，以备刊行统计年鉴。”“谨督官员参考中西，斟酌义类，拟订统计总例十有四条。又为民政统计部表七十有六、省表七十有二，财政统计部表九十、省表八十有八，并将所以立表之意，填表之法，各于表后系以解说。”“请饬下内外各衙门，自此项奉文到日起，统限半年内，务各查照表式例要，逐一确实迅速填报。”

民国之制，国务院有统计局，各官署亦有专司统计之职。

《现行法令全书·各部官制通则》：“各部设总务厅，所掌总务二：编制统计及报告。”

所制统计表，较清季之形式颇为进步，然各部亦仅内务、司法、农商、教育、交通之统计，逐年编布，其军、财二宗，迄未编订。而农商户口之统计，亦多向壁虚造，不可迳据之以觇国势也。

民国草创，百度更新。官有一制，事有一法，规程条例，日出不穷。有经国会议决者；有未经国会议决，但以命令颁布者。虽曰法制万能，实多轶出法制之外，吾书亦不能为之毛举。第有一事，为前清之所无者，即行政诉讼法及平政院之制，较之他事为可称述。从前官吏损害人民权利，虽亦有京控叩阍等事，然无明定条文以为保障。民国特定行政诉讼法及设立平政院以司之，是亦抑制官权，伸张民权之要点也。

《现行法令全书·行政诉讼》：“人民对于下列各项之事件，除法令别有规定外，得提起行政诉讼于平政院。（一）中央或地方最高级行政官署之违法处分，致损害人民权利者。（二）中央或地方行政官署之违法处分，致损害人民权利，经人民依诉愿法之规定，诉愿至最高级行政官署，不服其决定者。”

袁氏当国，欲复前清御史之制，于平政院设肃政厅，置肃政使，其意似在整顿吏治，实则误解清代法制及民国法制之原则。

《现行法令全书》：“平政院编制令：平政院肃政使于人民未陈诉之事件，得依行政诉讼条例之规定，对于平政院提起行政诉讼。”“平政院肃政使依纠弹条例，纠弹行政官吏之违反宪法、行贿受贿、滥用威权、玩视民瘼事件。”“平政院之裁决，由肃政使监视执行。”“肃政厅对于平政院独立，行其职务。”

袁氏败而肃政厅亦废，惟平政院如故，裁决行政诉讼，亦时有可纪焉。

吾国立国之法，自来惟有封建、郡县二制，虽有时藩镇跋扈，外重内轻，或叛臣自立，脱离关系，要皆听事势之自然，非有法制以为之解说也。民国既立，研究宪法，求之域外，学说孔多：有单一制，有联合制；有总统制，有内阁制；有中央集权制，有地方分权制；有职业代议制，有全民与政制；有政治的民主政治，有社会的民主政治：党派分歧，主张各异。二年，国会宪法起草委员会所制之宪法草案，与民国十一年国是会议所拟之宪法草案，其根本大相径庭。

《天坛宪法草案》：“第一章，国体。第一条，中华民国永远为统一民主国。”

《国是会议宪法草案甲种》：“第一章，总则。第一条，中华民国为联省共和国。第二章，联省及各省权限之划分。第五条，凡事之关于全国者由联省机关立法或执行之，兹列举如下：(一)外交，(二)陆海军，(三)币制银行，(四)度量权衡，(五)海关税及其他国税，(六)国债，(七)邮政，(八)电报，(九)铁路及国道，(十)航业，(十一)两省以上之水利，(十二)沿海渔业，(十三)民法，(十四)刑法，(十五)商法，(十六)民事刑事诉讼法，(十七)全国法院编制法，(十八)国籍法，(十九)发明及专利法，(二十)矿法，(二十一)移民法，(二十二)土地收用法，(二十三)联省官制官规，(二十四)联省监狱，(二十五)全国户口调查及统计，(二十六)劳动法，(二十七)产业公有法。第六条，各省得自定宪法，凡事之关于一地方者，由各省或地方机关立法或执行之，兹列举如下：(一)省之官制官规，(二)省之税法，(三)省以内之实业，(四)省之民团，(五)省债之募集，(六)省之公产处分，(七)省之学制之规定，(八)省以下之地方制度，(九)省以内之水利，(十)省道或其他省内交通，(十一)省以内之电话，(十二)省之警察，(十三)违犯省法之罚则，(十四)卫生及慈善事项，(十五)省监狱。第七条，各省宪法应规定以下各项：(一)各省应设省议会代表民意，(二)省之行政首长，或为一人，或为数人之委员会，由省之人民或议会选举，但不得以退职未满三年之军人充选，(三)凡非省内官吏，住居省内二年以上者，依其省之宪法或法律，享有选举及被选举权利，(四)各省各设民团，其额数由各省省议会议定之，（五）省议会应详订关于一切选举之舞弊法，（六）各省行政机关中之文官，应定考试任用及保障之法，不因一省内政状况而更动。第八条，联省法律之效力，在省法律效力之上。第九条，联省政府应保证各省之民主政治，如一省内政体变动，有违反本宪法或各该省宪法者，联省政府应干涉之；各省有不能履行本宪法上之义务者，联省政府应督促之；甲省有以武力侵犯乙省者，联省政府应阻止之。第十条，中华民国之国体发生变动，各省得互相联合，维持宪法上规定之组织，至原状恢复时，各省之行动应即停止。”

盖一则属于单一制，一则属于联合制；一则徒取法于欧洲旧式之宪法，一则兼采取欧洲最近之新宪法也。《天坛宪法草案》近亦经国会修改，而为曹锟时代之宪法。国是会议所拟之草案，则已有数省采取实行，如《湖南省宪法》及《浙江省宪法》，皆采联合制，以省为全国中一自治区域，而各自编定宪法者也。《湖南省宪法》与《浙江省宪法》有同有异，如省议员由全省公民直接选举，其同者也。

《湖南省宪法》：“第四章，省议会。第二十八条，省议会以全省公民直接选出之议员组织之。”

《浙江省宪法》：“第四章，省议院。第三十八条，省议院以全省人民直接选出之议员组织之。”

省长之选举，法律之表决，其异者也。

《湖南省宪法》:“第五章，省长及省务院。第四十七条，省长由省议会选出四人，交由全省公民总投票决选，以得票最多数者为当选。”

《浙江省宪法》:“第五章，省长及省政院。第五十三条，省长由全省选民分区组织选举会选举之，其选举程序另以法律定之。”

《湖南省宪法》:“第六章，立法。第六十四条，法律案由省议会议员或省务院以省长之名义提出之。第六十五条，法定之省教育会、农会、工会、商会、律师公会及其他依法律组织之各职业团体，得提出关于各该团体范围内之法律案，省议会必须以之付议。第六十六条，全省公民百分之一以上连署动议，或全省县议会及一等市议会三分之一以上连署动议，得提出法律案，呈请省长，咨省议会议决。省议会对于此项议案，如搁置不议，或议而否决时，省长应将该案及否决之理由，付全省公民总投票表决，可决时，即成为法律。第六十八条，凡本法所规定，得由公民提案，及须公民总投票表决之事项，其提案及投票之方法，以省法律定之。”

《浙江省宪法》:“第九章，立法。第九十四条，法律案由省议院议员或省政院提出之。第九十七条，有三分之一以上之县，每县选民一千人以上之连署，得提出法律案于省议院，请其议决。省议院对于所提全案不同意时，应交付全省县议会、特别市议会投票表决，如得半数以上可决时，由省长公布之。”

世界日新，吾国人理想中之法律亦随之而日新。然理想进步，事实殊不能与之相应。有全民表决之制，而全民之不知者殆十八九，是则不能不有待于教育之普及也。

省之自治，既已成为最新之趋势，而省以下之自治区域，亦有新旧法律之不同。清季以来，谈国是者，咸以地方自治为立国之基础。

《光绪政要》光绪三十三年正月《民政部奏饬各省查报乡社情形以重治本疏》：“地方自治，一时未能骤行，而各省乡社办法之善否，即为地方治忽民生休戚所关。欲兴民政，自以考求各省乡社情形为入手办法。查《会典》、《保正甲长乡约》等，本悬之功令，自咸丰、同治以来，地方多事，举凡办防集捐、供支兵差、清理奸宄诸事，各牧令又无不借乡社之力，于是边腹各地，名目纷立，推择各殊。有曰乡正、乡耆、里正者，有曰寨长、圩长者，有曰团总、练总者，有曰公正、公直者，有曰镇董、村董者，有曰社首、会首者，羼杂离奇，不可胜举。近年推行警政，如奉天等省，则各乡社又多称巡长等名，此名目之不同也。其经理之地，有仅止一村者，有多至数村十村者，边远州县，乡保且有管至百十里者，此地势广狭之不同也。其更代之法，有一年一易者，有数年一易者，有轮流充当者，有由地方官札谕派委者，而以公众推举者为多。所遴用者，或为生贡，或为职衔军功人员，或为平人。地方官待遇之者，或贵之如搢绅，或贱之如皂隶，而要之官民相通，又皆以乡社为枢纽，是以细故之裁判，公用之科摊，案证之传质，护田防盗之计画，新政旧章之颁布，多隐以乡社司之，且有牧令倚以收赋税、集团练者。大约如古之王烈、田畴者，固不乏人；而猾贪虎冠、为地方之患者，

> 亦在所不免。几有为者不善、善者不为之势。近年海口通商之处，亦多有研究自治组织会所者，较之相沿乡社办法已有进步，然当绵蕞之初，尤宜详为调查，以期整齐而免流弊。”

第颁行城镇乡地方自治章程，而未实行。民国初年，各省竞行自治，旋为袁氏所废。

> 民国三年二月三日《停办各地自治会令》：“近据甘肃、山东、山西、湖北、湖南、河南、直隶、安徽等省民政长电呈，各属自治会，良莠不齐，平时把持财政，抵抗税捐，干预词讼，妨碍行政，请取消改组等语。”“着各省民政长，通令各属，将各地方现设之各级自治会，立予停办。”

民国八年九月，复公布县自治法；十年七月，公布市自治制及乡自治制，大致亦根据清季城镇乡自治章程。县为官民合治之制，市乡则属于县而纯任民治。《湖南省宪法》、《宪制大纲》、《市乡自治制大纲》，则与之迥异。如县长由议会公举及一等市直接受省政府之监督等条，皆较政府所制之法不同。

> 《湖南省宪法》：“第十章，县制大纲。第一百零三条，县长由县议会选举六人，交由全县公民决选二人，呈请省长择一任命。第十一章，市乡自治大纲。第一百十一条，省以内之都会商埠，人口满二十万以上者，为一等市；人口满五万以上，不及二十万者，为二等市；人口满五千以上，不及五万人者，为三等市；不

及五千人者，属于乡。第一百十二条，一等市直接受省政府之监督。”

《广东县自治条例》县长亦由民选，其选举及被选资格，以服工役三日，或缴纳免工费六毫为条件。是亦可以觇法制思想之进步者也。

清季之倡地方自治者，首推江苏之南通，以实业为之基，以教育启其知，而其他道路工程、慈善事业，皆缘之而经营发展，不遗余力。

《南通指南》：“南通实业，以大生纺织公司为母，垦牧公司、大生第二厂、大生第三厂、广生油厂、复兴面厂、资生铁厂、大达外江轮船公司、大达内河小轮公司、通明电灯公司、通燧火柴厂、大聪电话公司、阜生蚕业公司、绣织局、颐生酒厂等，皆其后起。”“通海垦牧公司，又为各盐垦公司之母，其他继起者，有大有盐垦公司、大豫盐垦公司、大赉盐垦公司、大丰盐垦公司、华成盐垦公司、新通垦植公司、新南垦植公司、大祐垦植公司。”“其资本总计约一千余万元。”“南通教育，以师范学校为母，其次有女子师范学校、中学校、高等小学。专门有医学校、纺织学校，甲种有农业学校、商业学校、中学校。外分二十一市乡国民学校，以十六方里设一校计，凡三百三十二所；高等小学以全县计，凡十二所。”“总计学生合一万七千余人。”“公共机关，有博物苑、图书馆、军山气象台、五公园、唐闸公园、地方路工处、地方市政处、教养公积社、南通自治会。”“慈善机关，有育婴堂、养老院、残废院、盲哑学校、南通医院、贫民工场、济良所、栖流所。”

其自治会之章程，则定于已经兴办各种事业之后，故能名副其实，具有积极之精神。

《南通县自治会报告书》：“南通县自治会章程第二条：本会规定属于全县之自治事宜，如下：（一）教育，（二）实业，（三）交通，（四）水利，（五）工程，（六）卫生，（七）慈善，（八）公共营业，（九）依法及行政公署委托办理事宜。”

然其弊在绅权之太重。民国之倡地方自治者，首推山西，号称村本政治。其施行之法，订立村范，使各村设立禁约，

《山西政治述要》：“某某村公议禁约如下：不准贩卖金丹洋烟，不准吸食金丹洋烟，不准聚赌窝娼，不准打架斗殴，不准游手好闲，不准忤逆不孝，不准儿童无故失学，不准偷窃田禾，不准毁坏树木，不准挑唆词讼，不准缠足，不准放牧牛羊蹈毁田禾，不准侵占别人财产。”

又立息讼会及采访村仁化之法。

《山西政治述要》：“息讼会条文：（一）每编村设立息讼会，村长兼充会长，另有村人公推公断人四名或六名为会员，均义务职。公推后，将公断人姓名，报由区长转报县署立案。（二）村中除命案外，凡有两造争

讼事件，均亲愿请求公断者，本会得公断之。如甲编村人民与乙编村人民争讼时，由两村公断人合组临时公断会，公平公断之。其组织法，由两村公断人协定之。（三）公断时，以公断人多数取决，如可否同数时，由会长决定之。（四）公断后，如两造有不服者，应听其自由起诉。（五）公断事件，有涉及会长或公断人之本身者，会长应自行回避，由公断人推举临时会长，至公断人应不到场。（六）公断人之任期，于每届村长改选时为满期，但得连举连任。”“采访村仁化之标准：亲慈、子孝、兄爱、弟敬、夫义、妻贤、友信、邻睦。上之八项标准，派员往各县调查，据实报告，择尤褒扬，并专刊于报，名曰《村话》。”

各省亦有慕其法，而欲设立新村，以为自治模范者，然其弊在主动之在官。要之，法制变迁之时代，由官治而趋民治，非大多数之人民晓然于德治法治之义，未能达于完全美善之域也。

第十五章　经济之变迁

吾国历代虽有与各国通商互市之事，然在满清道、咸以前，大都锁国独立，其经济之变迁，要皆限于国内。自五口通商以后，门户洞开，海陆商埠，逐年增辟，加以交通之进步，机械之勃兴，而吾国之经济遂息息与世界各国相通。昔之荒陬僻壤，可变为最重要之都市；昔之家给人足者，多变为不平均之发展。语物力之开发，则为远轶于前；论财政之困难，又觉迥殊于古。而国民之思想道德，根于经济之变迁而变迁者，尤为治史者所当深究矣。

经济之变迁无他，吸收散殊之各点，集中于新辟之地。新兴之业与外人相竞争，而卒之仍为外人所操纵，而吾国之巧黠者又袭取其术以操纵吾愚民，而愚民遂日随以颠倒而已。集中之法，第一在通商市埠。商埠之开，始多迫于条约，继则自保利权，轮舶走集，物货填委，其附近各地及与之关连者，罔不仰通商大埠之鼻息。而此通商大埠，又听命于世界各大商场，铜山东崩，洛钟西应，牵连钩贯，而盈亏消息，恒多不能自主。此数十年间经济变迁之主因也。

各省商埠表

省名	地名	开放年月	设关年月
直隶	北京南苑	光绪二十八年《中美条约》	
	天津	咸丰十年《中英法北京续约》	咸丰十一年二月十三日设津海关

续表

省名	地名	开放年月	设关年月
直隶	秦皇岛	光绪二十四年奏准开放	光绪二十七年十一月初五日设秦皇岛分关
	张家口	咸丰十年《中俄条约》民国三年一月奉令开放	
山东	烟台	咸丰八年《中英天津条约》	咸丰十一年七月十七日设东海关
	济南	光绪三十四年四月奏准开放	
	潍县	光绪三十年四月初一日奏准开放	
	青岛	光绪二十年《中德曹州教案条约》	光绪二十四年设胶海关
	周村	光绪三十年四月初一日奏准开放	
	龙口	民国二年一月八日奉令开放	
江苏	上海	道光二十二年《中英南京条约》	道光二十二年设江海关
	吴淞	光绪二十二年奏准开放	
	镇江	咸丰八年《中英天津条约》	咸丰十一年四月初一日设江海关
	南京	光绪二十三年奏准开放	光绪二十五年三月二十日设金陵关
	苏州	光绪二十一年《中日马关和约》	光绪二十二年八月二十日设苏州关
	海州	光绪三十一年九月二十六日奏准开放	
	浦口	民国元年奉令开放	

续表

省名	地名	开放年月	设关年月
安徽	芜湖	光绪二年《中英烟台条约》	光绪三年二月十八日设芜湖关
	安庆	光绪二十八年《中英条约》	
河南	郑州	民国十一年自行开放	
江西	九江	咸丰八年《中英条约》	同治元年十一月初一日设九江关
湖北	汉口	咸丰八年《中英条约》	咸丰十一年十一月初一日设江汉关
	沙市	光绪二十一年《中日马关和约》	光绪二十二年八月二十日设沙市关
	宜昌	光绪二年《中英烟台条约》	光绪三年二月十八日设宜昌关
	武昌	光绪二十六年十月初八日奏准开放	
湖南	岳州	光绪二十四年奏准开放	光绪二十五年十月一日设岳州关
	长沙	光绪三十年奏准开放	光绪三十年五月十八日设长沙关
	湘潭	光绪三十一年八月初六日奏准开放	
	常德	光绪三十一年八月初六日奏准开放	
四川	重庆	光绪十六年《中英条约》及光绪二十一年《中日马关和约》	光绪十七年正月十一日设重庆关
	万县	光绪二十八年《中英商约》	民国四年设万县分关

续表

省名	地名	开放年月	设关年月
浙江	宁波	道光二十二年《中英南京条约》	道光二十二年设浙海关
	温州	光绪二年《中英烟台条约》	光绪三年十二月八日设瓯海关
	杭州	光绪二十一年《中日马关和约》	光绪二十二年八月二十日设杭州关
福建	福州	道光二十二年《中英南京条约》	道光二十二年设闽海关
	厦门	道光二十二年《中英南京条约》	道光二十二年设厦门关
	三都澳	光绪二十四年奏准开放	光绪二十五年三月二十九日设福海关
	鼓浪屿	光绪二十八年十月二十二日奏准开放	
广东	广州	道光二十二年《中英南京条约》	道光二十二年设粤海关
	九龙	光绪二十四年《中英条约》	光绪二十四年设九龙关
	澳门	光绪十三年开放	光绪十三年设拱北关
	汕头	咸丰八年《中英法天津条约》	咸丰九年十二月初九日设潮海关
	琼州	咸丰八年《中英法天津条约》	光绪二年三月初七日设琼海关
	北海	光绪二年《中英烟台条约》	光绪二年三月十八日设北海关
	三水	光绪二十八年《中英缅甸条约》	光绪二十三年五月初五日设三水关

续表

省名	地名	开放年月	设关年月
广东	江门	光绪二十八年《中英日商约》	光绪三十年正月设江门关
	惠州	光绪二十八年《中英商约》	
	公益埠	民国元年省署批准开办	
广西	南宁	光绪二十四年奏准开放	光绪三十二年十一月十七日设南宁关
	梧州	光绪二十三年《中英缅甸条约》	光绪二十三年五月初五日设梧州关
	龙州	光绪十三年《中法条约》	光绪十五年五月初三日设龙州关
甘肃	嘉峪关	光绪七年《中俄条约》	光绪十一年八月初十日设关
云南	昆明	光绪三十年四月十一日奏准开放	
	腾越	光绪二十三年《中英条约》	光绪二十八年四月初一日设腾越关
	思茅	光绪二十一年《中法条约》	光绪二十二年十一月二十九日设思茅关
	蒙自	光绪十三年《中法条约》	光绪十五年七月二十八日设蒙自关
	河口	光绪二十一年《中法条约》	光绪二十三年六月初二日设河口分关
	大理	光绪二年《中英条约》	
奉天	营口	咸丰八年《中英天津条约》	咸丰十一年六月初四日设山海关
	大连湾	光绪二十四年《中俄条约》	光绪三十三年五月二十一日设大连关

续表

省名	地名	开放年月	设关年月
奉天	安东		同上年月日设安东关
	大东沟	光绪二十九年《中美日通商条约》	同上年月日设大东沟分关
	沈阳		光绪三十二年实行开放
	辽阳	光绪三十一年《中日条约》	光绪三十三年五月十八日实行开放
	新民屯	同上	光绪三十二年八月二十一日实行开放
	法库门	同上	光绪三十二年七月二十二日实行开放
	通江子	同上	同上
	铁岭	同上	同上
	凤凰城	同上	光绪三十二年五月十八日实行开放
	洮南	民国三年一月奉令开放	
	葫芦岛	同上	
	郑家屯	同上	
	天锦县	民国五年自行开放	
吉林	哈尔滨	光绪三十一年《中日条约》	宣统元年五月十四日设滨江关
	吉林	同上	光绪三十二年十二月初一日实行开放
	长春	同上	同上
	珲春	同上	光绪三十三年五月十八日设珲春关

续表

省名	地名	开放年月	设关年月
吉林	宁古塔	同上	同上年月日开放
	三姓	同上	宣统元年五月十四日设三姓分关
	局子街	宣统元年《中日图们江界约》	宣统元年九月实行开放
	龙井村	同上	宣统元年九月设分关
	头道沟	同上	宣统元年九月实行开放
	百章沟	同上	同上
黑龙江	齐齐哈尔	清光绪三十一年《中日条约》	光绪三十二年十二月初一日实行开放
	瑷珲	同上	宣统元年六月初十日设大黑河分关
	海拉尔	同上	光绪三十三年五月十八日实行开放
	满洲里	同上	光绪三十四年正月初四日设满洲里分关
热河	赤峰	民国三年一月奉令开放	
察哈尔	多伦诺尔	同上	
绥远	归化城	同上	
新疆	伊犁	咸丰元年《中俄条约》	
	塔尔巴哈台	同上	
	喀什噶尔	咸丰十年《中俄条约》	
	乌鲁木齐	光绪七年《中俄条约》	
	古城	同上	
	哈密	同上	
	吐鲁番	同上	

续表

<table>
<tr><th>省名</th><th>地名</th><th>开放年月</th><th>设关年月</th></tr>
<tr><td rowspan="4">外蒙古</td><td>库伦</td><td>咸丰十年《中俄条约》</td><td></td></tr>
<tr><td>恰克图</td><td>雍正五年《中俄条约》</td><td></td></tr>
<tr><td>乌里雅苏台</td><td>光绪七年《中俄条约》</td><td></td></tr>
<tr><td>科布多</td><td>同上</td><td></td></tr>
<tr><td rowspan="3">西藏</td><td>亚东</td><td>光绪十九年《中英藏印条约》</td><td>光绪二十年三月二十六日设关</td></tr>
<tr><td>江孜</td><td>光绪三十一年《中英藏印条约》</td><td>宣统元年三月二十二日设关</td></tr>
<tr><td>噶大克</td><td>同上</td><td>同上</td></tr>
</table>

其次则为公司。吾国商业，从来虽有独资合资之别，要皆无大规模。自与西人通商，震于其公司之财力雄厚，知非小商业所能抵制，则集小资本为大资本，而公司之制以兴。同、光之间，李鸿章创办轮船、织布等局，招商集股，尚未名为公司。

《李文忠公奏稿·复陈招商局疏》：“轮船招商局之设，系由各商集股作本，按照贸易规程，自行经理，已于同治十一年十一月创办之初奏明，盈亏全归商认，与官无涉。”《试办织布局折》：“饬据郑观应等拟禀估需成本银四十万两，分招商股足数，议有合同条规，尚属周妥。当经批准，先在上海设局试办。”

其后各省经营铁路，相率仿行公司之制。清廷修订商律，首颁公司法，分为合资公司、合资有限公司、股分公司、股分有限公司四种。

《公司律》："第一条，凡凑集资本共营贸易者，名为公司，共分四种：一合资公司，一合资有限公司，一股分公司，一股分有限公司。第四条，合资公司，系二人或二人以上集资营业，公取一名号者。第六条，合资有限公司，系二人或二人以上集资营业，声明以所集资本为限者。第十条，股分公司，系七人或七人以上创办，集资营业者。第十三条，股分有限公司，系七人或七人以上创办，集资营业，声明资本若干，以此为限。"

民国初年，颁行公司条例，又为改定名称，

《公司条例》："第一条，本条例所称公司，谓以商行为业而设立之团体。第二条，公司共分为四种：一无限公司，二两合公司，三股分有限公司，四股分两合公司。"

并定保息条例，以示提倡大规模商业之意，而公司之数乃日增。

《第三次农商统计表》："民国二年调查，五年印行。内载全国公司数凡一一一〇家，资本金共九〇五二二一七二元，公积金共一六七五二八七元。"

然公司法律虽极严密，其权往往操之大股东及经理人之手，小资本之股东，目击其腐败而无可如何，惟有听其浪掷。久之而股分公司之信用堕落，已成者破产倒闭，未成者或积久而不能募集焉。民国十年，颁行《交易所条例》，买卖证券者，尤举国若狂。经济变迁，益趋激烈，因之贫困自杀者，时有所闻。盖经济集中，则影响孔巨，投机之业，尤以引人妄念。诈欺奢侈，相因而生，举凡从前俭勤谨信之德，率缘经济之潮流而变矣。

其次则为银行。吾国昔之操金融权者，惟钱庄与票号。钱庄营业不巨，资本亦微。票号流通全国，为汇兑专业，其资本亦不过数十万两。

> 《中国经济全书》（东亚同文会编）："第五编，山西票庄篇。票号为中国金融机关中最有势力者，其经营者多山西人，严守秘密，研究至难。""山西票庄之组织，颇为严密，其取引之习惯规矩极严，故其基础坚固。所雇佣者，决不用他省人，而又赏罚严明，使彼等对于业务不倦不挠，且互守秘密不泄。""自清初迄今，凡经二百数十年，日益繁荣增长。""其资本大概，小则十万两，大至五六十万两，惟南邦义善源及源丰润，皆百万两。"

甲午战后，讲求变法，始有倡设银行，以为通商惠工之本者。

> 《光绪政要》二十二年十一月《总理衙门奏复四品京堂盛宣怀条陈自强大计请开设银行折》："查原奏谓西人通商惠工之本，其枢纽皆在银行，中国亦宜仿行。及另片所奏，遴选各省公正殷实之绅商，举为总董，招集股本银五百万两，先在京都、上海设立中国银行，其余各省会口岸以次添设，由商董自行经理。""奉旨，责

成盛宣怀选择殷商，设立总董，招集股本，合力兴办。”

盛宣怀首设中国通商银行，

《民国元年世界年鉴·经济类》：“中国通商银行，为盛宣怀等发起。资本五百万两，创始于光绪二十四年，为股分有限公司之组织，是普通商业银行性质。”

嗣由政府设立户部银行及交通银行。

《中国泉币沿革》：“光绪三十年正月，财政处户部奏由部试办银行。二月，又奏定试办银行章程三十二条。三十一年七月，始奏明在京师、天津、上海等处先行开设，是为户部银行。三十四年正月，度支部奏改户部银行为大清银行，并定则例二十四条。宣统三年，革命军起，上海大清银行改为中国银行。民国元年，各处均改为中国银行。二年四月十五日，公布《中国银行则例》三十条。”“光绪三十三年十一月，邮传部奏设交通银行，定章程三十八条。民国三年三月，公布《交通银行则例》二十三条。”

《光绪政要》光绪三十三年《邮传部奏拟设交通银行绾合轮路电邮四政收回利权折》：“拟由臣部设一银行，官商合办，股本银五百万两，招募商股六成，由臣部认股四成，名曰交通银行，将轮路电邮各局存款，改由该行经理。就臣部各项借款，合而统计，以握其经画之权，一切经营，悉照各国普通商业银行办法。”

《世界年鉴》：“中国银行，由中华民国政府设立，资本五千万两，总行在北京，各省均有分行。”“凡政府发行之期票、汇票及公债票等，皆可贴现及抵押借款，具中央银行性质。”“交通银行，资本五百万两，分为五万股。内百万两，由招商局、电报局及盛氏所承买，余招诸各地商人，照股份有限公司办理。总行在北京，其汉口、天津、上海、南京、香港、广东、芝罘、新加坡、卑南等处，均有分行。其内部组织，分为放款、存款、汇兑三课，系仿西制，具殖业银行之性质。”

民国以来，银行猥多，中央及地方政府所设之银行，固为全国经济之枢纽，商民合资开设者，亦竞进而与官立银行争利，于是全国经济，又集中于银行或类似银行之银号钱局之类。

《第三次农商统计表》：“银行类，民国三年，全国银行总数凡五十九家，资本金总额五六七一七二〇六元，各户存款额共三四一〇二八四一元，纸币发行额共一五八三一四六六元。”

民国十一年银行年鉴简表

行名	总行所在地	分行数	资本金	公积金
中国银行	北京	八二	60 000 000 元	597 840 元
交通银行	北京	四九	10 000 000 两	3 592 523 两
浙江兴业银行	上海	六	2 500 000 元	680 000 元
浙江地方实业银行	杭州	四	2 000 000 元	327 151 元
上海商业储蓄银行	上海	六	2 500 000 元	400 000 元
盐业银行	北京	九	5 000 000 元	2 200 000 元

续表

行名	总行所在地	分行数	资本金	公积金
中孚银行	天津	四	2 000 000 元	180 000 元
聚兴诚银行	四川重庆	七	1 000 000 元	340 000 元
四明商业储蓄银行	上海	三	2 500 000 两	
中华商业银行	上海		250 000 元	121 000 元
广东银行	香港	四	1 200 000 镑	400 000 元
金城银行	天津	三	500 000 元	600 000 元
新华储蓄银行	北京	二	5 000 000 元	660 000 元
东莱银行	青岛	四	200 000 元	287 200 元
大陆银行	天津	五	500 000 元	474 316 元
东亚银行	香港	三	1 000 000 元	200 000 元
永亨银行	上海		500 000 元	140 000 元
中国实业银行	天津	五	20 000 000 元	237 006 元
东陆银行	北京	三	2 000 000 元	1 066 838 元
正利商业银行	上海		500 000 元	37 400 元
中国通商银行	上海	二	5 000 000 两	1 770 000 两
四海通银行	新加坡	二	2 000 000 元	1 250 000 元
北洋保商银行	北京	二	6 000 000 元	211 894 元
江苏银行	上海	五	1 000 000 元	295 240 元
山东银行	济南	九	5 000 000 元	81 348 元
华孚银行	杭州	三	1 000 000 元	
常州商业银行	常州		200 000 元	6 700 元
北京商业银行	北京	二	1 000 000 元	185 000 元
五族商业银行	北京	一	1 000 000 元	245 920 元
大宛农工银行	北京		1 000 000 元	135 000 元

续表

行名	总行所在地	分行数	资本金	公积金
山东工商银行	济南	二	2 000 000 元	42 361 元
杭县农工银行	杭州		200 000 元	4 579 元
浙江储蓄银行	杭州		300 000 元	3 000 元
新亨银行	北京	二	1 000 000 元	150 000 元
中华储蓄银行	北京	一	1 000 000 元	148 000 元
南昌振商银行	南昌		200 000 元	72 000 元
劝业银行	北京	四	5 000 000 元	152 137 元
华大银行	上海		1 000 000 元	17 109 元
边业银行	北京	六	10 000 000 元	134 470 元
厦门商业银行	厦门		1 200 000 元	6 180 元
中南银行	上海	一	20 000 000 元	
中华劝工银行	上海		1 000 000 元	6 532 元
上海惠工银行	上海		1 000 000 元	
江苏典业银行	苏州		1 000 000 元	1 511 元
浙江储蓄银行	杭州		500 000 元	
杭州惠通银行	杭州		200 000 元	
工商银行	香港	二	5 000 000 元	
中兴银行	马尼拉		10 000 000 元	120 000 元
和丰银行	新加坡	五	20 000 000 元	
淮海实业银行	南通	六	5 000 000 元	38 000 元
东三省银行	哈尔滨	六	8 000 000 元	150 000 元
富华银行	常州	一	200 000 元	13 300 元
中国棉业银行	上海		1000 000 元	
通易银行	上海	二	3 000 000 元	

续表

行名	总行所在地	分行数	资本金	公积金
上宝农工银行			3 000 000 元	
永大银行	北京	一	250 000 元	12 000 元
上海江南银行	上海		1 000 000 元	
中原实业银行	汉口	一	500 000 元	36 594 元
济南通惠银行	济南		10 000 000 元	
长春益通银行	长春		1 000 000 元	
杭州道一银行	杭州		310 000	
大生银行	北京		2 000 000 元	

于此有一连带之事，不可不并述者，即外人在华所设之银行是也。吾国未设银行之先，西商已在各商埠设立银行，经营中外汇兑兼存款放款之业，其力实足操纵吾国金融。

> 《世界年鉴》:“通商以来，各埠外国银行之设立，日多一日，以补助其母国商人，攫夺远东商权。外商之能操纵金融者，惟银行是赖，且其资本金及公积金之雄厚，迥非我国银行所及。又能发行纸币，吸收我国现金，故一举手间，社会金融已隐在外人掌握。”“外国银行之在我国者，计十有三家:(一)麦加利银行、(二)花旗银行、(三)英国宝信银行、(四)汇丰银行、(五)中华汇理银行、(六)义丰银行、(七)德华银行、(八)华比银行、(九)东方汇理银行、(十)有利银行、(十一)荷兰银行、(十二)华俄道胜银行、(十三)横滨正金银行。”

而清季贪墨官吏，惧以赃私获罪者，多存储于外国银行，辛亥以来尤甚。欧战之时，各国经济困难，其银行或倒闭，或停付，清之亲贵大僚，损失至巨。而近年之军阀，仍多以其盗取之金钱，辇致外国银行，外人乃取而贷之吾国政府，盘剥重利，干我主权，要我抵品，是至可痛之事也。民国元年，英、美、法、德四国组织银行团，专营借款，嗣又加入俄、日二国，而美国寻即退出。欧战时，银行团解散，至欧战既终，又组织新银团以谋我，而共同管理财政之声，日有所闻。

《借款团历史及改组新银行团经过》(《东方杂志》第十七卷第七号)："借款团新名，在中国始见于1912年，为英、美、法、德所成立。第一次成立，为借给新中华民国建立共和之行政，及发展经济一切用途之经费。本借款，借款团有监督权，担保品为盐税。""1913年，俄、日两国始新加入借款团，是年三月，美国退出借款团。""1913年7月，英国提议，以后借款团不借给中国经济借款，只供给政治借款。""1914年因大战，借款团机关解散。""1918年6月，美国首发起组织新借款团，集英、法、日、美四国为团员，美国合三十一家银行，共派一财政家，赴中国专门调查。""1919年5月12日，协商国各重要银行代表，在巴黎开一大会，拟定组织新借款团草案：(一)新团员为英、法、美、日四强国，借款团为借给中国必需借款；(二)新借款团，非徒供给中国政治借款，亦当供给经济借款；(三)新团员各国，因从前借款在中国所得之特权与优先权，当各放置于新借款团，或统还中国。"

而吾国之业银行者，初不以保护国权为意，发行纸币，既极纷歧，经理借款，尤多弊窦。甚至以储蓄之款，为帝制之用；举赢余之利，供政党之事。其以纸币之兑换，价格之涨落，因之获利巨万者，更不足论矣。

近数十年，物价日益腾贵，生计日益困难，推其原因，则货币之淆杂滥伪及价值低落，实为主因之一。观民国二年泉币司之调查，各省银铜货币之庞杂，已可概见。

《中国泉币沿革》："现行银铜币统计：据民国二年十二月十七日财政部泉币司所制之调查表，计天津、广东、武昌、四川、江南、奉天、云南、湖南、河南、福建、吉林、江苏、清江、安徽、山东、江西、浙江十七处银铜元局厂，自开办以来，截至是年报告之时为止，其枚数及折合元数，分列表如下。

币　质	种类及价值	所铸枚数	折合银元数
银元	一元	206 428 152 枚	206 428 152 元
	五角	32 279 421 枚	16 139 710 元
	二角五分	1 141 000 枚	285 250 元
	二角	1 232 860 442 枚	246 572 088 元
	一角	235 004 212 枚	23 500 422 元
	五分	5 174 669 枚	258 733 元
铜元	百文	447 253 枚	44 725 元
	五十文	2 653 548 枚	132 677 元
	二十文	274 786 488 枚	5 495 729 元
	十文	28 583 195 956 枚	285 831 959 元

续表

币　　质	种类及价值	所铸枚数	折合银元数
铜元	五文	37 942 952 枚	189 714 元
	二文	28 049 671 枚	56 099 元
	一文	185 937 661 枚	185 937 元
制钱	一文	5 250 102 000 枚	5 250 102 元

如表总计，合银元 789 971 301.333，约言之可称 79 000 万元。其中一元银主币约占 20 600 万余，五角以下银辅币约占 28 600 万余，铜辅币约占 21 700 万余。银铜辅币合计约 50 300 万余，与一元主币之数相较，大约主币居一而辅币几居三。统计局厂十七处，惟津、粤、鄂、川、宁、奉、滇、吉八厂，银铜币并铸，其余湘、豫、闽、苏、皖、鲁、赣、浙、清江九厂，均只铸铜币。现在只留津、粤、鄂、川、宁、奉、滇、湘八厂，余均停撤。”

清季及民国初年，均拟整顿钱币，颁行条例，皆不果行。

《中国泉币沿革》：“宣统二年四月十六日，度支部奏厘定币制，酌拟则例，同日明谕内外大臣，遵照则例，切实奉行。”“民国三年二月八日，颁国币条例及施行细则。三月八日，特设币制局，监督进行，议借外债，克期办理。秋间欧战忽起，借款无望，年杪总裁辞职，撤局。”

近年币制日益紊乱，发行兑换券之银行，既日出不穷，已经停铸之铜元局，又重行开铸，虽经人民之呼吁，而在位者竟无术以剂其敝焉。

《全国银行公会建议案》(《东方杂志》第十八卷第三号)："改革币制之条陈，裒然成帙，然民国币制破坏扰乱，甚于前清。即就兑换券一端言之，民国四年十月，政府曾拟订取缔条例，凡已经发行纸币之银钱行号，有特别规定者，于营业年限后，应即全数收回；无特别规定者，由财政部酌定期限，陆续收回；未发行者，概不得发行。乃三年来，凡称中外合办银行，无不特许发行纸币，即一二与政府当局有关系之银行，亦享此特权，致令市面纸币驳杂，商民疑惧……流弊所至，必至相率滥发，扰乱金融。一旦有停兑之事，全国将蒙其殃……至于停铸铜元，中国商民之吁请，外国商会之要求，至再至三，政府已允饬令各厂一律停铸。乃昨年以来，因筹款无法，向外商赊购生铜，密令南京、武昌等厂铸铜元，变售银元，以铸余利充行政经费。于是各省效尤，纷纷加铸。安庆、开封已奉部令裁撤之铜元局，均已开铸铜元。近闻天津总厂，至有以全厂押借外款，专铸铜元，并发行铜元券之说……图目前之少利，坏国家之大法，势必至以整理弊制之权，授之外人而后已。"

清代国用，岁不过数千万两。

《清财政考略》："顺治七年以前，每岁入数 14 859 000 余两，出数 15 734 000 余两。""康熙六十年，地丁银 2 800 余万两，盐课银 370 万两，关税杂税 300 万有奇，米麦690万担各有奇。”“雍正元年，岁入计共4 000余万。”“乾隆五十六年，各省实征岁入银4 359万，岁出3 177万，而漕粮兵粮不与。”“嘉庆十七年，岁入银4 013万有奇，岁出银3 510有奇。”“道光二十二年，岁入地丁盐课关税共银3 714万，岁出3 150余万。”“同治末年，岁入6 000余万，岁出在7 000万上下。”

宣统之末，增至三万数千万元。

《宣统四年岁入岁出预算表》：“岁入总计银350 859 982元”，“岁出总计银356 361 607元”，“出入相抵，共亏银5 501 625元。”

至民国八年，增至5亿元。

《民国八年岁入岁出预算表》：“岁入总计490 419 786元”，“岁出总计495 762 888元。”

其支出之最巨者，厥惟军费，以光绪甲午以前额军饷干及勇饷之数，较之民国海陆军费之数，真有天壤之别。

光绪会计表　出项总表

年　份	饷　干	勇　饷
光绪十一年	17 331 502两	25 231 741两
光绪十二年	18 598 460两	27 715 780两
光绪十三年	20 244 973两	20 176 969两

续表

年　　份	饷　　干	勇　　饷
光绪十四年	18 361 425 两	22 798 851 两
光绪十五年	18 748 537 两	20 587 370 两
光绪十六年	20 356 159 两	19 993 253 两
光绪十七年	27 938 777 两	18 268 313 两
光绪十八年	19 757 179 两	18 607 255 两
光绪十九年	18 495 269 两	19 069 720 两
光绪二十年	22 766 734 两	18 908 025 两

民国元年及八年军费表

年　　份	陆　　军	海　　军
民国元年	161 695 792 元	8 982 935 元
民国八年	207 832 420 元	9 379 506 元

盖民国一年中所用于陆海军之费，可以供同、光以前政府全部之经费三四倍而有余。即比之宣统末年之国用，亦已占其三分之二，而其他独立省份所用之军费，尚不在北京政府预算之内，此岂国民所能担负乎！

国用增加，则恃内外债以救目前之急，而外资遂源源输入，一方则患其贫，一方则见其富。债款集中，而使用此债款者，任意挥霍，奢侈无艺。畸形之发达，乃以此十数年中为骤。居必洋房，行必汽车，赌博冶游，日支千万无吝色，问其来源，皆国债也。前清国债，自庚子赔款外，仅以中日战役之后所借七次外债为最巨。

《民国行政统计汇报》："甲午以后，连借外债七次，统计债额银 1 000 万两。法金 4 万佛郎，英金 3 700 万镑。"

其清末币制借款，仅付四十万镑，余未及交而革命事起。

《国债辑要》："1911 年一千万镑之大借款，两方交涉，正在困难之中，忽辛亥之乱起，四国银行团仅交付四十万镑之前付金，其余均一时终止。"

民国以来，政纲瓦解，中央政府不能节制地方，举凡到期之外债，急需之军费政费，举恃外债以应之。于是逐年以债累债，积至十二万万有奇。（民国十一年财政部公布外债数，有抵押品者，约共 102 900 余万元；无抵押品者，约 20 040 万元，合计约 122 940 余万元。）而各省单独所负之债及交通部之债额，尚不在内。

《国债辑要》："铁道外资总额，合计 30 989 000 镑。

此民国政府所以为世所诟病也。清季尝募昭信股票及爱国公债，是为内债之滥觞。

《民国行政统计汇报》："我国内债，滥觞于前清光绪甲午年昭信股票之发行，定额 10 000 万两，年息五厘，二十年还清。然其时人民鲜知运用公债之利，当道办理多未得法，以致购买无人，率归失败。辛亥事起，清政府复发行爱国公债，定额 3 000 万元，年息六厘，通共收数不满 1 200 万元。”

民国以来，以外债之不能应手，累年发行国内公债，积至民国十一年，凡欠内债四万五千万有奇。（民国十一年财政部公布内债数，有抵押品者，约共 20 840 余万元；无抵押品者，约 24 900 余万元，合计约 45 740 余万元。）论者谓国民之实力即此可觇。然以人民有限之财，供当局无厌之欲，要亦所谓“取之尽锱铢，用之如泥沙”耳。

《全国银行公会建议案》：“民国发行内债，计元年公债 12 000 余万元，三年公债 2 400 万元，四年公债 2 400 万元，五年公债 1 500 余万元，七年长短期公债 70 余万元，八年公债 1 900 余万元，八厘军需公债 570 余万元。整理金融公债，截至最近止，已发行 4 700 余万元，共计票面 30 000 万余元。其间市价高低不一，以目下市价计之，约计现洋 20 000 万元左右，此皆募自民间者……年来变乱相乘，公私交困，而能吸收内债如此之巨，孰谓吾国民无实力乎。”

经济之变迁，全视人口与物质之关系。清代人口，虽无精确之统计，然当道光中已达四百兆之数。太平军之后，人口锐减。同、光以来，生息又复其故。稽其约数，最近之人口，殆不下四亿三千余万。而近人之欲望与需要，远轶于前数十年，供求不相应，则时时现恐慌之状。道德之堕落因之，思想之激烈因之，是亦自然之趋势也。

近数十年人口约数表

道光二十二年	（西 1842 年）	413 021 000 人
三十年	（西 1850 年）	414 493 000 人
咸丰十年	（西 1860 年）	360 925 400 人
光绪八年	（西 1882 年）	338 139 000 人
十一年	（西 1885 年）	377 636 000 人
二十七年	（西 1901 年）	407 253 109 人
宣统二年	（西 1910 年）	438 425 000 人
民国十年	（西 1921 年）	443 382 000 人

人口增加，而土地初未增拓，则生计自然日形困难。以民国五年农商部统计表观之，全国农田园圃凡十五万万余亩，以四百兆人分之，一人不足四亩，即以所列荒田合计，亦不过人得五亩，而常年灾歉之地，又占三分之一强，此所以常悬民食不足之问题也。

《民国五年农商部统计表》："各省田圃面积，1 578 347 925 亩。荒地面积，578 867 296 亩。灾歉田地面积，653 475 445 亩。"

吾国北方人民多食豆麦杂粮，南方人民则全食米，米价腾贵，则百物之价值随之而长。各地米价虽不一致，以上海近年米价腾贵推之，即可得其梗概。

《民食问题》（《东方杂志》第十七卷第十五号）："上海米价，在欧战以前，每担约五元。到去年十二月已经涨到七元二角；今年四五月间，到了八元五角；六月初间，到了十一元；二十日后，居然涨到了十六七元。”

吾国号称农业立国，然每年尚须购入食米数百万担或数十万担。列食米出入口表如后。

民国元年至八年食米出入口统计表

年　份	米入口	米出口	入　超
民国元年	2 700 391 担	0 担	2 700 391 担
民国二年	5 414 896 担	0 担	5 414 896 担
民国三年	6 814 003 担	27 939 担	6 786 064 担
民国四年	8 476 058 担	22 263 担	8 453 795 担
民国五年	10 284 024 担	22 515 担	10 261 508 担
民国六年	9 837 182 担	37 912 担	9 799 270 担
民国七年	6 984 025 担	33 281 担	6 950 744 担
民国八年	1 809 749 担	1 227 692 担	582 057 担

故遇大荒，或邻国荒歉，需购吾米之时，则食料不敷分配，而贫民有因以断炊者矣。

近年世界各国，因经济之变迁，而致工人罢工者，所在皆是。吾国受其影响，以及国内经济之变迁，亦时有罢工之举，而劳工问题遂为社会最重要之一事。虽都会及商埠与内地情形迥殊，不可一概而论，然牵联钩贯，各地之工价随时增长，亦如潮流之澎渤。试就清末汉口工厂之工价与近年广州劳工之工价相较，即知其增长之趋势矣：

《汉口》：

武昌织布厂工 2 000 人，工钱分上、中、下三等：上等一日一人 200 文，中等 150 文，下等 100 文。执业之时间，午前自六时至十二时，午后自一时至六时，夜晚七时至十一时……纺纱局职工一千五六百人，工钱分三等：上等 400 文，中等 300 文，下等 100 文以上。执业之时间，午前六时至十二时，午后一时至六时，目下虽不为夜业，若有夜业时，则给以一日分之工钱……宫丝局职工 470 人，皆系女工，工钱上等 180 文，中等 120 文，下等 90 文。执业时间，午前自六时半至十一时半，正午自十二时至六时半……第一工场职工 453 人，男工一日最高 15 仙，最低 7 仙；女工最高 13 仙，最低 6 仙。执业时间，每日午前七时至午后六时……汉阳铁政局职工，男工 400 余人，女工 1 000 人以上。炉子房男工，月薪 6 元，押板房 6 元，脱板房 4 元，上药房 6 元，轧刀房 6 元，装盒房女工每日 5 仙，抽斗业 5 仙，成包房 7 仙。

《广州劳工状况调查表》（郑筹伯）：

织布工厂内漂纱及上机用男工，月薪十余元。织布则多女工，每织布一丈，得工值 5 分，每日约得 2—3 角。织毛巾者多女工，每织一打，得工值 3 角，日可获 4—5 角。机器工人月薪可得 20—30 元。造木船工人月薪不过 7—8 元，造汽船者恒至 20—30 元。电灯工人，分修路线与厂内司机二种。厂内司机者，月薪数十元，工作时间分日夜班，每班约八时至十时；修理路线者，月薪仅8—10元耳。建筑工人，分泥水、造木两种，所业虽各不同，而工作必须互相联络。工值从前每日3角，近日已涨至7角。店主得1角，工人得6角。工作时间，如每日由六时开工，则至九时必休息一时或二时，至十一时后开工，至一时又必暂停，下午五时，则一日之工作完矣。人力车夫，日夜二人交替，合租一车。如遇旺时，日夜可得1元8角余，除车租外，实得一元二三角。二人均分，每人得6—7角。

国内之地，不足以养其人，则必求食于国外。华人之移殖海外者，远起宋元，至明代而渐盛。清代严海禁，而冒禁出洋者殊夥，大抵皆闽、广人也。清季华工之出洋者益多，往往受外人之排斥，而政府初不保护之，任其自为谋。

《中国五十年来之外交》："同治十二年，古巴之夏湾拿（Havana）有虐待华工事，政府与日斯巴尼亚交涉，至光绪三年始议结。废同治三年招工之约，听华侨之自为谋。""光绪六年《中美续约》，中国承认美国得有限定在美华工人数及华工居美年数之权。""是后十余年，美国对于华工之取缔，逐渐加严。而欧工之中之爱尔兰人，仇视华工亦日以加厉。中国既承认美国之有权限制，则惟有听其所为而已。""二十年，驻美公使杨儒与之订《中美保工条约》，中国允自禁华工之前往。""从此，在美华工有减无增。"

间思吸取华侨之金钱，则派员一巡视，而名为爱护侨民，

《光绪政要》："光绪三十四年，命农工商部右侍郎杨士琦，考察南洋华侨商业情形，历经美属之飞猎滨，法属之西贡，暹罗之曼谷和属爪哇之巴达维亚、三宝垄、泗水、日惹梭罗及附近苏门答腊之汶岛，英属之新加坡、槟榔屿，及附近之大小霹雳等埠。"

而于外人之苛待，固无术以抵之。

《中国五十年来之外交》："英荷所属之马来半岛及东印度群岛，华商颇占势力，而侨民之数亦特多。英属各大埠，我国早设置领事，而荷兰属地则否，华侨深以为苦。光绪三十年以后，荷人对于华侨更设种种之苛例，侨民大窘，屡告急于政府。宣统三年，始设立领事条约。"

论者谓吾国通商口岸输入恒超过输出，而其所恃以抵补者，在海外工商能以其工资及商业所得，输入祖国，然其数虽不能确定，大致亦甚微也。

吾国之对外贸易总额，年有增加，自表面观之，亦可谓为经济之进步。

《东方杂志》第二十卷第三号《三十年来之经济进展观》："国际贸易之有统计，始于光绪三年之海关册。全国进出口总数，自光绪三年以至十三年，均在 20 000 万两以内，其后历年增加。光绪三十四年增至 60 000 万两左右，宣统年间增至 80 000 万两左右，民国五年增至 90 000 万两左右，迨及民国十年，则历年增进，竟达于150 000万两。”“在光绪十九年间，全国贸易进出口总数，共为27 000千余万两。今则十年度，上海一埠之贸易总额数，已有63 000千余万两之巨，殆两倍于当年之全国总数。苟就贸易统计以观察之，则三十年来国际贸易之趋势，固不能谓为无进展也。”

然自通商以来，仅有光绪二年，出口之数超过入口，余均有绌无赢。

《四十年来中国贸易统计》：“输出超过输入，仅最初光绪二年，计赢1 000余万两。自光绪三年起，无岁不绌。光绪六年，绌数最少，为140万余两。民国九年，绌数最多，为22 061万余两。民国三年，欧战发生，各国军事倥偬，无暇扩张商业，我国正宜利用时机，大兴实业，发展对外贸易，以求输出之增加。乃当民国四年欧战正烈之时，虽输入顿减，尚绌至3 561万余两之巨。”“此四十五年中共绌2 921 997 339两。除光绪二年。赢10 580 938两，实绌2 911 416 461两，平均每年约绌6 470万两。”

故吾谓吸收散殊之各点，集中于新辟之地，新兴之业，与外人相竞争，而卒之仍为外人所操纵也。

第十六章　最近之文化

最近之文化，当以学校教育为主。清自同、光以来，既由科举而渐倾向于学校，至光绪三十年，诏废科举，民志益定。十余年来，中央政府与地方政府，虽对于教育，有提倡与摧残之二方面，而社会之心理，殆皆公认学校为民族文化之一大事，虽有私塾与其他讲学之团体，其盛衰固悬别也。民国初年，迭制教育统计，观其数字，固可以见其进步之梗概。

全国学校概况表（教育部总计表）

事　项	民国元年第一次统计	民国三年第二次统计	民国五年第三次统计
学校	87 272 所	108 448 所	121 077 所
学生	2 933 387 人	3 643 206 人	4 034 893 人
卒业生	173 207 人	232 221 人	248 283 人
教员	129 297 人	164 607 人	187 350 人
职员	98 929 人	122 174 人	120 536 人
岁入	29 647 098 元	34 170 082 元	36 882 161 元
岁出	29 667 803 元	35 151 361 元	38 269 495 元
资产	83 041 199 元	98 087 158 元	11 813 740 元

以《新教育》杂志调查表观之，尤可以见各地文化之优

劣焉。

《新教育》第五卷第四期全国各等学校学生数表

（民国十一年）

省别	小学校学生数	中等学校学生数	高等专门大学学生数	总　数
直隶	551 073 人	13 570 人	6 917 人	571 560 人
山东	523 311 人	7 801 人	692 人	531 806 人
山西	320 861 人	6 385 人	1 035 人	328 281 人
陕西	149 107 人	1 810 人	139 人	151 056 人
江苏	369 730 人	12 205 人	1 379 人	373 314 人
浙江	353 154 人	9 285 人	514 人	362 953 人
安徽	70 840 人	3 393 人	88 人	74 321 人
江西	134 172 人	5 529 人	627 人	140 328 人
河南	248 526 人	5 728 人	676 人	254 930 人
湖北	232 617 人	5 259 人	1 669 人	239 545 人
湖南	244 765 人	13 067 人	1 032 人	258 855 人
福建	139 337 人	5 475 人	616 人	145 426 人
广东	368 616 人	10 547 人	539 人	279 702 人
广西	168 538 人	3 911 人	227 人	172 676 人
甘肃	69 886 人	1608 人	71 人	710 565 人
四川	535 603 人	11 489 人	138 人	548 410 人
贵州	64 138 人	2 235 人	281 人	66 654 人
云南	192 927 人	35 人	32 人	196 810 人
蒙古				
新疆	4 321 人	54 人		4 366 人

续表

省别	小学校学生数	中等学校学生数	高等专门大学学生数	总　数
西藏				
黑龙江		1065 人	117 人	
奉天	363 274 人	5 285 人	209 人	372 202 人
吉林		2 159 人	92 人	
热河		439 人		
绥远	26 900 人	127 人		27 628 人
察哈尔		62 人		
其他	5 131 687 人	132 432 人	19 282 人	4 183 401 人

清季教育，多取法于日本。张之洞所定学堂章程，最注重于读经，以其为中国文化之根本也。民国以来之教育，多取法于欧、美，而中小学校之读经，首先废止，高等大学之经学科目，亦以次改革。急进之士，尤以反对孔子之学说、提倡后进、改造解放之声，震于一时。于是有所谓新文化运动者，以排斥旧道德、改革旧文学、创造新民族、建设新国家为目的。其他之主张革新而较为平和者，则以提倡职业教育，施行选科制度，采取欧、美最新之教学法，如设计教学及道尔敦制等，今方日进而未有艾焉。

新文化之运动，始于北京大学。北京大学之历史，亦吾书所不可不述也。《时事新报》载《北京大学之成立及其沿革》甚详，兹节其要于下：

光绪二十二年，侍郎李端棻疏请立大学于京师。二十四年，始由军机处及总理衙门拟具《大学章程》八十余条，呈请开办。命孙家鼐为管学大臣，即景山下

> 马神庙四公主府为大学基址，置仕学院，令进士、举人出身各京曹入院学习。庚子拳匪作，生徒四散，校舍封闭，大学停办者二年。二十七年，张百熙被命为管学大臣，延吴汝纶为总教习。汝纶病卒，副总教习张鹤龄继主教务。二十八年七月，奏定大学堂章程。十一月，开学招生，甄拔各省绩学之士，风气骤变。二十九年，张之洞奏上学堂章程，以总理学务大臣统辖全国学务，别设大学总监督。三十年正月，改刊管学大臣印为京师大学堂总监督印，至是大学始成独立机关。三十三年，刘廷琛为总监督，宣统元年十一月，始筹办分科，设经、法、文、格致、农、工、商七科，各科俱以预科及译学馆毕业学生升入。武昌起义，各科学生多有散归者。民国成立，改称北京大学校，总监督改称校长。严复任校长时，学生增至818人。至三年，胡仁源署校长，全校学生增至942人。四年，增至1 333人。五年，增至1 503人。六年，胡仁源辞职，赴美调查工业。蔡元培任大学校长，整顿校规，祛除弊习，停办工、农各科，专办文、理、法三科。至六年暑假，全校学生增至2 000人，校中又创设各会，如进德会、哲学会、理科化学演讲会、雄辩会、音乐会、书法研究会、画法研究会、体育会、技击会、静坐会、成美学会及阅书报社、学生储蓄银行、消费公社等。

北京大学之倡新文化，当民国七八年间，其时欧战既平，巴黎和议将以青岛付之日本，北京学生愤之，乃于八年五月四日，大举示威运动，以驱除卖国贼曹汝霖、陆宗舆、章宗祥为帜，迭经军警干涉，而学生之气不稍挫。于是五四运动之名词，赫然为教育界之一大事。

《东方杂志·中国大事记》："八年五月四日，北京中学以上各校生，因巴黎和会议定将青岛让与日本，非常愤激，于本日聚集数千人，排队出行，为一种示威运动。并四处分送传单，手白布旗，书力争山东问题、排除卖国汉奸及卖国贼曹汝霖、陆宗舆、章宗祥等字，先至东交民巷各国公使署，递意见书。途经曹汝霖住宅，群拥入质问，适回国驻日公使章宗祥在曹宅，被众攒殴，受伤甚重。寻曹宅火发，学生整队散去，警察及步军游击队捕去学生数十人，未几即经保释。事后交通总长曹汝霖、币制局总裁陆宗舆及教育总长傅增湘等，均呈请辞职，国立北京大学校长蔡元培亦辞职出京。"

后以政府财政困难，恒欠学校经费，国立诸校常感恐慌，而所倡之新文化，恒受社会之反对，其焰稍稍衰焉。

吾国教育之不能普及，原因孔多，论者谓文字之艰深亦其一因，遂有改造汉字之议，倡始于王照之官话字母及劳乃宣之简字。

《统一国语问题》（陈懋治）："五十年来国语问题及其改进之历史，分为四期：第一期，用罗马字母拼音代汉字。此期起源远在明季，其时基督旧教始来我国，欧西人士入我内地者，辄用罗马写其地之方音，以便学习华语。有清一代，新旧两教教徒来者益多，于是此罗马字拼中国音之法，传播益广。此类之书，今教会中新旧都有出售。""第二期，白话书报初起，各地拼音文字之发生。此期大略在前清光绪甲午年以后，教育普及之说，萌芽是时，故白话书报往往出版于各大都会，而浙江之《杭州白话报》、北京之《京话日报》，其最著者也。又因基督教所设学校，其教科书颇用白话，于是亦有仿为之者，是即今日学校用语体文之滥觞矣。至各地之造拼音文字者，首有广东王炳耀氏，嗣有福建蔡毅若氏，而推行最广者，为直隶王照氏之官话字母。因官厅之提倡，北京、天津、东三省、山西传习者甚众，其后浙江劳乃宣氏，用王氏字母，改名简字，奏设学堂于江宁，大江南北习之者亦不少。”

民国二年，教育部召集读音统一会，制定注音字母，至七年公布。

《统一国语问题》：“民国元年十二月，教育部颁布读音统一会章程。二年二月十五日开会，三阅月而会毕，制定注音字母三十有九，审定字音六千五百余。”“会员七十九人，会议选用字母时，颇多争执。结果，议决用固有之汉字，择笔画最简单者，取其双声以为声母，取其叠韵以为韵母，其写法，则凡与楷书易混者，皆改用篆体。”“民国七年十一月，教育部公布注音字母。”

于是小学校之读本，改国文为国语，师范学校亦以国语与国文并教。然其始冀以省笔之字母，代繁笔之汉文者，后则变为以俚俗之方言，代通行之文句。而读音虽号统一，又有京音及国音之别，各成风气，不相为谋，统一之期，盖有待也。与改造汉字并时而兴者，有中国打字机，而其原，则本于汉字之不可废。

> 《创制中国打字机图说》(王汝鼎)：“日本山本宪氏，著有《息邪》一篇，篇中以中文与西文相较，其便与利之点，悉属中文；而不便与不利者，都系西文。因知中文为现今世界最完善之一种文字，西文之勃兴，徒以随其国势而然耳。故其断案曰：中国文字，不独现今流行于东亚各国，他日必遍布于宇内。倡汉文废止论者，妄也；倡汉文节减论者，亦妄也。”

初，美、日两国均思创造中文打字机，均未完善。有无锡周厚坤者，创造一机，能配置中文六千字。

> 《创制中国打字机图说》：“一美国教士之寓北京者曰翕腓而特，于1899年，创一打字机，形为一直径四尺之大平圆板，上置四千整形之中国字模印，附以其他成印之机件，惜尚未完全制成。”“又有一日本工程师，其机方在实验中。”“周君厚坤，1910年，留学美国意里那大学，习铁路工程科。明年，转学于波士顿麻省理工大学，改习机械、造船两科。1914年同时毕业，得机械、造船两学士位。1912年，创造中国打字机。”“其机内部有同式之圆筒四，每筒直径三英寸，长十英寸。于其周围，约可配一千五百字，字之大小，为一英方寸四分之一。四筒共可配置六千字，此数可随意增减。一十字机架，支于两端之机干上，负此四筒，如太阳之环以行星焉。”

周仍思实验而再求改良，此可以见汉字之不适于用之说，未可尽信也。

欧战以后，世界思潮，回皇无主，吾国学者，亦因之而靡所折衷，不但不慊于中国旧有之思想制度，亦复不满于近世欧、美各国之思想制度。故极端之改革派，往往与俄国之过激主义相近，次则诵述吾国老、庄、鲍生之说，期反于原人社会，而抉破近世之桎梏，是亦时势使然也。然因此现象，复生二种思潮：一则欲输入欧、美之真文化，一则欲昌明吾国之真文化，又以欧、美人之自讼其短，有取法于吾国先哲之思。

《申报·德国通信》："德国近半世纪以来，因物质文明发达之故，一般人多趋重物质主义，而丧失精神生活。一部分有思想之青年，遂相约逃出物质，反于自然。于是所谓游鸟及自由德意志青年等等团体发生。此等团员，大率衣履务尚俭朴，行动极求自由，其出版物中，曾有一文曰《庄子解说中之道教》，文中极推崇老子，并谓老子堪作彼辈唯一无二之大师云。现在德国智识阶级中，几无一人不知老子。除老派外，又有所谓孔派，凡属国际青年团之人，几无一人不知孔子。该团每次开会，往往先读《论语》一节，颇似耶稣教徒之念《圣经》。至于演说，更屡次提及孔子，对于孔子文化所陶养之中国人，尤引为唯一无二之良友。"

而吾国人以昌明东方文化为吾人之大任之念，乃油然以生。

《东方文化与吾人之大任篇》（陈嘉异）："东方文化一语，其内涵之意义，决非仅如所谓国故之陈腐干枯。精密言之，实含有中国民族之精神或中国民族再兴之新生命之义蕴。所谓吾人之大任一语，乃对吾民族而言，非对一二先哲为言；抑非仅对吾民族而言，实对世界人类而言。以故吾人今日所以振兴东方文化之道，不在存古，乃在存中国。抑且进而存人类所以立于天壤之真面目，亦尚非保存国粹之说所得而自阈者也。”

又进而以儒家之根本精神，为解决今世人生问题之要义。

《先秦政治思想史》（梁启超）：“吾侪确信人之所以异于禽兽者，在有其精神生活；但吾侪又确信人类精神生活，不能离却物质生活而独自存在。吾侪又确信人类之物质生活，应以不妨害精神生活之发展为限度，太丰妨焉，太觳妨焉，应使人人皆为不丰不觳的平均享用，以助成精神生活之自由而向上。吾侪认儒家解答本问题，正以此为根本精神，于人生最为合理。”“吾侪今所欲讨论者，在现代科学昌明的物质状态之下，如何而能应用儒家之均安主义，使人人能在当时此地之环境中，得不丰不觳的物质生活实现而普及。换言之，则如何而能使吾中国人免蹈近百余年来欧美生计组织之覆辙，不至以物质生活问题之纠纷，妨害精神生活之向上。此吾侪对于本国乃至对于全人类之一大责任也。”

其思想之冲突而相成，实一最奇幻之事也。

文化非一端可罄，学术亦非一事可概。近人提倡孔、老哲学者，既由旧理想一变而为新理想，而研究考据之学者，又因交通之关系、物质之发展，亦阴受其赐，而有与世界各国学者共同研究之风。如殷虚之古甲骨，如汉、晋之木简，如敦煌石室之古写本，既自清季发见，而中外学者闻声相应，研寻考索所得，于古史事大有发明。故论者谓今日专门旧学之进步，实与群众普通旧学之退步为正比例，是亦一奇幻之事也。

《最近二十年间中国旧学之进步》（抗父氏）："（一）殷商文字。光绪戊戌、己亥间，河南安阳县西北洹水崖岸为水所啮，土人得龟甲牛骨，上有古文字。估客携至京，为福山王懿荣所得。庚子秋，王殉难，所藏悉归丹徒刘铁云鹗。而洹水之虚，土人于农隙掘地，岁皆有得，亦归刘氏。光、宣间所出，则大半归于上虞罗叔言振玉。王氏所藏凡千余片，刘氏藏三千余片，罗氏藏二三万片。其余散在诸家者，当以万计。而驻彰德之某国牧师，所藏亦近万片。其拓墨影印成书者，有刘氏之《铁云藏龟》十册，罗氏之《殷虚书契》前编八卷后编二卷、《殷虚书契菁华》一卷、《铁云藏龟之余》一卷。后英人哈同复得刘氏所藏之一部八百片，印行《戬寿堂所藏殷虚文字》一卷。甲骨所刻，皆殷王室所卜祭祀伐征行幸田猎之事，其文字较比彝器尤古，且所裨益于文字学者尤大。（二）汉晋木简。实英印度政府官吏匈牙利人斯坦因博士（A.Stein）之所发掘。博士于光绪壬寅、癸卯间，曾游我国新疆天山南路，于和阗之南发掘古寺废址，得唐以前遗物甚夥。复于尼雅河之下流，获魏、晋间人所书木简四十枚。博士所著《于阗之故迹》（Ancient Khotan）中，曾揭其影本，法国沙畹教授（Ed.Chavannes）为之笺释。又于丁未、戊申间，复游新疆全土及甘肃西部，于敦煌西北长城遗址，发掘两汉人所书木简，约近千枚。复于尼雅河下流故址，得后汉人所书木简十余枚。于罗布淖尔东北海头故城，得魏、晋间木简百余枚，皆当时公牍文字及屯戍簿籍。其后日本大谷伯爵光瑞前后所派遣之西域探险队，仅于吐鲁番近侧，得魏、晋间木简三四枚而已。斯氏戊申年所得之木简，沙畹教授复为之考释，影印成书。罗君复与海宁王静安氏国维重加考订，于甲寅之春，印以行世，为《流沙坠简》三卷、《考释》三卷、《补遗》一卷、《附录》二卷。（三）敦煌千佛洞石室所藏古写书。石室之开，盖在光绪己亥、庚子之际，然至光绪季年尚未大显。至戊申岁，斯坦因博士与法国伯希和（P.Pelliot）先后至此，得六朝及隋、唐人所写卷子本书各数千卷，及古梵文、古波斯文及突厥、回鹘诸古国文字无算，始为我国人所知。其留在石室者，尚近万卷。后取归学部所立之京师图书馆。前后复经盗窃，散归私家者，亦数千卷。其中佛典居百之九，其四部书为我国宋以后所久佚者：经部则有未经天宝改字之古文《尚书孔氏传》及陆氏《尚书释文》、麋信《春秋穀梁传解释》、郑氏《论语注》、陆法言《切韵》；史部则有孔衍《春秋后语》，唐时西州、沙州诸图经，《慧超往五天竺国传》；子部则有《老子化胡经》、《摩尼教经》、《景教经》；集部则有《玄谣集》、《杂曲子》及唐人通俗诗、小说各若干种而已。逸四部书之不重要者及大藏经论，尚不在此数，皆宋、元以后所未见也。罗氏就伯氏所寄之影本，写为《敦煌石室遗书》，排印行世。越一年，复印行其影本，为《石室秘宝》十五种。又十一年，癸丑，复刊行《鸣沙石室逸书》十八种。又五年戊午，刊行《鸣沙石室古籍丛残》三十种及《鸣沙石室佚书续编》四种。又四年，辛酉，伯氏复以陆法言《切韵》三种影本寄罗君，石印以行世。”

又自民国初年农商部设立地质调查所，集中外地质学者，调查吾国之地史。而吾国未有史籍以前之器物，古始以来地层构造变化之状，亦渐可说明其系统，而治斯学者，且出所得与万国地质学者聚会而讨论焉。是亦前此讲学者之所未见，而实有所不逭者也。

自清嘉庆中，英人玛礼逊来华传教，为耶稣教传入中国之嚆矢。

《欧美人于中国之文化事业》（日本山口升）：“对于中国人最初宣传新教之教义者，有英国浸礼教会之玛尔斯门（Joshua Marshman）氏。其人生于澳门，为一美人之助手，尝费十六年之功，以汉文译《新约圣经》。然通常之说，则以 1807 年 9 月 1 日到广东之伦敦会之玛礼逊（Robert Morrisson）氏（1782—1834），为对中国宣传新教之嚆矢。”

至道光中，五口通商，教士之来华者渐多，设立医院及学校，从事布教事业，其势渐轶于旧日天主教士之上。

《欧美人于中国之文化事业》：“1843 年，开第一回宣教师大会于香港，出席宣教师之数，仅 15 人。经二十年，至 1865 年，组织中国内地会，益进而宣传于内地。其时宣教师之数，达 112 名，教会正会员至 3

132 名。1890 年，开第三回宣教师大会于上海，其时宣教师之数，达 1 296 名，教会正会员共 37 287 名。”

庚子义和团起，教会之进行虽似少挫，然辛丑议和之后，国人惩于前事，无敢非议耶教，甚且以入教求学，得受欧、美之文化为荣。而教会之势，乃炎炎日上。

《欧美人于中国之文化事业》：“团匪事变，联军占领北京，两宫蒙尘。处排外官吏以严罚，偿以巨额之赔款，使中国人感觉吸收泰西新文化之必要，大促识者之觉醒。从来向低级之中国人试行布教之宣教师，于兹一变方针，乃为满足此等中国人之希望，爰以各教会之合同及各科学会之力，著手于中国之高等教育。1907 年，于上海开新教百年纪念。据其报告，1905 年，宣教师有 3 445 人，教会正会员有 178 254 人。”

民国成立以来，教会之学者，渐进而居于政治教育之要地，其势益盛。据 1918 年之调查，其进步之速率及事业之广被，至可惊诧。

《欧美人于中国之文化事业》：“1918 年之新教大势如下：（一）布教关系。计外国宣教师 5 961 人，华人宣教师 23 345 人。外人驻在地 944 处，教会正会员 312 970 人，信徒 654 658 人。日曜学校 4 301 所，日曜学生 210 397 人，华人捐款 846 787 元。（二）学校关系。计大学校 18 所，大学学生 772 人；中学校 228 所，中学学生 11 892 人；初等小学校 5 329 所，初等小学生 138

943人；高等小学校573所，高等小学生20 832人。师范学校119所，师范学生3 125人；神学校30所，神学生610人；实业学校32所，实业学生1 375人；幼稚园755所，幼稚园生3 497人；孤儿院38所，孤儿院生1 158人。外国男教师405人，外国女教师592人；中国男教师7 635人，中国女教师2 998人。（三）医疗关系。计外国男医士270人，外国女医士81人，外国看护妇162人，病院320所，注册诊病者3 285 067人。医学校21所，医学生男389人，女63人，华人捐款860 286元。”

民国十一年，各地学生有非宗教同盟之举。

《东方杂志·时事日志》：“民国十一年三月十六日，世界基督教学生同盟，定于本年四月一日在北京清华学校开第一次大会，同时上海方面，发生非宗教学生同盟大运动，发表宣言，通电全国学生。”

而论者谓信仰基督教，视信仰近日各地新兴之社院等，犹为彼善于此。

《评非宗教同盟》（梁启超）：“现在弥漫中国的下等宗教，什么同善社、悟善社、五教道院等，其实很猖獗。其势力大干基督教不知几十倍，其毒害是经过各个家庭，侵蚀到全国儿童的神圣情感。我们全国多数人在此等信仰状态之下，实在没有颜面和基督教徒争是非。”

盖国事不宁，社会紊乱，国外之宗教，既挟其国力与其文化，乘我之隙而得我之民心。而迷信中国旧日之神教者，亦窃其法，欲假宗教之力，以弭人心之不安，是皆时势之所造成也。